本书系国家社科基金项目“科学引领边疆少数民族地区社会思潮的机制和方法研究”（13XKS038）的最终成果

本书受到云南省哲学社会科学学术著作出版专项经费资助

科学引领边疆民族地区社会思潮的机制和方法研究

潘文良 等◎著

云南大学出版社
YUNNAN UNIVERSITY PRESS

图书在版编目（CIP）数据

科学引领边疆民族地区社会思潮的机制和方法研究 / 潘文良等著. -- 昆明 ：云南大学出版社，2018

ISBN 978-7-5482-3300-8

Ⅰ. ①科… Ⅱ. ①潘… Ⅲ. ①边疆地区－民族地区－社会思潮－研究－中国－现代 Ⅳ. ①D092.7

中国版本图书馆CIP数据核字(2018)第057952号

策　　划：朱　军
责任编辑：宋　武
封面设计：王婳一

科学引领边疆民族地区社会思潮的机制和方法研究

潘文良 等◎著

出版发行：云南大学出版社
印　　装：昆明市五华区琨煜教育印务有限公司
开　　本：787mm×1092mm　1/16
印　　张：13.25
字　　数：260千
版　　次：2018年5月第1版
印　　次：2018年5月第1次印刷
书　　号：ISBN 978-7-5482-3300-8
定　　价：45.00元

社　　址：昆明市翠湖北路2号云南大学英华园内
邮　　编：650091
电　　话：（0871）65031071　65033244
网　　址：http://www.ynup.com
E－mail：market@ynup.com

目 录

绪　言

专家、学者已经对社会思潮及其引领工作进行了系统、深入的研究，指明社会思潮是“一定时期内反映一定阶级、阶层的利益和要求，得到广泛传播并对社会生活产生一定影响和作用的思想倾向、思想潮流”①；并明确指出，社会思潮具有可引领性、群体指向性、直观现实性、历史性、能动性等特点，尤其是明确了“社会思潮的可引领性是指在一个社会中，各种社会思潮能够在占统治地位的意识形态的主导、引领及其制度管理的规范下，其传播方式、发展方向、社会功能等受到制约，朝着核心价值体系确立的方向转化和流变”②。这些研究成果为我们研究科学引领边疆民族地区社会思潮的机制和方法奠定了坚实的基础。我们对我国边疆民族地区科学引领社会思潮的机制和方法进行研究，是在这些基础上的深化、具体化和与时俱进。

一、国内外研究现状述评

国外学者较少投身于引领社会思潮的问题，却致力于自己的学说而成为思潮生产者；国内学者则通常担负着为国家引领社会思潮的重任。因此，随着关注点转向国内，引领社会思潮很快就成为重大课题。在段忠桥等学者介绍、阐释和归纳国内外社会思潮的基础上，韩震等学者准确把握我国社会思潮的新特点、新趋向，提出要用马克思主义理论（社会主义核心价值体系）引领社会思潮，确立相关研究的基本立场和方向，坚持和巩固马克思主义在意识形态领域的指导地位。众多边疆研究和民族研究的学者也很快就进行了相关研究：车辚、马戎等人基于对相关问题的长期研究，根据我国边疆民族地区的特殊情况，阐明了引领边疆民族地区社会思潮的必要性等基本问题；钟世禄、青觉等人在总结边疆民族地区教育、文化等工作经验的基础上，揭示了当地社会思潮的思想文化根源，并探讨了相应的解决方案；胡鞍钢等人则从边政学等各专业视角提出了重要对策和建议。其中，与本书最接近的研究项目“风险社会视域的边疆

① 刘福州．略论社会思潮引领机制的构建［N］．光明日报，2007-12-29（11）．
② 梅荣政．用马克思主义引领社会思潮［M］．武汉：武汉大学出版社，2008：64．

民族地区社会思潮引领研究”（广西社科基金2011，丁祥艳）提出，要通过正确途径引领社会思潮，防范社会风险。这些研究解决了相关的理论问题，并把后续研究带入实践领域，具有非常重要的理论价值和现实意义。但由于相关结论推及边疆民族地区的有效性受到限制，它们的指导性作用就比较有限。这些成果也让我们看到，对边疆民族地区社会思潮特殊性的把握，以及对边疆民族地区引领社会思潮的思想基础、对策机理的分析，还有待全面、系统、深入的研究；相应的机制、方法和体系，还有待研究设计。

二、研究的目的、意义

我国“科学引领社会思潮”的相关研究重点已经进入实践层面，其中最为迫切的是，要设计好机制和方法，保证马克思主义指导思想的地位能发挥相应的功能和作用，以有效引领我国社会思潮。从实践的地域性和有效性要求来看，“引领边疆民族地区社会思潮”因为具有特别重要的地位和意义，所以有特殊的具体要求，需要进行专门研究。因此，本研究成果可以为我国“引领边疆民族地区社会思潮”提供理论支持、政策依据和对策参考，进而可以为全国“引领社会思潮”处理全国性与区域性、一致性与特殊性等关系提供基础性的研究支持。

三、研究的主要思路

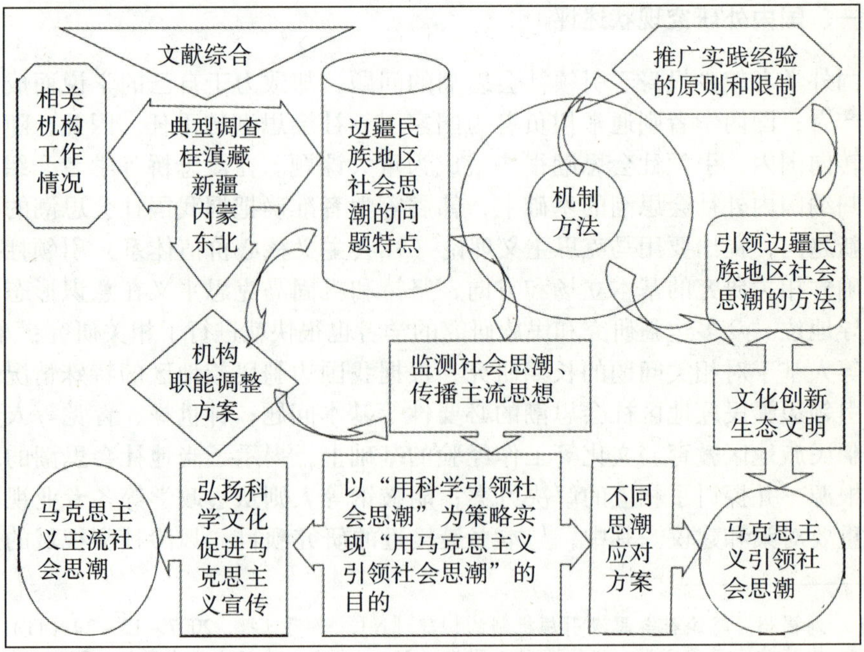

如图所示，本研究以辩证唯物主义和历史唯物主义为方法论指导，理论分析和实证研究相结合。首先，在必要的观察、访谈等基础上，将文献综合与逻辑分析、抽样调查与典型调查、问卷调查与深度访谈、数据分析与案例分析、比较法与归纳法相结合，掌握边疆民族地区社会思潮的特殊性及宣传部门、教科文卫系统相关机构的工作等情况，用系统分析、规范分析与制度分析相结合的方法提出发挥相关机构职能的设计方案和监测社会思潮、传播主流思想的机制、方法与体系。其次，理论论证以“用科学引领社会思潮”为策略实现“用马克思主义引领社会思潮”的目的的可能性，并用综合分析法探讨调整科普、宣传系统来实施这个策略的方法。

四、本书的学术创新、应用价值及社会影响和效益

（一）本书的学术创新

本书是对我国“引领社会思潮”相关研究在实践层面的延伸，就“科学引领边疆民族地区社会思潮的机制和方法”的讨论，对“机制”本身的研究有一定拓展，具有一定的学术创新性；其中探讨的一些问题，以及最后提出的后续研究，具有一定的研究启发性。

本书与已出版的同类著作的不同特点、创新点在于，已有著作都是一般性地研究社会思潮，本书则专门研究边疆民族地区的社会思潮，书中提出的引领机制和方法有一定的创新，尤其是“用科学（文化创新和生态文明）引领社会思潮，来实现‘用马克思主义引领社会思潮’的目的的策略”具有重要的实践创新意义。

（二）本书的应用价值及社会影响和效益

本书对我国“边疆民族地区社会思潮运行机制”的条分缕析，对国家分析和把握相关工作，具有基础性的方法论意义和宏观判断帮助。提出的“引领机制构建”和“引领方法探索”，可以为我国“引领边疆民族地区社会思潮”提供理论支持、政策依据和对策参考，进而可以为全国“引领社会思潮”，处理全国性与区域性、一般性与特殊性等关系提供基础性的研究支持，为维护祖国繁荣统一、民族团结进步、社会和谐稳定，推进国家治理现代化做出一定贡献。

第一章　科学引领边疆民族地区社会思潮的工作挑战

处于我们国家地理边缘的边疆民族地区，社会经济等各方面的发展都长期滞后于内地，但在当前全球经济社会快速发展的背景下，很多边疆民族地区却一跃成为诸多先锋社会思潮与国家意识形态竞争的前沿。尽管国家主流意识形态在边疆民族地区社会思潮中的领导地位依然基本稳定，但社会思潮的多样化趋势已经初现端倪，尤其需要特别关注一些比较突出的异动情况和异常特点。边疆民族地区社会思潮的基本类型也因此呈现出个人主义的寄生和变态、民族主义的衍生和变异、后现代主义的“早孕”和“选育”等新的形态，而不良思潮的欺骗性与功利的情绪化等多种因素互相混杂，也使全球化同地域性、民族性、多样性的冲突在边疆民族地区的社会思潮涌动中表现得颇为激烈。身处如此汹涌的时代洪流，肩负着引领边疆民族地区社会思潮重任的相关机构，诸如宣传部门、新闻出版部门、网络监管部门、各类社会团体以及学校等相关部门，都在积极履行各自的机构职能。但由于边疆民族地区社会思潮的运行机制复杂难辨，社会经济文化等发展水平相对落后，经济发展的积极作用未能有效发挥，负面影响却被扭曲放大等原因，边疆民族地区社会思潮的引领工作日益面临严峻挑战，以至于出现有些边疆民族地区领导对引领社会思潮的工作不够重视，一些局部地区甚至还存在民族认同效力有限、国家认同受到挑战等严重问题。

第一节　边疆民族地区社会思潮的概况和异动

概略地看，我国边疆民族地区主要包括西藏自治区、新疆维吾尔自治区、内蒙古自治区、广西壮族自治区、云南省的大部分地区、东北的延边朝鲜族自治州等地区。由于边疆民族地区的面积很大，分布很广，地区间差异非常大，对边疆民族地区的社会思潮状况很难得出一个总体性或整体性的判断，而且它也是一个很难把握的内容；受多种因素影响的边疆民族地区社会思潮，不论基于数据分析，还是基于专家综合判断，相关估计都有可能存在较大偏差，要想对它做出整体性把握，对我们来说，几乎是不可能的。实际上，我们的研究未能找到能够反映我国边疆民族地区社会思潮整体情况的数据，也未能探索出用现有数据进行有效表达的分析或组合，故而未能对边疆民族地区社会思潮的基本情况做出一个总体性或整体性的判断。但我们的研究和行文，又不得不使用这个整体性的概念，并讨论整体性的相关问题。所以，我们的研究和写作，只能基于资料综合、观察、访谈，以及对附件中的《关于“科学引领边疆少数民族地区社会思潮的机制和方法”的调查问卷》（以下简称《调查问卷》）及其数据的分析，以定性判断为主，概略把握我国边疆民族地区社会思潮的基本情况，重点是掌握一些异常情况。这就需要对相关结论的可靠性保持足够的谨慎。

一、边疆民族地区社会思潮的问卷调查

我国边疆民族地区社会思潮的内容类型和运行特征都存在与内地不同的方面，除了与内地有一些同样的主流思潮外，还存在“怀疑主义”、泛民族主义、狭隘民族主义、唯功利论、“附属论”、“读书无用论”等风气，以及一些封建迷信思想；而且，它们在意识形态层面和百姓社会生活层面的分化都比较显著。目前来看，需要特别关注一些比较突出的异动情况和异常特点。由于不太可能有效把握边疆民族地区社会思潮的整体情况，我们只能基于访谈、资料综合、《调查问卷》分析等工作而做出判断。（本课题的调研过程和《调查问卷》的详细说明，见附件。）这里仅就《调查问卷》分析的结果做出一个基本判断。

（一）国家主流意识形态基本稳定

同各种资料反映的情况一样，《调查问卷》结果也表明，我们国家的主流意识形态在边疆民族地区依然保持稳定的主导地位，而且在相关行为的体现上有较为良好的表现。

在我们的《调查问卷》统计结果中，有 42.93%、40.98%、50.33%、46.83%的受访者会选择“尽量都去”参加居家附近的免费电影、免费培训、文化体育、开会等集会活动，这个比例加上“半数以上时间会去”的比例 23.66%、23.66%、23.5%、19.11%，积极参加和支持国家主导的相关活动的比例就高达 66.59%、64.64%、73.83%、65.94%。这组数字不但表明此调查有较高的参与度和支持率，而且还因为有较高的一致性而表现出良好的稳定性。

同时，有 57.4%的受访者表示“喜欢看以中国革命、建设和改革为主题的电影（例如《辛亥革命》《建党伟业》和《建国大业》等影片）”；有 78.05%的受访者“知道社会主义核心价值观”；有 72.6%的受访者表示“不会区别对待和本民族的人交往，或者和其他民族的人交往”；有 69.11%的受访者认为

“政府公布的信息”是“及时可信”的；有61.87%的受访者认为“学校的思想政治教育很好，可以提高学生自身素养”；有86.26%的受访者选择“会尽量支持家里的孩子上学”。可见，我国边疆民族地区对国家和民族的认同度、对主流意识形态的认同度都是很高的。

有10.49%、5.12%、5.69%、6.67%、6.42%的受访者认为从共产党员、科技人员、司法公安人员、政府工作人员、领导干部那里获得的信息最多，有6.67%、5.69%、4.47%、6.02%、5.12%的受访者认为共产党员、科技人员、司法公安人员、政府工作人员、领导干部对自己的影响最大，两者合计分别达34.39%、27.97%；有23.25%的受访者认为“和人交谈”在自己获取信息的渠道中排位第一，7.72%的受访者认为是“有人宣传”，2.52%的受访者认为是“学校学习”，1.95%的受访者认为是“各种培训”，7.81%的受访者认为是“电视”，这些可以由政府有效控制的“路径依赖率”合计达43.25%，高于难以有效控制信息内容的“手机”26.67%的比例。这些表明，边疆民族地区共产党员和国家工作人员对公众的影响力还很强大，基本上还处于主导地位。

当问到“如果您和别人发生矛盾、纠纷，您会通过哪些方式解决?”时，有12.20%的受访者表示“请党员或干部调解”，有26.83%的受访者表示“请长者说和”，有7.07%的受访者表示“请宗教负责人出面”，有26.59%表示“走法律途径”。在回答“您认为哪些思想文化存在严重危害?”时，25.85%的受访者把“色情文化”排第1位，21.79%的受访者把“暴力文化”排第1位，19.43%的受访者把“邪教”排第1位，19.43%的受访者把“享乐主义”排第1位，13.50%的受访者把“民族歧视”排第1位，12.03%的受访者把“拜金主义”排第1位，10.41%的受访者把“宗教歧视”排第1位。可见，边疆民族地区公众处理问题的理性化程度较高，对一些危害性思想的警惕性也很高，基本具备思想上的安全意识和防范意识。

（二）社会思潮的多样化初现端倪

同样的，《调查问卷》结果也表明，我国边疆民族地区的社会思潮已经出现了多样化的特征，而且会有较强势的发展可能。

有7.24%、7.24%、4.96%、7.97%的受访者表示“肯定不去”参加居家附近的免费电影、免费培训、文化体育、开会等集会活动；不去的原因中，选择“不喜欢参加政府安排的活动”的有4.39%，这个比例加上选择“没兴趣”的12.36%、13.58%、9.68%、12.76%，不乐意参加和支持国家主导的相关活动的比例也高达16.75%、17.97%、14.07%、17.15%。同时，有5.61%的受访者表示“不喜欢政府工作人员到家里”，有4.96%的受访者表示对“社会主义核心价值观没兴趣”，有5.85%的受访者“不关心政府公布的信息”；有

7.07%的受访者认为“学校的思想政治教育没有任何好处”，有10.41%的受访者认为“可有可无，用处不大”，有25.77%的受访者认为只是“应付考试和政策需要”。这组数字也因为有较高的一致性而表现出一定的稳定性，这种稳定性表明，已经存在一些社会思潮影响当地民众逐渐疏离于国家主导的相关活动和主流意识形态。

尤其值得关注的一个现象是，边疆民族地区公众“对身边的党员、干部的最主要评价”存在较大分化，32.85%的受访者评价为“能发挥模范作用”，12.11%的受访者评价为“能真心为老百姓办事”，这两项合计达44.96%；但有18.86%的受访者评价为“还不如普通老百姓好”，19.19%的受访者评价为“不能为老百姓谋福利”，这两项合计达38.04%。这是值得密切关注，并需要得到进一步的跟踪和确认。

这些“离心率”的发生，可能和部分边疆民族地区的宣传工作做得不到位有关，需要进一步加强边疆民族地区社会思潮引领工作。但同时要充分肯定我们思想宣传工作的成绩，要看到国家主流意识形态在边疆民族地区还是居主导地位；总体来看，“离心率”还较低，应给予足够重视和应对。《调查问卷》结果表明：50.08%、52.44%、37.32%、17.32%的受访者分别对“最近三年，您家附近举办过多少次法律知识学习培训?”“最近三年，您家附近举办过多少次科学技术或生活知识学习培训?”“最近三年，您家附近举办过多少次文艺晚会或免费电影?”“最近三年，您去过图书馆、农家书屋或其他公共文化场所吗?”的反映是“一次都没有”，另有19.27%的受访者反映说“附近没有这样的场所”。同时，有28.54%的受访者认为“我们国家的思想政治教育最突出的问题”是“内容陈旧”，有28.21%的受访者认为是“形式死板”，有20.73%的受访者认为是“与社会大环境脱节”，有9.02%的受访者认为是“太假”，有5.69%的受访者认为是“教师不用心”，只有10.89%、3.98%的受访者表示“说不清楚”“不关心”。由此表明，边疆民族地区的绝大多数公众依然高度关心国家的思想政治教育问题，不关心的人只是少数。

二、边疆民族地区社会思潮的主要异动

“人民论坛问卷调查中心”在2010、2011、2012三届“年度十大思潮”调查评选工作的基础上，构建起“社会思潮动态监测指数”，以“关注度、活跃度、影响力”等主要指标监测调查2013年中国社会思潮状况。调查结果表明：“新自由主义、历史虚无主义、民族主义、创新马克思主义、普世价值论、宪政

思潮、民粹主义、新左派、新儒家、伪科学”等十大思潮位列前茅。[①] 我们的研究为了有效把握“科学引领边疆少数民族地区社会思潮的机制和方法”，利用了问卷调查、观察访谈和资料分析等方法，对“边疆民族地区社会思潮的基本类型和主要特点”进行了必要的基本关注，结果发现：我国边疆民族地区社会思潮的基本类型与内地有很大不同，除“历史虚无主义、民族主义、伪科学”三种思潮在边疆民族地区有较大影响外，其他七种在内地有重大影响的思潮在边疆民族地区并无多大影响，倒是早些年曾经风靡全国的一些思想，近年来在一些边疆民族地区形成颇有影响的潮流。

（一）个人主义的寄生和变态

总体来看，边疆民族地区公众的思想、道德、心理等素质不容乐观。有相当一部分人，尤其是老年人，有着严重的听天由命思想，他们依附自然，封闭保守，抱着能吃饱穿暖就行的观念、态度，视“奔小康”为可望而不可及的天上的星星；对中国梦既没有兴趣，也没有信心。不少青年人的政治观念淡漠，不关注精神文明建设，几乎不看《新闻联播》等政治新闻类节目；甚至认为国家搞改革开放、搞市场经济，就是鼓励老百姓“搞钱”，从而推崇“一切向钱看”的判断标准，进而有“选票不如钞票”之说。随着以集体主义为核心的社会主义道德的衰落，很多地方的道德水准呈现下滑之势。有人把集体财产据为己有，少数干部滥用职权来发家致富；有人为了一己私利，无视生态环境，乱砍滥伐，乱采滥挖；很多人缺乏先公后私的牺牲奉献精神，对维护公共卫生、植树造林、修路架桥等公益事业没有热心，以至于孝敬父母、尊老爱幼、助人为乐等传统风尚也在逐步失落，有些年轻人甚至视赡养父母为累赘；更有人会依仗自己的经济实力、组织活动能力和关系网，拉帮结伙，横行乡里，为一些小事就与邻里发生摩擦乃至大规模冲突。经济条件差的人，会有自卑心理，自觉社会地位低，而往往容易产生对社会不满的情绪；经济条件好的人，也对党风、政风和社会风气不满，这种不满情绪又极易和那些消极的社会思潮产生共鸣，让大家产生“社会乱了”的感觉。

边疆民族地区社会思潮的这些现象和社会风气集中表现为：吃喝玩乐、不思进取，爱慕虚荣、盲目攀比，自由散漫、不守法纪，诚信丧失、弄虚作假，信仰缺失、目光短浅，言行不一、知行分离，等等。归结起来，可以有个人主义、“自由主义”、功利主义（唯功利论）、实用主义、享乐主义、消费主义、拜金主义、“读书无用论”、“左派”思潮、经济私有化等社会思潮。其中，个人主义、功利主义（唯功利论）、实用主义、享乐主义、消费主义、拜金主义、

---

① 人民论坛“特别策划”组.2013 十大思潮［J］. 人民论坛，2014（4）：18－19.

“左派”思潮、经济私有化等社会思潮和全国的情况基本一样。边疆民族地区的“自由主义”却不是通常所说的具有政治诉求的自由主义，而是极端个人主义的一种任意妄为，缺乏自制力的道德意识，如果和政治诉求相结合，“民主政治”就会被搞成“乱民政治”，“自由”也就堕落为人间地狱的人欲横流。“读书无用论”也并非和传统的读书无用论那样针对读书本身，而主要是因为大学生就业困难、学无所用等情况。

这些思潮，深究起来，最根本的源流都是个人主义，而个中的负面影响都源于错误的极端个人主义思想。个人主义自不必说。“自由主义”、功利主义(唯功利论)、实用主义、享乐主义、消费主义、拜金主义、“读书无用论”、经济私有化等社会思潮都以个人主义的立场、观点为利益旨趣、核心目标和评价标准。甚至于边疆民族地区的“左派”思潮主张者和跟随者也免不了考虑个人得失，而并非因为信服“左派”思潮本身的信念。

(二) 民族主义的衍生和变异

近年来，国内的民族主义思潮席卷全国，带来了广泛影响，其中不乏正面的民族精神张扬。但在边疆民族地区，民族主义的表现却发生了很大的衍生和变异。目前来看，影响力较大的民族主义思潮类型和表现形式主要有：①地方民族主义（又称“部族主义”），常见于一定区域内的某个民族大量集中连片居住而成为当地相对而言人数较多的主体民族的民族聚居地，是一种民族沙文主义、狭隘民族主义、地方保护主义的杂交形态，通常是大区域的地方民族主义里面还有其他民族聚居地的小区域的地方民族主义。这种情况在历史上极为常见，彼此以博弈的状态紧张维系，中华人民共和国成立后很快就被消灭了，如今在某些局部地区有少许死灰复燃的迹象，处理不当还会影响当地的民族和谐与社会稳定。②文化民族主义，是各民族同胞出于对现代化和全球化进程给自己民族带来传统文化特征消亡危险的担忧，而自发兴起的以保护民族传统文化为核心的思潮，包括语言民族主义、传统民族主义和宗教民族主义等具体形态。① 保护各民族的传统文化既是各民族的当然权利，也是全人类保护民族文化多样性的共同责任；合理的文化民族主义应当得到适当的引导和推崇。但错误的文化民族主义必须受到批判和抵制。③跨国（跨界、跨境）民族主义，是由于一个民族的人民跨境而居，不但有密切的社会经济等交往关系，更有同一个民族的共同民族意识和共同语言；但毕竟分属不同的国家，而通常会具有不同的国家观念和爱国情感；在一定的政治经济等历史条件下，为了寻求或维护本民族的利益而表现为加强民族内部团结、推动集体行为或共同行动的一种民

① 张睿丽．当代民族主义思潮评析［J］．理论月刊，2007（7）：38－41．

族整体意识形态。这种思潮在民族国家衰弱时极易被民族分裂主义者利用而成为一种危险的投机力量，在国家强盛时却通常都会积极寻求国家政府的领导和支持，从而能够成为跨境地区合作发展的自主力量。随着中国和周边国家关系的良好发展，为推进边境地区的社会经济发展，国家积极鼓励边境地区在政府主导下充分发挥跨境民族的团结正能量，通过双方或多方的政府间合作，广泛团结当地群众，一起为加快跨境地区的发展积极贡献力量。这一内核也是跨国民族主义和形形色色的“大民族主义”“泛民族主义”等民族分裂主义的本质区分。

民族分裂（分离）主义（极端民族主义、宗教极端主义），以独立建国为目标，片面强调民族自决权，从而以“民族自决至上论”为核心思想，衍生出“民族利己主义、民族沙文主义、民族扩张主义、民族霸权主义”等内容，表现为“泛民族主义、大民族主义”等形态。从本质上说，民族分裂主义并不是一种社会思潮，更不是一个民族的权利诉求，而是一种害人害己的政治权谋。通常是某些政治利益集团的始作俑者，为了一己私利，为了独享执掌政权的快乐，与历史虚无主义、恐怖主义、黑社会、邪教等邪恶思想和黑恶势力相勾结，不顾民族国家等历史事实和周边的民族关系等实际情况，不顾本民族和周围各兄弟民族的利益，而打着民族（宗教）旗号，招摇撞骗，蛊惑人心，煽动情绪，推崇暴力，鼓动不明真相的民族群众为极少数阴谋家的政治企图卖命；妄图把居住在多国的本族民众及其区域纳入本集团控制之下，建立以自己为王的“民族独立国家”，或“主张将居住着具有血缘关系的同一种族、语族或同一民族不同分支的若干国家联合组成一定范围的同一国家、联邦或其他形式的统一体”①。例如，“东突”在新疆大力发展宗教极端势力，打着“人权”“宗教”和民族“问题”等幌子，培养恐怖分子和邪教骨干，大肆进行分裂活动，诱使一些不明事理的年轻人盲目参加这些恐怖组织和邪教组织，制造事端、煽动闹事，妄图引起社会混乱，甚至进行暗杀、绑架、爆炸等恐怖活动，威胁人民生命财产安全，阻碍社会经济发展，破坏民族团结进步；同时，外部敌对势力也打着“民主”“人权”等旗号作出相应配合，粗暴干涉我国内政，严重侵犯我国利益，甚至动辄以经济制裁和武装干涉相要挟，妄图迫使我国政府做出损害民族尊严和国家利益的错误政治行为。某些边疆民族地区还存在跨国走私、非法移民、贩卖人口、走私武器、开设赌场、卖淫嫖娼、贩毒、为携巨款出逃者提供庇护等各种各样的跨国犯罪行为，有的还通过印发传单及多媒体资料，开设广播、电视等多种渠道散布谣言、蛊惑民心，进行非法宣传、拉拢边民、肆

---

① 何跃．地缘主义与跨界民族主义——以中国西南边疆为例［J］．学术探索，2008（6）：25－30.

意攻击党和政府，甚至从事各种非常严重的犯罪活动，如收集关于我国政府的国防、边防和经济社会发展各方面的机密情报等等。

民族利己主义实际上就是各种民族主义的核心内容，但应当有合理的民族利己主义和极端（错误）的民族利己主义之分。合理的民族利己主义是在不损害其他民族或国家的正当利益的基础上，争取和维护本民族的利益；极端（错误）的民族利己主义则仅仅立足于本民族狭隘的利益，其最高利益标准仅仅关照本民族的利益，其他民族的合理利益都完全被忽视，甚至还进一步无理地要求其他民族的合理利益也要服从或服务于本民族的利益。衍生而出的极端民族主义思潮的确以极端（错误）的民族利己主义为内核，但对应于人群而言，却有内在的本质区分：是出于一己的政治野心，还是出于对自己民族利益的真诚关注。实际情况也清楚地验证了这个区分。“泛伊斯兰主义”和“泛突厥主义”，这两股极端宗教主义和极端民族主义思潮侵入新疆后，形成民族分裂主义的思潮合流，使民族分裂势力、宗教极端势力、暴力恐怖势力等“三股势力”合为一体，推行反人类、反社会、反国家、反民族、反人民、反正教（“邪教反对正统宗教信仰”）的政治图谋，妄图建立以他们自己私意曲解的所谓“伊斯兰教法”统治一切的“东突厥斯坦伊斯兰共和国”法西斯政权。显然，“双泛主义”只是打着伊斯兰教名头和突厥民族旗号的一股政治力量；这种极端民族主义思潮和宗教极端主义思潮，根本就不是民族问题或宗教问题，而是典型的政治问题。所以，我们认为，有必要对民族利己主义进行更准确的细分，这样才能更好地认识和把握民族主义思潮。要认真分辨：具有真诚民族感情却错误认识民族关系的人和有意利用极端民族主义思潮来实现个人政治野心的虚情假意者。尽管他们都具有同样的民族利己主义的外在表现，但必须鲜明地把宣扬极端民族主义来实现政治野心的害群之马，从那些受极端民族主义思潮影响的热爱自己民族的人民群众中区分出来。这些害群之马的政治野心是很清楚的，他们也绝不是真要为自己的民族利益着想：他们宣称要建立自己民族的王国，实际上是自己要成为民族的国王。“藏独”“疆独”“泛伊斯兰主义”“泛突厥主义”“泛蒙古主义（大蒙古主义）”等极端民族（宗教）主义思潮的倡导者都不过如此。

（三）后现代主义的“早孕”“选育”

形形色色的后现代主义是人们对现代化过程和完成现代化后的社会状况进行反思的产物。但强大的全球化进程却把社会发展程度远远落后的边疆民族地区席卷进后现代主义思潮中，并因此在边疆民族地区主要表现为负面影响，只有生态主义等少数思潮有积极影响。

在一些边疆民族地区，后现代主义混杂了虚无主义、自由主义、历史主义、多元主义、解构主义、颓废主义、怀疑主义、反本质主义、反权威主义、非（反）理性主义、女权主义等社会思潮，逐渐在一些人的思想行为中涌现出来。多种多样的非（反）马克思主义思潮与我们国家的主流意识形态相互冲突、与我们国家的主流思想文化相互碰撞，使边疆民族地区社会思潮的存在状况表现得更加复杂。

从思想观念看，后现代主义思潮不仅否定"上帝"及各种神圣观念，也一并否定了社会对人的规定性，消解和反抗各种传统、权威及价值，瓦解意义与目的，散布悲观与颓废思想，进而主张人人都可以以自己的喜好为"价值标准"。这些不良社会思潮加上腐朽思想与堕落文化的影响，使边疆民族地区群众的道德观念受到享乐主义、功利主义、拜金主义、个人主义、无政府主义等思想的严重影响，日益削弱了民族荣誉感、民族自豪感和民族凝聚力，逐渐淡薄了爱国主义和集体主义等传统精神观念，核心价值越来越难以达成共识，反倒是信仰危机、是非不分、道德底线崩溃等险象环生，以至于人们对"常德"无知、对"美德"麻木、对"失德"无视。如果不能尽快有效地遏制这些错误思潮，它"将会逐步瓦解人们对马克思主义的信仰、对中国特色社会主义的信念、对党和政府的信任、对改革开放和社会主义现代化建设的信心，乃至造成祸国殃民的后果"①。

从私人生活看，有的边疆民族地区的部分民众容易受到"性解放""性开放"思潮和色情、暴力、迷信、愚昧、颓废、庸俗等落后文化的腐蚀，理想信念式微，享乐主义盛行；很多人只关注现实利益，却放弃了对社会和他人的责任，放弃了做人的基本准则和道德底线，以极端个人主义、利己主义作为处世原则，从而在对个人利益的至上追求中变得自私自利、唯利是图、损人利己。甚至有的大学生也丢失了理想信念，失去了人生追求，或者为获取荣誉、奖励而"不择手段"，为功利而入党；或者思想迷茫，精神空虚，沉迷网游，荒废学业，致使人生呈现病态，等等。②

不过，尽管有如此难堪的负面表现，我们也要乐观地注意到，一并归属于"广义后现代主义"的科技革命、生态主义、普世价值等思潮也同样流行在边疆民族地区。尤其是生态主义思潮与各地的少数民族生态思想契合在一起，为当地的环境保护工作和生态文明建设提供了宝贵的思想资源。但各种各样的新兴思潮都共生在一起，需要给予清醒的关注，以便去芜存菁、扶正祛邪。要把

---

① 杨金华．当代中国虚无主义思潮的多元透视［J］．马克思主义研究，2011（4）：117－123.

② 尹卫江．边疆高校学生恋爱行为的调查分析及教育策略——以思茅师范高等专科学校为例［J］．思茅师范高等专科学校学报，2008（6）：86－89.

伪科学从科技革命和科学主义中甄别出来；要把握好——“普世价值”的主导权，防止形形色色的错误思潮成为“普世价值”灾难，并努力引导与人类友好的思潮成为当地的引领思潮。

三、边疆民族地区社会思潮的异常特点

边疆民族地区社会思潮具有自身的特殊性，表现出许多与内地不同的特点，其中尤其需要关注的是，由于边疆的滞后性与前沿的先锋化导致的全球化与地域性、民族性、多样性的冲突，以及不良社会思潮的欺骗性容易在民众中激起功利的情绪化表达。

（一）边疆的滞后性与前沿的先锋化

在“中心—边缘”关系的长期作用下，边疆民族地区的社会经济发展程度都比内地低许多，自然条件较差的地方尤其如此。相应地，边疆民族地区的社会思潮影响也长期滞后于内地。当时在内地有着广泛影响的思潮，现在对边疆民族地区没有太大影响，甚至毫无反应；许多在内地已经失去市场，没了影响力的思潮，却往往成为现时在边疆民族地区很有影响的主要思潮。但同时，随着“中心—边缘”关系的逐渐衰微，以及“亚中心”的崛起和“中心—边缘”关系的重整，边疆民族地区又快速成为中国改革开放的前沿，也成为国际社会思潮交融的前沿，某些具有先锋性质的社会思潮就会在边疆民族地区首先涌现。目前来看，边疆民族地区的这种边疆的滞后性与前沿的先锋化在社会思潮领域是同时存在的，以至于边疆民族地区的社会思潮看起来较为繁杂。

一方面是老旧思潮沉渣泛起。早就被送进历史垃圾堆的殖民文化思潮，借西方发达国家推行的新殖民主义之尸还魂，搞得洋招牌、洋名称满天飞。帝国主义与民族分裂主义思潮苟合，培养亲西方势力，极力煽动民族分离。历史虚无主义思潮否定中国近现代以来的一切革命，攻击和诬蔑中国共产党，抹黑领袖人物，反对社会主义制度。经济私有化思潮宣称中华民族五千年文明史是私有化的历史，鼓吹“人间正道私有化”。拜金主义思潮全面、深刻地渗透到各个领域，甚至使人类崇高的温馨感情都浸透铜臭。利己主义思潮以“人不为己，天诛地灭”为信条，损人利己，损公肥私，瓦解人们的共同理想，毒化社会风气。① 愚昧迷信、伪科学思潮扬幡招魂，泛滥成灾。凡此种种，乱象丛生。

另一方面是新兴思潮风生水起。日益发达的信息科技，使手机、网络、影视等媒介逐渐成为边疆民族地区传播和接受社会思潮的首要途径，尤其是网络打破了时间、空间、身份的限制，使各种时髦的社会思潮可以同步在边疆民族

① 赵曜．当代中国社会思潮透视［J］．中国特色社会主义研究，2002（1）：36－41.

地区生长。长期落后的边疆民族地区在尚未做好准备的情况下，忽然成为新兴思潮的前沿地带，不得不过早担负起某些思想先锋的角色，并因先天不足而过多受后现代主义等新兴思潮的负面影响，亟待科学引领以兴利除弊。

（二）不良思潮的欺骗性与功利的情绪化

一般来说，思潮的形成和流动，除了思想、观点本身的吸引力外，通常都有“理性的狡黠”对大众情绪的挑拨和利用。那些由政治集团刻意策划的反动思潮尤其顽固地具有这一特点。“东突厥斯坦思想”等反动思潮就是在民族、宗教问题的幌子下，鼓吹它们所谓的“圣战”，大肆贩卖它们的邪恶思想，具有极大的欺骗性，常常煽动不明真相的群众为它们的邪恶政治企图冲锋陷阵；它们甚至叫嚣“要反对突厥民族以外的一切民族”，消灭“异教徒”，日益暴露出恶毒的邪教本相。对于这种情况，马克思主义经典作家早就揭露了其本质。马克思说过：“资产阶级的沙文主义只不过是一种虚伪的装饰，它给资产阶级的种种无理要求罩上一件民族的外衣。”① 恩格斯指出：“对于完全受宗教影响的群众的感情说来，要掀起巨大的风暴，就必须让群众的切身利益披上宗教的外衣出现。”② 后来，列宁更是一针见血地指出：“泛伊斯兰主义是企图利用反欧美帝国主义的解放运动来巩固其可汗、地主、毛拉等地位。”③ 可以肯定地说，“东突厥斯坦思想”等反动思潮的始作俑者，绝不是真的想为自己的民族利益和宗教信仰着想，而是为了一己的政治野心把自己的民族同胞推入“地狱”。

当前，边疆民族地区人们对自身利益的关注空前突出，而且由于教育科学文化水平较低，人们的理性思维习惯和冷静处理问题的能力相对较弱，明显具有情绪化的倾向，他们也有对“熟悉”的漠视和对陌生的焦虑性关注，容易接受道听途说的传言，容易因感情用事而冲动，社会舆论也往往会一边倒，在某些社会思潮的负面影响下，一旦出现特殊的环境（利益）刺激，很容易触发群体性事件。在跨境民族聚居的地区，当地的社会经济发展水平，从历史的纵向比较看成绩显著，但和内地横向比较就有较大差距，这些民族的干部群众就会有强烈的危机感和紧迫感，艰难的赶超发展又会带来挫折感、失败感等负面情绪，加上原有的狭隘民族主义思想情绪，容易成为敌对势力蛊惑造谣、煽动不满的心理防线缺口。④ 需要进一步平衡好边疆民族地区的各种利益关涉，也需

① 马克思，恩格斯．马克思恩格斯选集．第2卷［M］．北京：人民出版社，1995：427.

② 马克思，恩格斯．马克思恩格斯选集．第4卷［M］．北京：人民出版社，1995：251.

③ 列宁．列宁全集．第31卷［M］．北京：人民出版社，1985：129.

④ 李红专，陈勇．云南跨境边疆民族地区社会思潮引领问题分析［J］．云南行政学院学报，2013（5）：148－150.

要寻求各种行之有效的方法来做好情绪疏导，尤其要以提高边疆民族地区群众的文化素质为长期抓手，提高包括信教群众在内的广大人民群众甄别谎言欺骗的能力，逐步从根本上杜绝情绪化的极端行为方式。

（三）全球化同地域性、民族性、多样性的冲突

原生态文化的传统历史遗存，加上境内与境外、历史与现实的长期交融，使原本多元共生的边疆民族地区社会思潮表现出鲜明的地域性、民族性、多元性、多样性、变异性、复杂性等特征。形形色色的社会思潮既相互排斥，又相互融通。各种思潮应时而生，失时而退，复杂多变，此消彼长，潮起潮落。①

如今，以经济全球化为先锋，全面的全球化已经席卷了每个民族和个人，带来很多令人担忧的结果，包括少数民族色彩的消失②，以及少数民族文化在文化全球化的同质化趋势中日渐模糊乃至消失的焦虑③。如云南诗人于坚谈到的："全球化正在把过去时代各民族的生活世界连根拔去，也许还没有完全消灭，但各民族显然已经不再像过去那样对自己民族的价值观、传统和神灵体系继续持有坚定的自信了。……欧洲……经过数百年的现代化后，在那土地上已经基本不存在云南意义上的少数民族……在某种程度上，世界正在被全面地西化，这只是一个时间的问题。……而一个少数民族的诗人，只有通过汉语才可以得到中国文学界的承认，这在多年前就已经是一个常规。汉化、全球化，少数民族诗歌正在面临空前的危机。"④ 即便有与全球化相抗衡的多元文化主义和民族主义竭力反对同质化、坚持少数民族的文化差异和价值，强调关注和重视少数民族的政治、经济、文化等生活权利；⑤ 但都无济于全球化与后现代所带来的躁动不安的境况。

这样，一些边疆民族地区成为国内外思想文化的交集地，当地社会思潮面临着经济全球化与民族传统文化的双向冲突，主流意识形态和差异化的各种思潮并存，对当地的民族文化和民族心理带来复杂的深刻影响。在传播渠道日益广泛的情形下，各种各样的社会思潮背后的政治力量，对话语权的争夺也越来越趋向激烈，使边疆民族地区社会思潮本身的全球化与地域性、民族性、多样性的冲突，日益浮现成为种种政治图谋，而不再是单纯的思想文化现象。就如"泛伊斯兰主义"那样已经不再是一种民族主义或宗教主义的思潮，而是一种

---

① 时统君．多样化社会思潮与马克思主义信仰教育问题的思考［J］．社科纵横，2011（4）：7－9.

② 张永刚．全球化时代西南边疆少数民族作家的文化认同与文学表达［J］．文艺理论研究，2011（5）：127－132.

③ 马绍玺．在他者的视域中［M］．北京：社会科学出版社，2007：41.

④ 马绍玺．在他者的视域中［M］．北京：社会科学出版社，2007：序1－2.

⑤ 王天玫．多元文化主义与民族主义［J］．理论月刊，2008（3）：59－61.

打着伊斯兰教旗号、欺骗广大穆斯林兄弟的极端恶劣的政治权谋。

第二节 边疆民族地区社会思潮引领工作困境

除边疆民族地区社会思潮的基本类型和特点本身就会给边疆民族地区社会思潮的引领工作带来一些特别的困难外，边疆民族地区社会思潮的引领工作困境还有：社会经济文化等方面的发展水平和发展速度都相对缓慢、相对落后，在很多地区，发展经济的积极作用未能有效发挥，负面影响却被扭曲放大，社会思潮引领机制亟待完善，局部地区还存在民族认同效力有限、国家认同受到挑战等严峻问题；关键困难则在于边疆民族地区社会思潮的运行机制复杂难辨。

一、经济发展的积极作用未有效发挥，负面影响却扭曲放大

边疆民族地区通常远离政治、经济、文化中心，由于历史和现实的原因，有些地区可利用的自然资源相对匮乏，有些地区生态环境欠佳。总体而言，边疆民族地区的社会经济发展起点低、基础弱、速度慢，缺乏能够有力支撑与拉动经济社会发展的支柱产业；和内地相比，边疆民族地区社会经济、文化等方面的发展水平和发展速度都相对缓慢、相对落后。长期滞后的地方经济发展，使边疆民族地区的社会经济发展缺少物质基础，又进一步导致总体发展水平都较低。从区域经济发展的总体水平来看，边疆民族地区不但显著落后于东部经济发达地区，还全面落后于全国平均水平。可以预见，历次中央民族工作会议一再强调的“各民族共同团结奋斗、共同繁荣发展”，将长期是新时期新阶段我国民族工作的主题①，促进边疆民族地区社会经济发展也必然是长期的艰巨任务。

长期以来，党和政府都一直高度重视对边疆民族地区社会经济发展的扶持工作，各边疆民族地区的社会经济发展也取得了较好成效，几十年来，展现出翻天覆地的变化。我国的民族政策，尤其是近二十年来，极大地促进了边疆民族地区的和谐稳定与繁荣昌盛，很好地保障了国家发展和进步的基本条件。诸多成就无须赘述，我们却注意到，有些边疆民族地区经济发展的积极作用未能有效发挥，负面影响却被扭曲放大。

一方面是经济发展本身确实带来了一些新情况、新问题。例如，边疆民族地区广泛存在的“被发展”“被城市化”等问题。因为在实际中，一个通常的预设是，大家都被纳入一种均质化的个体生活状况和单一化的社会发展目标，

---

① 马志敏．中国共产党云南民族工作研究［D］．北京：中央民族大学，2006.

这往往和社会现实生活中的实际情况不相符合，例如，不同地方、不同民族、不同阶层的人民群众的发展期待，在相当多的时候是千差万别的。尤其是在看似不可逆转的经济全球化的大环境影响下，一些地方政府急于求成，甚至盲目发展，使国际资本得以用一些看起来很温和、很友好、很合理的方式，便便宜宜地就占有了这些地区最有经济价值的自然资源和最强壮的劳动力，这种实质上的后殖民的经济侵占所带来的社会文化、生活、形态等各方面的深刻变化，还进一步把当地居民带入一种貌似"后现代主义"的"无家可归"的低迷精神状态。对很多的边疆民族地区来说，由于社会经济发展长期处于落后的缓慢状态，而现代经济的快速发展能够带来社会形态和生活方式等方面的巨大变革，有些人会觉得有一种前所未有的"甜蜜"错觉，但梦醒时分，甚至还不必等到如梦初醒，很多人就会体会到难以名状的"悲哀"，而且挥之不去，无力对抗。这样的问题看起来比较具有人文关怀，但更多的问题是非常尖锐的，就如前面提到的种种伴生于经济发展的不良思潮影响。

另一方面是经济发展的负面影响被扭曲放大。这主要表现为传媒失范导致的不良思潮流变。思潮本身是有传播性的，在传媒便利的时代条件下，更可能得到迅猛的传播、增长、流变。就如上文所分析的那样，我国边疆民族地区社会思潮的内容类型和运行特征都存在与内地不同的方面，但可以说，我们归纳的个人主义的寄生和变态、民族主义的衍生和变异、后现代主义的"早孕"与"选育"等内容，都或多或少与媒体失范及宣传引导不力有密切关系。媒体失范是迫切需要得到尽快解决的，只有合理规范媒体的信息传播，保证真实有效的传媒供给，才能真正满足边疆民族地区人民群众日益增长的言论自由需要和真实信息需求。宣传引导不力是特别需要格外检讨的问题，至少既要使公众充分认识到边疆民族地区社会经济发展的成果，又要中肯地评价经济发展的负面影响，科学合理地看待各种社会思潮，不至于轻易被不良思潮所左右。

二、有些边疆民族地区领导不够重视社会思潮引领工作

我们国家一直高度关注错误思潮的侵蚀和泛滥等问题。1989 年 9 月，江泽民同志在庆祝中华人民共和国成立四十周年大会上的讲话强调："要用马克思主义和社会主义思想去指导理论、宣传、教育、新闻、出版、文学艺术等部门的工作，去占领思想文化阵地和舆论阵地，丰富群众的精神生活。要积极引导广大群众自觉地抵制各种错误思潮和腐朽思想的影响，培养科学的健康的文明的生活方式，使他们真正成为奋发进取的社会主义劳动者和建设者。"[①] 1999 年 9

① 江泽民．在庆祝中华人民共和国成立四十周年大会上的讲话［R］．北京：人民出版社，1989－07－29．

月，《中共中央关于加强和改进思想政治工作的若干意见》特别强调“要批判、抵制错误思潮”，指出“有少数党员甚至领导干部理想淡漠、信念动摇、意志衰退、精神空虚，有的被错误思潮所俘虏……要大力弘扬社会正气，对各种错误思潮和社会丑恶现象及时给予有力的揭露和批判，决不能给它们提供舆论阵地……要坚持以马克思主义指导教学工作，绝不能为错误思潮提供讲台和阵地……对各种社会思潮掉以轻心，任其泛滥，我们就会犯历史性的错误”。[①] 胡锦涛同志在中共十七届六中全会上的讲话指出：“我们必须清醒地看到，国际敌对势力正在加紧对我国实施西化、分化战略图谋，思想文化领域是他们进行长期渗透的重点领域。我们要深刻认识意识形态领域斗争的严重性和复杂性，警钟长鸣、警惕长存，采取有力措施加以防范和应对。”[②] 2013 年 5 月，中共中央组织部、中共中央宣传部、中共教育部党组联合发文《关于加强和改进高校青年教师思想政治工作的若干意见》，进一步强调要高度重视青年教师思想政治工作。[③] 2013 年 8 月 19 日至 20 日召开的全国宣传思想工作会议上，习近平总书记强调：“宣传思想工作一定要把围绕中心、服务大局作为基本职责，胸怀大局、把握大势、着眼大事，找准工作切入点和着力点，做到因势而谋、应势而动、顺势而为。”[④] 从这些一直持续强调的工作安排和工作内容来看，我国政府是很重视社会思潮引领工作的，但实际效果却有不尽如人意的地方。通过分析就可以发现，边疆民族地区的社会思潮引领工作，既存在着工作机制有待完善等深层次问题，也存在认识不到位、措施不得力等问题。

另有诸多问题存在于边疆民族地区社会思潮的引领工作中，有的地方干部群众对当地、当时、严重、复杂的社会思潮领域斗争的认识是比较缺乏的，可以说这是其中最突出的问题。不少人认为，社会思潮引领工作比思想政治工作还“虚”，从而形成“说起来重要，干起来次要，忙起来可以不要”的情况；一些地方的党委、政府不同程度地存在着“一手硬，一手软”的问题，没有能够很好地贯彻落实党和国家有关社会思潮引领工作的各项任务要求。现实情况使我们迫切需要尽快提升引领社会思潮的全局观念和战略眼光，不但要从国家层面上建立引领边疆民族地区社会思潮的工作战略，边疆民族地区的社会思潮引领工作需要在关乎国家意识形态安全的政治高度中得到重新审视，也要积极

---

① 中共中央关于加强和改进思想政治工作的若干意见（中发〔1999〕17 号）［R］. 1999-09-29.

② 胡锦涛. 坚定不移走中国特色社会主义文化发展道路　努力建设社会主义文化强国［R］. 求是，2012（1）：1-6.

③ 中共中央组织部，中共中央宣传部，中共教育部党组. 关于加强和改进高校青年教师思想政治工作的若干意见（教党〔2013〕12 号）［R］. 2013-05-04.

④ 习近平. 在全国宣传思想工作会议上的讲话［R］. 2013-08-19.

拓展引领社会思潮的主阵地和主渠道，务必使坚不可摧的“文化边防”在边疆民族地区切实构建起来，并采取有力措施做到“有阵地、有声音、有保障”，切实解决边疆民族地区社会思潮引领工作“弱化”“软化”等不正常现象。

边疆民族地区和国内的其他地区相比，还有许多不容忽视的问题，其中很多问题都和不够重视边疆民族地区的社会思潮引领工作有关。主要表现在：①很少用科学理论来武装头脑。对边疆民族地区而言，以正面宣传为主引导社会思潮，为团结稳定鼓劲，是极为重要的。但很多边疆民族地区的基层组织建设薄弱，很多思想理论宣传工作离广大少数民族干部群众的实际生活较远，离人们的切身利益较远，离偏远地区更远。很多新思想、新理论、新成果都没能够进入到村寨中去，更不要说是被边疆民族地区的人民熟悉和接受。②长期不足的公共财政投入，难以拖动严重滞后的基础设施建设。多发、重发的自然灾害态势，使许多边疆民族地区的经济社会发展面临更多的困难，包括满足少数民族群众精神文化需求在内的文化扶贫等各项扶贫开发工作以及其他各方面的工作任务都较重。这些问题，大多数都和边疆民族地区的基础设施建设严重滞后有直接关系。当前，人才、资金、技术等要素的短缺是很多边疆民族地区各类媒体都普遍面临的困难，尤为突出甚至有些显得难以维系的是那些专注少数民族语言文字的媒体。从监管的角度来看，建设和管理最为薄弱的是网络等新兴媒体，对自媒体的监管甚至就基本没有，这使正确的思想文化引导在很多领域表现为缺位、缺为。为此，有专家特别指出：“云南对外广播面临着发展滞后，经费不足，传输手段落后，人才匮乏，语种单一，节目单调的困境。”① 调研发现，边疆民族地区居民获得信息的主要途径依次是电视、口传、手机、网络、报刊，尤其以电视和口传为主，口传又以交往和会议为主；最主要的信息载体是影视传媒，尤其是电视节目里的电影和电视剧；国家机构和工作人员的直接影响力比较有限。很多边疆民族地区的人民群众精神文化生活贫乏、文化文娱活动单一，甚至面临着较严重的“五难”困境，即“读书难、看病难、看电视听广播难、看戏难、学科技难”；“重开发，轻保护”的倾向，严重危害了很多边疆民族地区的传统文化，最突出的表现是：对民族文化所特有的审美价值等方面的内容的保护往往被人们忽视，通常都只是因为特别重视商业价值而着力于对民族文化的商业化开发，但往往陷入过度开发。这些问题也是源于投入的保护经费严重不足，根本原因则是重视不够。③思想政治宣传等社会思潮引领工作的针对性、实效性较弱。最突出的集中表现是，不少地方还存在着少数民族群众“看不懂、听不懂”汉语电视广播节目等十分少见的现象。在科学

---

① 孟成才，刘沐尧．抓住机遇发展对外广播宣传［J］．今日民族，2012（8）：23－26.

引领边疆民族地区社会思潮的相关工作中，普遍性的要求固然要得到坚持，但也要注意到，社会认同是在注重对差异性的尊重，并在这个实践过程中得到逐渐扩大的，最大可能的思想共识也是在包容多样的实践中逐步形成的；同时还要着眼于社会思潮引领工作的针对性和有效性，强调坚持分类指导的原则，积极探索符合各边疆民族地区实际情况的有效方法、措施和途径。

譬如说，针对边疆民族地区思想多元、文化多样等特殊情况，要处理好对落后文化的改造和对先进文化的扶持等关系，既要继承、保护和弘扬好优秀的传统民族文化，又要坚决抵制各色各样的腐朽文化。在积极引导各种宗教信仰与社会主义社会相适应的工作上，绝大多数地方都在“积极引导”上做得不够好；需要针对边疆民族地区宗教信仰复杂多样等特点和情况，积极探索思路和方法，尽可能地使各种宗教活动都能够有利于维护边疆稳定和民族团结。实践已经证明，各民族平等、团结、共同繁荣进步，以及正确的宗教政策，是边疆民族地区繁荣稳定的基石。但在工作中，对宗教教义、宗教文化、宗教道德等实际问题的研究，对宗教团体建设等事项，在有些地方却被忽视了，没有注意引导和发挥宗教领袖的积极作用，而仅仅偏重于无神论教育，以及防范和打击邪教等事务；一些地方在维护信教群众和宗教团体的合法权益，保护正常的宗教活动，促进宗教与社会主义相适应等方面的工作也做得不够好。对那些外来渗透较为严重的边疆民族地区，本来是必须主动做好预防控制工作的，但实际上，这方面的工作却做得不够扎实，有些地方根本谈不上积极有效地开展好针锋相对的斗争。有些地方不能够及时准确地收集、研判、共享关于境内、境外的动态情报信息，尤其是不能深入研判错误的社会思潮，往往是在群众已经被煽动起来或者已经有其他负面事件发展到一定程度后才察觉不对，并且又往往存在反应迟钝、应对失当等不足，工作非常被动。①

三、局部存在民族认同效力有限、国家认同受到挑战等问题

“中华民族多元一体”是我们国家居主流地位的有关民族、国家理论的基础观念，由费孝通先生 1988 年正式提出后，成为一个“具有高层次综合性向度的国家民族认同的整合观念”。但由于“不同的话语主体对多元一体说的阐释和反思都存在重要的方法论缺陷”②，尤其是主流知识界简单套用从西方传入的“后殖民主义”“后现代”等话语方式，进一步被少数族裔民族主义者借用和误

① 李红专，陈勇．云南跨境边疆民族地区社会思潮引领问题分析［J］．云南行政学院学报，2013（5）：148－150.

② 姚新勇．现实抑或理想纲领——关于“中华民族多元一体格局”说的思考［J］．民族艺术，2010（1）：15－19.

用，就是把中心、边缘、解构、帝国、文化批判、文化霸权等概念以及对后殖民话语的单向批判性的运用简单沿袭过来，而误读形成“边缘的、被压迫少数族裔与主流的汉语文化之间的抗争（甚至是‘被殖民’的西藏、新疆与‘中华帝国’之间的抗争）”①。随着我国较广泛的民族主义思潮的泛滥，还进一步形成了种族民族主义的嘈杂大合唱，进而刺激着形形色色的文化民族主义向着冲突性的方向激化发展。

一方面是汉民族主义、民族国家主义及爱国主义的汉化、体制化、主流化。汉民族主义最早表现为“新儒学的复兴”，后来，借着恢复中华传统文化的体制性推动力，儒学复兴由一些知识分子推动着，逐渐和“汉服运动”“读经运动”等民间运动混合在一起，甚至有“皇汉民族主义”等其他一些比较激烈的叫嚣声混杂其中，形成了越来越广泛的汉文化民族主义思潮。“黑眼睛、黄皮肤”的种族特征和保护与争取中国国家利益的思想纲领，也因为民族国家主义要借助西方扼制中国的反向推动力，以“中国崛起”为契机而结合在一起，甚至已经成为网络空间的主流意识形态，迅速扩张自己的社会影响力，吸引了越来越多的青年人。在这个过程中，爱国主义网民的族裔结构之单一性凸显出爱国主义也开始向“汉化”的方向内缩。这就需要特别反思中华民族主义思潮。民族主义思潮有助于培养民族精神、弘扬中华文化，有助于增强广大民众的民族责任感和民族凝聚力，有助于社会团结的增进、政治秩序的维护、和谐稳定良好局面的保持。但民族主义是一把双刃剑，它既有有利影响，又有不利影响，这无论对哪个国家和社会都是一样的。同样，中国特色社会主义的建设既受到中国民族主义思潮的促进，又会受到其相应的制约。② 这是需要高度警惕的。

另一方面是少数族裔民族文化本位认同进一步向种族民族主义方向挺进。尽管少数族裔文化仍然不同程度地处于边缘位置，“族裔民族本位认同”却在多年的混流中，陆续成为最基本的意识形态，普遍得到各少数民族族裔的认可，很多族群内成员甚至已经把它当作可以被普遍认可而持守的基本“政治正确”。例如，有少数崇仰藏传佛教文化者对西藏和藏文化的迷恋，正在越来越强烈地演变为政治性、排斥性的一种种族认同。网络上貌似淡化了族裔民族主义的争吵也很可能只是由于网络监管技术的提高，使得这类言论不再如前几年那样容易发表，而非真正的弱化。在如此族群认同畸形发展的情形下，尤其是在族群本位认同已经明显偏颇的情况下，各种各样狭隘的族裔观念要想得到纠正，甚

① 姚新勇．中国少数民族文学界的后殖民批评［J］．二十一世纪（香港），2008（4）：21－25.

② 鲍常勇．21世纪以来中国民族主义思潮的新动向及其对中国特色社会主义的影响［J］．河南社会科学，2009（6）：184－186.

或反对，都已经成为一件极其困难的事情；而日益狭隘化、单一化、同质化的民族认同观念，更进一步把中华民族一体性置于危机之中，在极少数的一些地方，甚至于中华民族认同也在一定程度上面临被瓦解的危险。在少数的局部地区，还存在一种危险情况，就是在不同的族群之间，情感上的疏离，已经逐渐出现，这个情况在一些少数民族与汉族之间尤其明显；这在某些极端情况下甚至还会恶化，而出现类似新疆那样的暴恐事件。

在这里，需要注意到，在现代民族问题的研究中，通常把“他者认同”（他们是谁?）和“自我认同”（我们是谁?）作为界定“民族”的最重要标准。但实际上，“他者认同”和“自我认同”在“他者”与“自者”的互动中，一般来说并不是同步发生的。[①] 在中国，汉民族和汉文化一直是各个族群互动过程中的绝对优势力量，不会自发形成合理的民族观念。正确的民族主义观念需要在制度性地推动过程中形成，进而可以增强民族认同感和团结的责任感，以消除民族主义思潮本身兼有的负面影响。非理性、“空洞化”、抽象的“国家想象”是当前民族主义思潮中的严重问题，处理得不好将会使各少数民族同胞对中华民族的整体认同及对祖国大家庭的情感归属受到严重削弱，这种危险必须得到足够重视。有效的应对措施需要尽快推出，既要使大家的爱国热情得到保护，又要使公众的爱国热情得到理性引导，并使健康的民族主义观念得以树立起来而消除错误民族主义思潮的影响。其中，网络管理是当前特别需要注意加强的方面，以减少造谣、传谣的扩散，杜绝“网络民族主义”把民族知识和信息进行碎片化的歪曲处理，更要防止犯罪分子把虚拟网络屏障当作逃避法律监管的活动场所，从而才能够避免极端民族主义思潮在网络上的聚集和爆发。[②] 这样，通过一个系统的维持，促使“他者认同”和“自我认同”达到并长期保持一致，维系中国的国家认同及中华民族的民族认同。

四、边疆民族地区社会思潮运行机制复杂难辨

边疆民族地区社会思潮的引领工作困境，有诸多表现，也有诸多影响因素，但关键在于边疆民族地区社会思潮运行机制复杂难辨。因为社会思潮本身具有多元性，社会思潮发展变化速度极快，各种思潮之间的交融与互相影响加强，各种社会思潮的运行总是与各类社会纠纷结合在一起，所以，边疆民族地区社会思潮本身就具有显著的特殊性。

---

① 杨志强．从“苗”到“苗族”——论近代民族集团形成的“他者性”问题［J］．西南民族大学学报（人文社科版），2010（6）：1－7.

② 王毅．90年代以来中国民族主义思潮对大学生民族意识的影响及教育对策［J］．学校党建与思想教育，2013（12）：90－92.

（一）边疆民族地区社会思潮运行机制复杂难辨的表现

1. 边疆民族地区社会思潮的预测基础复杂难辨

预测的基础在于对过去信息、数据、事实的分析，通过分析出的规律对未来做出判断。而边疆民族地区由于社会经济发展水平相对落后，基本的文化教育设施缺乏，很多地方对于历史资料的保存和保护不够，以往社会思潮发展的案例、数据、信息收集不够，甚至没有。在这样的基础上来对边疆民族地区的社会思潮进行预测是难以做到客观、科学的。

2. 边疆民族地区社会思潮运行机制主体复杂难辨

边疆民族地区社会思潮运行机制涉及的主体十分复杂，有边境附近的边民，有人数极少的少数民族，有一般的少数民族，还有内地来到边疆的务工人员。在工作中应当充分考虑针对各种不同主体采取不同的工作方法。对于边境附近的边民应当加强爱国主义教育，增强国家的凝聚力；对于人数极少的少数民族，主要应当加强宣传国家对其民族的特殊保护政策；对于处于偏远地区的农民，应当加大市场经济规律的宣传，鼓励他们走出大山，积极参加商品交换，培养市场意识。

3. 评估、监管社会思潮运行机制维度众多、复杂难辨

对社会思潮的评估、监管机制涉及多个维度，具有复杂难辨的特点。在边疆民族地区既有对境内思潮运行机制的评估和监管，也有对境外思潮运行情况的评估和监管；既有对少数民族内部社会思潮运行机制的评估和监管，也有对民族间社会思潮交流发展的评估和监管；既有对民族问题社会思潮的评估和监管，也有对宗教问题社会思潮的评估和监管。各种维度之间的社会思潮运行后形成复杂难辨的特征，使得我们必须先弄清社会思潮运行的轨迹和背景，才能做出进一步的分析判断。

（二）边疆民族地区社会思潮运行机制复杂难辨的原因

1. 各种社会思潮本身具有多元性

由于现阶段我国在政治、经济、文化各个领域都在发生着巨大而深刻的变化，所以各个社会群体的利益诉求也在发生着剧烈的分化。社会思潮是社会群体利益诉求的表达，而各种利益群体多元诉求的背后是价值观的多元性。如在对待环境保护与经济发展的问题上，经济相对落后的江河水源源头地区与江河下游发达地区对“应当优先发展经济还是优先保护环境”的态度是截然不同的，江河水源源头的民众更希望优先发展经济，提高自身生活水平，而江河水源下游经济已经较为发达的地区由于经济发展已经达到一定程度，生活较为富足，此时更加关注环境保护的问题。于是，经济发展程度不同的地区对于是否在江河上游修建水电站等问题出现了相互不同的观点和看法。有人总结说，环

境保护是穷人的奢侈品，是富人的必需品，这其实就体现了社会不同群体由于不同的利益需求而表现出不同的价值取向和思想观念，最终将会表现为不同的社会思潮。

2. 社会思潮发展变化速度极快，思潮之间的交融与影响加强

当今社会既存在主张限制公权、保护私权，扩大民间自治的新自由主义，也存在认为应当恢复儒教、国学在教育中的主导地位的新儒教，还有强调民族利益至上的民族主义等社会思潮。这些社会思潮本身随着社会政治经济的发展也在发展变化，如民族主义思潮在特定的事件发生时（如中国与邻国发生领土纠纷时）可能会被少数人利用而发展成为极端民族主义。同时，各种社会思潮之间也会互相交织在一起，相互吸收并相互发生作用。如认为当西方社会发展到一定阶段后，能够拯救世界的必然是中国儒家的价值观，这就是新儒教与民族主义结合而产生的社会思潮。社会思潮极速变化的特征和社会思潮之间的相互交融导致了社会思潮引领机制的复杂性。

3. 边疆民族地区社会思潮具有显著的特殊性

边疆民族地区的社会思潮，既有国内社会思潮的影响，也有国际社会思潮的渗透；既存在国内一般的社会思潮，也有少数民族特有社会思潮；既有与市场经济相适应的社会思潮，如自由竞争的观念，也有与自然经济相适应的自给自足的观念，呈现出边疆民族地区社会思潮的特殊性。这种边疆民族地区国内思潮与国际思潮、一般思潮与特定民族思潮、市场经济观念与自然经济思潮交叉、共存的现状使得边疆民族地区社会思潮运行机制呈现出复杂难辨的特征。

4. 社会思潮的运行常常和社会纠纷结合在一起

社会纠纷中的利益诉求是各种社会思潮产生、发展、变化的主导因素。由于土地纠纷、环保纠纷、劳动合同纠纷本身就具有一定的复杂性，既有法律因素也有政策因素的影响，既要分析历史原因也要考虑现状，既要照顾个体利益也要兼顾企业和社会的利益。各种社会思潮运行的背后是各种利益诉求的表达，而这些利益诉求又往往通过社会纠纷的形式表现出来。边疆民族地区社会纠纷的复杂难辨决定了社会思潮运行机制的复杂难辨。

（三）边疆民族地区社会思潮运行机制亟待条分缕析

边疆民族地区社会思潮运行机制如此复杂难辨，要想进一步把握边疆民族地区社会思潮的基本情况，做好边疆民族地区社会思潮的引领工作，首先就需要对边疆民族地区社会思潮的运行机制进行详细深入的条分缕析。搞清楚边疆民族地区社会思潮的运行机制后，才能进一步提出有效、可行的引领机制和对策措施。

社会思潮之所以能够在一定程度上得到当地公众的认可，就在于它在一定

的时空范围内得以传播。可以肯定地说，这是社会思潮存在的必要条件；在人们的现实生活中，不可能存在任何一种没有传播的社会思潮。而且，在现代的传播条件下，不论人们赞不赞成、喜不喜欢，社会思潮的多样化都已经成为一个基本的客观事实，这是不以人们的意志为转移的。边疆民族地区处于国家地理边缘，社会经济发展水平远远滞后于内地，但边疆民族地区社会思潮作为现代社会中的客观存在的意识形态，无时无刻不在影响着边疆老百姓的生活，而不良思潮的欺骗性和功利化的影响往往使社会思潮引领机构的任务任重道远。边疆民族地区社会思潮与内地的情况相比也有很多不同，但边疆民族地区社会思潮的引领机构及相关职能与内地基本没有差异，不同之处主要在于一些具体的方式方法。从边疆民族地区社会思潮引领机构的职能来看，可以肯定我国统一的社会思潮引领工作部署、机构设置、职能运行的有效性。同时，我们要关注社会思潮本身的运行机制，有效查找机构职能的不足，以利于更好地把握社会思潮的运行规律。

第二章　边疆民族地区社会思潮的运行机制分析（上）

社会思潮并不是一个孤立存在的社会现象，它总是处于社会中，甚至总是以不可分割的社会现象呈现出来。这也就必然要求我们，要在总体的社会现象及其各个成分、各种关系中，把握社会思潮及其运行机制。对边疆民族地区的社会思潮及其运行机制来说，当然也是这样的。

研究发现，边疆民族地区的社会思潮与当地的经济发展、教育培训、民族交融、宗教交流、科技普及有着密切的关联效应。从经济发展来看，一方面，边疆民族地区经济发展的水平、速度等数量、质量状况，决定着社会思潮在当地产生影响的广度和深度；另一方面，边疆民族地区社会思潮的总体状况又对当地的经济发展具有巨大的反作用。这在当前边疆民族地区既有经济发展取得显著成效，人民生活水平明显改善等正面成果，又有经济发展面临诸多瓶颈，经济发展差距继续扩大等负面问题的情形下，表现得比较明显。从教育培训来看，尽管边疆民族地区的教育培训依然面临着一些特殊问题，但就教育培训对社会思潮的影响而言，边疆民族地区的教育培训工作已经取得了基本成效：信仰教育引领了社会思潮的灵魂，理想教育引领了社会思潮的基因，文化教育引领了社会思潮的源泉。从民族交融来看，边疆民族地区有着民族交融的主要变量，是民族交融过程的主场；民族交融对边疆民族地区有关民族认同和国家认同的社会思潮有着不可替代的影响。从宗教交流来看，边疆民族地区具有宗教类型多、信教群众数量大、宗教信仰的民族化特征比较鲜明等特点，并由于宗教自身的因素、社会变迁的因素、国家政策和市场运作的因素以及边疆民族地区的其他一些特殊因素影响，边疆民族地区的宗教活动在总体上较活跃，宗教信仰在道德教化、传承民族文化、调适民族关系等方面的作用在给当地社会思潮带来积极影响的同时，宗教的消极影响也是需要重视的，尤其要积极防御与宗教信仰相伴而生的宗教极端主义和邪教的影响。从科技普及来看，边疆民族地区的科技普及工作取得了显著成效，而且科技普及的目标、内容、途径都和社会思潮有着显著的正相关性，科技普及对边疆民族地区的社会思潮日益发挥出持续、广泛、深刻的积极影响。

第一节 边疆民族地区社会思潮与经济发展

我国边疆民族地区社会思潮与经济发展具有极强的关联效应，经济发展的状况和水平决定着社会思潮影响的广度和深度；反之，社会思潮的发展对经济发展也具有巨大的反作用。从总体上看，我国各边疆民族地区的经济发展同内地一样，取得了非常显著的成效，绝大多数少数民族群众的生活水平也明显改善；但目前经济发展也面临诸多瓶颈，最为突出的是，一部分边疆民族地区与内地发达地区相比，经济社会发展的水平和速度等各方面的差距仍有继续扩大的趋势。边疆民族地区经济发展水平的低层次和参差不齐，使当地人民群众的社会生活变得十分简单，甚至是单调和枯燥的。物质生活的贫困导致人们思想的逐步空虚与无助，从而使这些边疆民族地区的社会思潮变得极具多样性和多变性，部分地区甚至出现非主流思潮泛滥的局面。因此，把握边疆民族地区社会思潮发展变化的客观规律，加快经济社会各方面的全面发展进程，以社会主义核心价值观和社会主义法治思想等先进思想引领边疆民族地区社会思潮，对边疆民族地区经济发展、社会稳定、民族团结、国防巩固和全面建成小康社会无疑具有重大的现实意义。

一、边疆民族地区经济发展的基本情况

边疆民族地区经济建设是我国统一的社会主义市场经济建设的重要组成部分，不仅关系我国区域发展总体战略的实施，关系全面建成小康社会奋斗目标的实现，而且关系民族团结、社会稳定和边防巩固，关系国家的长治久安。因此，没有边疆民族地区各族同胞的共同富裕，就不可能实现中华民族伟大复兴的“中国梦”。目前，随着全面深化改革和依法治国的不断推进，边疆民族地区已从传统经济社会发展的末端转变成了改革开放和社会主义现代化建设的前沿阵地。全面加快边疆民族地区经济社会科学发展、和谐发展、跨越发展，实现与全国同步建成小康社会，已成为新时期、新阶段解决我国民族问题的根本任务。

（一）经济发展取得显著成效，人民生活水平明显改善

党和国家历来高度重视加快边疆民族地区经济发展，特别是西部大开发以

来，党中央始终站在落实“两个大局”[①] 战略思想的高度，不断采取有力措施，促进边疆民族地区加快发展。经过长期不懈的努力，我国边疆民族地区普遍取得了经济社会等方面的长足发展进步，绝大多数少数民族人民群众的物质文化生活水平也同内地一样得到了明显提高，各民族群众一起为全面建成小康社会共同团结奋斗的物质基础已经被坚实地奠定起来。

一是经济持续快速发展，综合实力显著提升。如截至“2013 年底，西藏自治区的生产总值（GDP）比 2012 年增长了 12.5%，达到 807.67 亿元；农牧民的人均纯收入增长速度连续 11 年保持在两位数以上，比 2012 年增长了 15%，达到6578 元；城镇居民的人均可支配收入比2012 年增长了11.1%，达到20023 元”。又如，“截至 2013 年年底，新疆维吾尔自治区的生产总值达到 8510 亿元，比 2012 年增长了 11.1%；地区人均生产总值达到 37847 元，增长了 9.7%；农村居民人均纯收入达到 7296 元，比 2012 年增长了 14.1%；城镇居民人均可支配收入达到 19874 元，比 2012 年增长了 10.9%；城镇人均家庭总收入达到 22388 元，比 1978 年增长了 69.5 倍，比 2012 年增长了 10.9%。”[②]

二是财政投入力度不断加大，撬动经济快速发展。“2013 年，中央财政向边疆民族地区安排的转移支付达到 464 亿元，在向边疆民族地区倾斜均衡性转移支付的基础上，比 2012 年增长了 10.5%。国家对云南、青海、贵州等 3 个少数民族人口较多省份和广西、宁夏、西藏、新疆、内蒙古等 5 个自治区的扶贫投入大幅提高，中央财政扶贫资金投入总量比 2012 年增加了 16.8%，达到 166.05 亿元，占全国总投入的 43.76%。”“2013 年，国家继续加大对少数民族地区和少数民族的专项扶持力度，深入贯彻落实兴边富民行动、少数民族事业和‘十二五’扶持人口较少民族发展等 3 个国家级专项规划，安排扶持人口较少民族发展专项资金 14.5 亿元、少数民族特色村寨保护专项资金 4 亿元、兴边富民行动专项资金 27.9 亿元，分别比 2012 年增长了 13.1%、53.8%、50%。”[③] 国家财政资金投入的不断加大，有效撬动了边疆民族地区经济的快速发展。

三是基础设施建设得到加强，生产生活条件明显改善。如截至 2013 年，边

---

① 1988 年 9 月，在听取关于价格和工资改革方案的汇报时，邓小平指出：“沿海地区要加快对外开放，使这个拥有两亿人口的广大地带较快地先发展起来，从而带动内地更好地发展，这是一个事关大局的问题。内地要顾全这个大局。反过来，发展到一定的时候，又要求沿海拿出更多力量来帮助内地发展，这也是个大局。那时沿海也要服从这个大局。”这是邓小平明确提出“两个大局”的思想。（载《邓小平文选》第三卷，人民出版社 1993 年版，第 277 – 278 页。）

② 国务院新闻办公室．2013 年中国人权事业的进展（白皮书）[R]．2014 – 05 – 26.

③ 同上。

疆民族地区建设农村的水、电、路、气、电信、邮政、广播、电视等配套综合设施的进度得到加快推进，乡镇通邮率、行政村通公路率和乡镇通公路率分别达到94.6%、97.4%和99.7%。西藏自治区墨脱县是全国最后一个修通公路的县，这条公路的全线正式通车，标志着我国县城不通公路的公路交通史结束了。之后还启动了川藏联网工程的开工建设，至此，青藏铁路货运量达到405.2万吨，客运量达到219.9万人次，航空旅客运输量达到273万人次。又如，2013年，西藏自治区的各项民生事业都得到了显著改善，城镇居民的人均居住面积达到42.81平方米；其中，尤为突出的是，连续8年累计投资达273.57亿元的农牧民安居工程的全面完成，使农牧民的生产生活条件得到了历史性的改善，全区共有46.03万户、230万农牧民住进了安全适用的房屋，农牧民人均居住面积达到30.51平方米。[①]

四是经济调结构凸特色，区域合作共同发展。一方面，边疆民族地区从传统的资源大区向新型工业化迈进，从落后的沿边内陆成为改革开放的前沿阵地，如内蒙古着力调整产业结构，推动传统产业新型化、新兴产业规模化、支柱产业多元化的新型工业化路子。新疆基于油气资源储量优势，在发展传统石油工业基础上，大力发展有色、电力、汽车、装备制造、农副食品加工等现代产业体系。西藏发挥后发优势，以矿产资源、民族手工业、绿色食品和民族医药等特色产业来吸引投资。另一方面，边疆民族地区发挥区位优势，加大与周边国家和地区开展跨国（境）合作，如内蒙古向北对俄罗斯开放合作；新疆在推进霍尔果斯、喀什国际边境贸易合作；广西的北部湾经济区和西江经济带“双核”战略，推动西南地区向东盟和港澳开放；云南大力推进面向南亚东南亚开放的辐射中心建设等。

五是生态保护治理力度加大，局部环境得到改善。边疆民族地区的生态环境保护工作和全国的部署一致，特别是在改革开放以来，进入了一个崭新的发展阶段。三北防护林、长江中上游防护林、沿海防护林等一系列国家战略层面的林业生态工程，以及长江、黄河等七大流域的水土流失综合治理工程，使我国治理荒漠化的力度得到迅速加大。另外，旱作节水农业技术的全面推广，草原和生态农业建设的普遍加强，使更大面积的边疆民族地区能够受益。[②] 20世纪末，国家进一步实施“退耕还林”“退牧还草”“退耕还湖”生态保护工程等，生态环境恶化的整体趋势得到一定遏制，局部地区出现了蓝天白云、山清水秀、欣欣向荣的生态美景，使我国生态环境建设上了一个新台阶。2012年，党的十八大报告明确提出“建设美丽中国”的战略目标以来，国家在加大边疆

---

① 国务院新闻办公室.2013年中国人权事业的进展（白皮书）[R]. 2014-05-26.

② 国务院公报. 全国生态环境建设规划（国发〔1998〕36号）[R]. 1998 (29).

民族地区经济开发的同时，突出加强了对生态环境的建设和保护力度。

（二）经济发展面临诸多瓶颈，经济发展差距继续扩大

经过多年的不懈努力，边疆民族地区的经济总量虽然有了大幅增加，各族人民群众的经济收入有了较大增长，社会购买力明显增强，生产生活水平得到了明显的改善，整体综合实力水平也得到了显著提高，但是与内地发达地区和全国相比，经济发展无论是在数量还是在质量等方面的绝对差距仍在继续扩大，尤其是基础设施薄弱、产业结构扭曲、贫困人口众多、科技文化落后、生态环境脆弱、自我发展能力不足等问题较为突出。因此，加强边疆民族地区经济的科学发展、跨越发展、和谐发展仍然任重道远。

一是与发达地区的经济发展差距仍在继续拉大。如 2013 年统计数据表明：少数民族人口较多的 8 省区地区生产总值共计 64533 亿元，人均地区生产总值为 30862 元，城镇居民人均可支配收入为 22699 元，农民人均纯收入为 6579 元①，分别仅有全国人均生产总值（41909 元）、城镇居民人均可支配收入（26955 元）和农民人均纯收入（8896 元）平均水平的 73.6%、84% 和 74%②，经济发展明显滞后，仍需大力追赶。

二是扶贫开发任务繁重艰巨。2012 年国务院扶贫开发领导小组办公室发布的《国家扶贫开发工作重点县名单》显示：当年全国共有国家扶贫开发工作重点县（以下简称扶贫重点县）592 个，分别分布在 21 个省（市、区），其中，云南的数量最多（高达 73 个）、涉及面最广（占全省县级区划的 56.6%）；当年，全国共有 341 个民族自治县（旗）属于贫困县，分布在 17 个省级行政区内，云南所占数量仅次于西藏；广西壮族自治区共有 109 个县级区划，其中有扶贫重点县 28 个，占该自治区县级区划的 25.7%；西藏则因为贫困面高达 100%，而被列入国家的优先扶贫序列，作为整体集中连片贫困地区处理。③ 这些地区生存条件差，贫困程度深，脱贫难度大，曾经是并且仍然是我国当前正在全面推进的扶贫攻坚工作最难啃的一块“硬骨头”。

三是落后的基础设施严重制约经济发展。目前，与边疆民族地区各族人民群众生产生活密切相关的公共配套基础设施建设缓慢，如水、电、路、气（沼气）等方面的建设资金投入依然严重不足，甚至还有相当一部分农村人口仍然

① 雷振扬．坚定不移地坚持和完善民族区域自治制度［N］．光明日报，2014－07－01（07）．

② 国家统计局．中华人民共和国 2013 年国民经济和社会发展统计公报［M］．北京：中国统计出版社，2014．

③ 2012 年 3 月 19 日，国务院扶贫开发领导小组办公室在其官方网站发布《国家扶贫开发工作重点县名单》。本文数据系根据该名单整理统计而来。参见 http://www.cpad.gov.cn/publicfiles/business/htmlfiles/FPB/fpyw/201203/175445.html.

没有从根本上解决饮水安全问题，出行、就医、上学等都十分困难；云南边疆民族地区还有相当一部分人住在茅草房、杈杈房中，有些地方甚至缺乏基本的生存条件而需要进行易地搬迁。

四是文化教育事业亟待加强。有的边疆民族地区，文化教育和医疗卫生设施极端简陋，难于吸引和留住人才，有事业心、责任心和优秀的中小学教师匮乏，有技术特长、医技高明的医疗卫生技术人员严重短缺，特别是适合边疆民族地区教育和医疗卫生事业发展需求的中等职业教育严重不足，文盲、半文盲还大量存在。在一些边疆民族地区，不但存在读书难、看报难等问题，由于广播、电视的覆盖率较低，在一部分农牧民群众中，依然存在听不到（甚至听不懂）广播、看不到（甚至看不懂）电视等现象。

五是生态环境保护和建设等方面的工作情况仍然不容乐观。总体来看，目前，局部地区生态环境还在恶化的趋势，尚未在边疆民族地区得到完全阻止，水土流失、环境污染、荒（石）漠化等现象在局部地区依然严重，洪水、干旱、地震、泥石流、滑坡等自然灾害频发、多发，给当地人民群众生命财产造成了极大损失。生态环境承载压力过大，进一步加剧了原已失衡的人口和环境、资源之间的尖锐矛盾，使一部分边疆民族地区的经济社会可持续发展和全面建成小康社会等工作受到了严重制约。

二、边疆民族地区社会思潮与经济发展的关联效应

作为社会意识形态存在方式的各种社会思潮，同样受其所处社会生产方式的制约。边疆民族地区的物质生产及其方式规定着其社会思潮的客观内容和历史形态。正如马克思所指出的那样："物质生活的生产方式制约着整个社会生活、政治生活和精神生活的过程。不是人们的意识决定人们的存在，相反，是人们的社会存在决定人们的意识。"① 反之，社会思潮一旦形成，将具有相对的独立性，在一定时期内反作用于产生它的经济基础，并影响经济发展的水平和速度。

（一）经济发展决定社会思潮影响的广度、深度

边疆民族地区社会存在的多样性与复杂性，决定了当地社会思潮的层出不穷。目前，一方面，社会主义市场经济的深入发展，给边疆民族地区的传统社会带来了自由、平等、私有制、市场交换、法治等新的先进社会理念、生活方式和治理模式，打破了原本宁静、淳朴、自治的世代熟人社会生活方式和治理模式，人们遵循习惯法调整社会生活秩序的信仰和权威受到挑战。另一方面，

① 马克思，恩格斯．马克思恩格斯全集：第13卷［M］．北京：人民出版社，1998：8.

在国内外环境的共同影响下，各种宗教极端势力、恐怖主义、黑恶势力、敌对势力和邪教组织等也乘虚而入，利用边疆民族地区人民群众穷而思变的急切心理，打着所谓“民族、宗教、人权”等名义，采用各种威逼利诱方式，宣扬自己的“救世主”思想，处心积虑迷惑群众，千方百计拉拢群众，并残害那些不愿参与和顺从的群众，使边疆民族地区的社会稳定面临严峻挑战。这种先进与落后、真善美与假丑恶鱼龙混杂的多元化复杂现实，在某些情况下会使当地人民群众无所适从、莫衷一是、思想混乱。因此，边疆民族地区经济社会发展水平的严重滞后，加之边疆民族地区多为跨境民族①的交错聚居区，跨国犯罪、暴恐势力、人口贩卖、毒品走私、艾滋病、民族问题、宗教问题等各种问题相互交织、盘根错节、错综复杂，是导致边疆民族地区新自由主义、民族主义、“普世价值论”、民粹主义、“新左派”、伪科学等各种社会思潮丛生的主要土壤和泛滥的重要根源。

目前，边疆民族地区人民群众生活水平的贫困情况成了有的社会思潮吸引一些群众的有效突破口。在实地调查过程中，我们发现：各种社会思潮虽然丛生泛滥，但经常是昙花一现，跟风的群众也不固定，经常处于不断的变化之中。但也有少数社会思潮能广泛、长期吸引群众，这引起了我们的特别注意。如在云南省楚雄彝族自治州禄丰县某民族乡的一个苗族村寨调研时，我们看到，该苗族村寨的男女老少正在热火朝天地建设自己的教堂。经过当地熟人介绍，我们得知，该苗族村寨300多村民全部是苗族，他们是从外县“漂移”过来的，在当地没有土地，而是以临时租种当地彝族同胞的土地为生，并且其中很大一部分至今仍然是没有户口和身份的“黑户”，多年来全体村民都过着极度贫困的生活。为此，他们也找过当地党委政府，但一直没有得到妥善解决。虽说是临时租种彝族同胞的土地，但长期以来也能与彝族同胞和睦相处。他们目前正在新建的教堂，是一个倡导所谓“新自由主义”的韩国社团组织全额资助的。这个实例生动地告诉我们，经济贫困的群众往往成为各种社会思潮和势力极力争取的对象。目前，各种社会思潮和势力正是抓住了边疆民族地区经济发展严重落后的时机，从经济上打开突破口，通过给当地少数民族群众施予各种小恩小惠，就想牢牢控制和影响群众，以达到实现其主张的社会思潮的目的。

---

① 如我国东北的朝鲜族、鄂伦春族、鄂温克族、赫哲族、俄罗斯族和蒙古族等6个民族，西北的维吾尔族、哈萨克族、蒙古族、塔吉克族、俄罗斯族、柯尔克孜族、塔塔尔族、藏族等8个民族，西南的藏族、门巴族、珞巴族、独龙族、怒族、傈僳族、景颇族、阿昌族、傣族、佤族、彝族、拉祜族、哈尼族、布依族、布朗族、德昂族、瑶族、苗族、壮族等20个民族属于跨境民族。有的少数民族甚至跨3国、4国而居。

（二）社会思潮对经济发展具有巨大的反作用

社会思潮的发展规律告诉我们，任何社会思潮的产生和发展，都有其必然的物质基础。这些物质基础大致包括经济发展状况、人们的生产生活方式和社会思潮的直接载体——人以及其他相关的物质性因素。在这些物质条件中，人是最活跃和能动的因素。各种物质条件只有经过发挥人的主观能动性后，才会形成一定的思想意识。当能动的人把自己的思想观念大力传播出去，并引起众人的跟风，这时社会思潮就产生了。但当社会思潮形成后，由于跟风人群的个性化和分散化特征，社会思潮才有了自我发展的载体和动力，这就是社会思潮的相对独立性。这种独立性一般都是向着正的和负的两个方向发展。所谓正的方向，就是有利于促进经济社会向好的方向发展；反之则是负的方向，它将阻碍甚至是破坏经济社会的发展。掌握了这一规律，我们将从正反两个方面阐述社会思潮对边疆民族地区经济发展的反作用。

目前，针对在边疆民族地区有较大影响的个人主义、民族主义、后现代主义、历史虚无主义和伪科学等社会思潮，我们要一分为二地看待和处理，既要坚持马克思主义辩证唯物主义和历史唯物主义的立场、观点和方法，又要善于用社会主义核心价值观进行科学引领，扬长避短，摈弃其负面影响，发扬其有利方面。一方面，针对个人主义中表现出来的自由主义、功利主义（唯功利论）、实用主义、享乐主义、消费主义、拜金主义、“读书无用论”、经济私有化，民族主义中表现出来的地方民族主义、文化民族主义和跨国（跨界、跨境）民族主义和民族分离（分裂）主义，后现代主义中表现出来的虚无主义、自由主义、历史主义、多元主义、解构主义、颓废主义、怀疑主义、反本质主义、反权威主义、非（反）理性主义、女权主义等思想，我们要分门别类，有针对性地采取宣传、教育、规劝、引导、限制、制止、取缔、打击等不同方式和手段进行引领和调整，避免其无限扩大，形成气候，扰乱思想，混淆视听，扰乱和破坏边疆民族地区社会的安定团结和经济发展。特别是对以“四风”形式出现的个人主义和以“三股势力”出现的民族极端主义等，我们要坚决果断打击，绝不姑息养奸，为边疆民族地区经济的健康发展创造团结稳定的社会环境。另一方面，针对个人主义中追求自由、平等、公平，民族主义中追求整个中华民族独立、繁荣、昌盛，以及后现代主义中追求自由、反权威、女权等思想成分，我们要正确引导，扬长避短，让其在宪法和法律规定的范围内活动，有效提高各少数民族同胞的民族自信心和自豪感，激活其能动性和创造力，为边疆民族地区经济的健康快速发展注入新的巨大动力。

第二节　边疆民族地区社会思潮与教育培训

教育是社会进步和民族振兴的基石。党的十八大报告从改善民生、构建社会主义和谐社会的国家战略全局出发，提出“努力办好人民满意的教育”的目标要求，突出强调要把教育始终摆在优先发展的重要地位来抓，秉承和贯彻我们党历来坚持的教育方针不动摇，并明确提出了办好教育的努力方向是要让人民群众满意，要为各族人民群众服务，要能够为我们国家的经济社会发展和社会主义现代化建设服务，教育的根本任务就是立德树人，从而努力为党和国家的社会主义伟大事业培养和造就德智体美劳全面发展的建设者和接班人。这为今后我国教育事业的发展指明了奋斗目标，明确了根本方向，提出了更高要求。当前，正是我国改革和发展现代教育的关键时期，教育领域综合改革的进一步深化，素质教育的全面实施，是我国大力实施科教兴国、人才强国战略的一项重大举措和根本任务。纵观我国的教育改革，特别是在边疆民族地区，教育培训发挥着举足轻重的作用。可以说，在边疆民族地区的经济社会发展中，教育培训都一直具有基础性、战略性、全局性和先导性的作用。边疆民族地区教育培训事业作为我国教育事业的重要组成部分，事关边疆民族地区的经济繁荣发展、社会和谐稳定、科技文化兴盛、民族团结进步和边疆长治久安。发展边疆民族地区的教育培训事业是培养民族人才、提升民族素质、振奋民族精神、增进民族团结、凝聚民族智慧和推动民族进步的重要途径，具有重要的战略意义。

一、边疆民族地区教育培训的基本情况

（一）边疆民族地区教育培训取得的基本成效

长期以来，我国边疆民族地区始终把教育摆在优先发展的重要位置来抓，并取得了显著成效。可以说，边疆民族地区的教育培训事业实现了历史性突破和跨越式发展。特别是近年来，在党中央、国务院的正确领导下，我国边疆民族地区认真把教育摆在优先发展的战略位置，不断推动教育培训事业朝着健康可持续的发展方向前进，在培养各类优秀人才和少数民族干部，服务边疆经济社会发展，正确引领社会思潮，维护边疆团结稳定等方面取得了新成绩，为边疆民族地区科学发展、和谐发展、跨越发展和长治久安提供了强有力的人才保障和智力支持，为全面推进边疆民族地区的现代化建设，实现与全国人民同步建成小康社会做出了新贡献。

总的来说，我国边疆民族地区教育培训事业健康持续发展，积累了丰富的宝贵经验，成绩喜人，成效显著。概括起来，主要有三点：

1. 坚持教育优先，不断推进各级各类教育总体发展

百年大计，教育为本。坚持和注重教育优先发展，是长期以来我们党和国家一贯秉承的教育发展理念，是推动科教兴国基本国策以及人才强国长远战略的重要指导思想和方针。长期以来，我国边疆民族地区始终坚持“教育优先发展”的战略地位毫不动摇。特别是近年来，我国边疆民族地区全面贯彻落实《国家中长期教育改革和发展规划纲要（2010—2020）》，不断推进各级各类教育总体全面发展，努力推进教育培训事业健康持续发展。随着教育普及程度的不断提高，我国边疆民族地区的基础教育取得了显著成效，学前教育、中小学教育和继续教育保持适度增长，通过大力实施“两基”攻坚计划和“两免一补”教育政策，义务教育稳步推进且成效显著，高中阶段以及职业教育的规模逐步扩大且呈现增长态势，特殊教育发展前景良好且大有可为，教师队伍规模进一步扩大，办学条件进一步改善，办学效益进一步凸显，各级各类教育水平进一步提高。同时，教育培训模式呈现多元化、多样化，农村现代远程教育工程继续推进，少数民族“双语”教育呈现快速发展势头，少数民族干部培训渠道进一步拓宽，少数民族人才培养步伐进一步加快，等等。可以说，我国边疆民族地区教育培训总体规模保持相对平稳发展，教育培训事业总体发展态势良好，基本形成了较为完整的社会主义现代教育培训体系。

2. 深化教育改革，不断提升教育质量和民族素质

推进和深化教育改革，是新时期我国教育事业发展的强大动力。进入新世纪后，我国边疆民族地区在认真回顾和深刻总结历次全国民族教育工作会议以来，边疆少数民族教育事业取得的发展成就和基本经验，科学分析当前面临的形势任务，就如何在深化教育改革、扩大对外开放和推动创新发展以及全面贯彻实施好科教兴国基本国策、人才强国重大部署和新一轮西部大开发重大战略的背景下，对不断加快推进边疆民族地区教育改革进程进行了认真思考和深入研究，并充分认识到深化教育改革、加快发展边疆民族地区教育事业的紧迫性和艰巨性，进而纷纷结合各边疆民族地区自身的实际情况，强化对教育改革工作的领导力度，制定了一系列边疆民族地区教育改革发展的目标任务、方针政策和实施措施，不断夯实各级各类教育的发展基础，巩固“两基”取得的良好成果，不断促进各地区各民族教育的协调可持续发展。特别是近年来，我国边疆民族地区始终遵循教育改革“分类别指导、分地区规划、分步骤实施”的方针，坚持国家扶持和自力更生相结合的原则，大力创新人才培养机制和加强人才队伍建设，合理调整人才培养层级结构，积极推进人才培养计划和民族素质提升工程，不断提升边疆民族地区的教育教学质量和各少数民族群众的素质水平，全面提高了边疆少数民族群众的受教育水平和边疆民族地区的教育发展

水平。

3. 促进教育公平，不断优化教育结构和资源配置

促进教育公平是让亿万人民更好、更公平地享受教育发展成果和受教育机会的重要战略举措。一直以来，我国边疆民族地区正视与内地在经济社会各领域的发展差距，尤其是与发达地区的教育发展差距，坚持立足边疆民族地区的实际推动教育改革进程，缩小教育发展差距。客观地说，除了自然、经济、社会、宗教、文化、历史等各种外在因素的重要影响外，我国边疆民族地区教育资源短缺、结构僵化、观念落后、师资薄弱、素质偏低等阻碍教育发展的深层次因素还依然普遍存在。然而，我国边疆民族地区始终没有回避这些存在的突出问题，仍然下定决心大力转变落后的思想观念，积极探索边疆民族地区教育改革的新模式，不断紧跟中央的政策步伐，进一步优化教育结构；合理调整和配置教育资源，进一步加大公共教育资源向“老、少、边、穷”的山区、牧区农村倾斜；有力稳定边疆民族地区的现有师资队伍，并在此基础上积极吸纳外来优秀师资；充分利用中央的“对口支援”和“西部支教”政策，加大人才引进力度，实现了师资配置的均衡化和合理化；积极鼓励课程体系改革，大力挖掘本地区特色教育资源，开发符合当地教育工作实际和教学需要的校本课程和地方课程；等等。可以说，这一系列深化教育改革、促进教育公平的重要举措，逐步缩小了边疆民族地区城乡、区域和校际的差距，逐步扩大了边疆民族地区少数民族群众享受优质教育资源的覆盖面。

（二）边疆民族地区教育培训面临的特殊问题

党的十八大报告明确指出要“大力促进教育公平”，积极推动教育公平化发展；要“合理配置教育资源”，切实满足教育均等化需求；要“重点向农村、边远、贫困、边疆民族地区倾斜”，有力支持边疆民族地区发展教育培训事业；强化边疆民族地区发展特殊教育的政策导向，就是要“支持特殊教育”①。然而我们也看到，正是由于边疆民族地区的特殊性，决定了我国边疆民族地区的教育培训面临一些特殊的问题，这些特殊的问题亟待我国边疆民族地区进一步加大深化教育改革的力度，走一条“特殊教育”之路。

1. 特殊的自然条件

就自然条件而言，我国边疆少数民族的主要聚居区大都分布在祖国的边疆，许多少数民族还沿着漫长的边境线跨境而居，长期形成了大杂居、小聚居且交错杂居的状况。我国边疆民族地区面积占全国总面积的60%以上，多数地处高

① 胡锦涛. 坚定不移沿着中国特色社会主义道路前进 为全面建成小康社会而奋斗[M]. 北京：人民出版社，2012.

原、山地、林区、草场和荒漠等地带，有些地区自然条件十分恶劣，生态环境极其脆弱，生产生活条件相当艰苦，这些特殊的自然条件和生存环境严重制约着当地的经济社会发展。边疆民族地区的教育发展也深受当地特殊自然条件的制约和影响，特别是教育区域偏远分散、教育基础设施薄弱、教育思想观念落后、教育教学质量偏低、教师人才队伍匮乏等因素，导致边疆民族地区的教育总体水平仍然十分低下，少数民族群众的教育素质普遍不高。这一系列存在的特殊问题亟待我们认真思考研究，着力探索适合我国边疆民族地区教育发展的“特殊教育”模式。

2. 特殊的历史背景

就历史背景而言，我国边疆民族地区的多元民族格局和民族发展现状是由几千年的历史过程所形成的。中华民族是多元一体、密不可分的民族整体，其五千多年的历史文明形成了今天我国56个民族团结大家庭的良好局面，这个良好局面来之不易，值得我国各族人民倍加珍惜。正是由于这一特殊的历史背景，造就了我国边疆少数民族独特的民族历史和教育传统，我国边疆少数民族悠久的历史传承和教育传统也仍然深深地影响着边疆民族地区现代教育的发展进程。在新时代的历史背景下，我国边疆民族地区的教育发展势必遵循国家教育改革发展的整体部署和统一规划，既要坚持我们党一贯秉承的教育方针，毫不动摇，一以贯之，实现教育为人民群众服务，为国家的现代化建设服务，为边疆民族地区经济社会发展服务；也要把“立德树人、德字优先、德才兼备”作为教育发展的根本任务，真正办人民群众满意的教育，从而培养和造就一大批德才兼备、全面发展、能够推动中国特色社会主义事业的建设者和接班人；同时又要兼顾少数民族的民族历史和传统教育的特殊发展因素，推动教育为边疆民族地区和民族群众服务，培养德才兼备的少数民族“双语”人才，构建具有边疆少数民族教育特色的“特殊教育”体系。

3. 特殊的社会环境

就社会环境而言，我国边疆民族地区各民族进入社会主义社会前的社会发展阶段不一，导致了各民族的社会发展起点也不尽相同，有些少数民族是从原始社会直接进入社会主义社会，有些少数民族是从封建农奴制社会直接过渡到社会主义社会，等等。这些特殊的社会发展环境，致使我国边疆民族地区教育的总体水平普遍低下，教育质量和民族素质普遍偏低。尽管长期以来我国积极出台了各项重点扶持和优先发展边疆民族地区教育的政策，大力发展边疆民族地区的教育培训事业，然而我国边疆民族地区的教育发展还存在较多瓶颈和困境，和中、东部地区相比较，教育发展方面的差距是各方面差距中最为突出的问题。有必要进一步加大公共教育资源向各边疆民族地区投入的力度，加大中央和地方财政对边疆民族地区教育发展的支持力度，加大边疆少数民族和边疆民族地区教育发展整体水平的提升力度，需要国家和地区制定和出台一系列支持边疆少数民族教育改革发展的“特殊教育”政策。

4. 特殊的文化传统

就文化传统而言，我国边疆少数民族悠久的发展历史造就和形成了少数民族独具特色的文化传统、相对完整的文化体系和风情各异的民族习俗。文化是民族的血脉。文化对于边疆少数民族来说，不仅是融入生命的血脉，更是浸透灵魂的精髓。中华民族五千年的历史文明为各族人民遗传了特殊的文化基因，烙下了特殊的文化印记。边疆少数民族特殊的传统文化不仅是我国边疆少数民族赖以生存的精神食粮，还是中华文明和中华文化体系中的一份重要精神瑰宝。当前，以互联网为代表的新媒体发展突飞猛进、日新月异，以新媒体为主导的现代主流文化正广泛盛行，与少数民族传统文化正面交锋、相互交融、激荡碰撞，受文化多元化影响的教育理念又深深影响着我国边疆民族地区教育事业的发展进程。如何吸收民族语言和民族文化的优秀基因，处理好少数民族文化传统与民族教育的关系，来传承好民族文化，发展好民族教育，急需开拓一些“特色教育”途径。

5. 特殊的宗教氛围

就宗教氛围而言，我国边疆民族地区大多属于多民族、多文化、多宗教地区，这种多民族、多文化、多宗教交融交错的特点，使边疆民族地区的教育发展受到极大的挑战。特别是地处边远贫困山区、牧区的农村，是教育投入力量最薄弱的区域，教育普及率和覆盖率都十分低下，相当一部分地区还存在较多的文盲、半文盲，且人口比重较大，在一些地区宗教氛围异常浓厚、宗教势力异常庞大、宗教组织的渗透力和影响力非常强大，宗教文化的认同性非常明显。马克思主义辩证唯物主义和历史唯物主义认为，宗教在资本主义制度下是与世俗事务和国家事务不分的，进而提出了宗教与教育相分离的原则，成为马克思主义关于宗教与教育关系的基本思想。① 然而，我们也看到，在极少数的一些边疆民族地区，还存在极端宗教狂热、“政教合一”等思想遗毒的隐匿滋生现象，还依然存在潜在的危害，尤其是宗教极端主义者和民族分裂分子借着宗教的幌子，在信教群众中宣传“伪国家观”“伪民族观”“伪宗教观”“伪历史观”和“伪文化观”，隐匿进行非法宗教活动，同党和政府抢夺教育阵地，混淆视听，疯狂宣扬封建迷信以愚弄少数民族群众，狂热传播极端思想以荼毒青少年学生，等等。这些都需要我国边疆民族地区进一步发展当地经济，进一步

① 李小辉，罗春梅．马克思恩格斯关于宗教与教育基本关系的探析［J］．沧州师范学院学报，2013，29（1）：8－12.

深化教育改革，大力发展边疆民族地区的教育培训事业，对那些边远贫困山区、牧区的农村加大科技扶贫、智力扶贫和文化扶贫的力度，提高少数民族群众的科学文化知识水平，帮助他们自觉树立正确的理想信念和价值观。同时，还要认真研究和妥善处理好民族、宗教和教育的关系，把握好边疆民族地区开展民族“特殊教育”规律。

二、教育培训对边疆民族地区社会思潮的影响

党的十八大报告为我国教育事业的未来发展指明了大方向，提出了新要求。例如，要常抓不懈地坚持把“社会主义核心价值体系”纳入教育体系，作为思想道德教育的重要内容；要紧密结合对人民群众的教育，进一步把党内的思想理论学习抓好，做到“用中国特色社会主义理论体系武装全党、教育人民”；中国特色社会主义理论体系的“三进”工作的深入推动，在全社会广泛营造了共同开展中国特色社会主义理论体系学习活动的宏大氛围，真正做到“进课堂、进教材和进头脑”；通过“广泛开展理想信念教育”来实践理想信念教育，尤其是马克思主义的信仰教育和中国梦的伟大理想教育；通过“深入开展爱国主义、集体主义、社会主义教育”[①] 弘扬爱国主义，弘扬社会主义的价值观念；通过“社会公德、职业道德、家庭美德、个人品德”等方面教育的全面加强，倡导良善、孝义、诚信、守法的道德文明和行为准则；通过国家通用语言文字的推广和规范使用、中华优秀传统文化的普遍弘扬、优秀传统文化传承体系的积极建设，推进国家文化软实力建设和文化强国战略，发挥文化引领和示范作用；通过进一步普及科学知识，弘扬科学精神，提高全民科学素养，造就一批名家大师和民族文化代表人物；等等。党的十八大报告中有关教育发展新要求的科学论述，对我国全面深化教育体制改革、推进教育事业发展具有重要的指导意义。

特别是党的十八大报告提出的关于开展价值观念、理想信念、思想信仰、爱国主义、社会主义、集体主义、道德文明、传统文化等方面学习教育的新要求，对充分发挥教育培训的重要作用，科学引领我国边疆民族地区社会思潮具有极端重要的现实意义。

（一）信仰教育：引领边疆民族地区社会思潮的灵魂

信仰是人们对人类社会历史发展进程中某种思想理论、学说理念、价值观念等的高度崇尚和极度信服，并终生不渝地为此不懈奋斗的终极信念选择和人

---

① 胡锦涛．坚定不移沿着中国特色社会主义道路前进　为全面建成小康社会而奋斗［M］．北京：人民出版社，2012.

生价值追求，是超越于客观物质世界层面进而上升为人类精神世界层面的希望企求，是对人生最高价值追求、社会最高理想信念和国家最高意识形态的终极反映。信仰表征着人们对自身现实生活和精神世界进行不懈努力和不断超越的永恒追求，也标示着人们对崇尚信服的终极信念选择和人生价值追求的一种认可、肯定和持守，同时还蕴含着人们对追求人类共同理想和美好梦想的终极关怀，它对人们的人生价值、生存意义和生活质量具有重要的提升功能。① 而信仰教育就是帮助信仰主体确立某种信仰，不断追求人生最高价值和实现社会最高理想的活动。

信仰教育作为一种特殊的教育，更加注重对教育对象施加一种特殊影响，使教育对象产生思想上的升华，同时，它也同其他教育一样，通过一定的方法和途径，使教育对象形成坚定的思想信仰和理想信念。② “就教育的本质而言，教育是需要有信仰的，教育事业也是需要有信仰的事业。换言之，教育的本质追求就是要有信仰，从某种意义上来说，没有信仰的教育，不能称作真正的教育，充其量只是教学的技术。”③ 我们党历来重视信仰教育，始终把坚定对马克思主义的信仰和对社会主义、共产主义的信念作为加强党员干部党性锻炼和党性教育的重中之重来抓。同时，我们党也高度重视用中国特色社会主义理论体系来教育人民群众。然而，我们也清醒地看到，在我国，各种社会思潮激荡碰撞、此起彼伏，伴随着经济全球化、文化多元化、政治多极化等进程，各种所谓的“主义”泛滥成灾，复杂多元的信仰考验着人们的思想灵魂，争夺着人们的精神领域。同时在新时期、新形势下，我国边疆民族地区民众信仰多元化现象普遍存在，且正在呈现蔓延趋势。一言以蔽之，我国边疆民族地区民众信仰教育的现状并不乐观。

信仰教育是引领边疆民族地区社会思潮的灵魂所在，要最终归宿在精神家园之中。因此，我国边疆民族地区应深入广泛地开展以马克思主义信仰为核心的特殊的信仰教育，以民族化的多种方式推进大众化的马克思主义信仰教育。马克思主义的信仰教育，是一种依托科学知识教育的信仰教育，从某种意义上可以说，信仰马克思主义就是信仰真理、信仰科学；因此，作为一种特殊的教育，马克思主义的信仰教育可以说是一种崇高的信仰教育。④ 当前，深入开展

---

① 冯国峰．论信仰教育［J］．内蒙古师范大学学报（教育科学版），2009，22（1）：69－71.

② 吕红霞．信仰教育及其价值论析［J］．社会科学辑刊，2008（4）：22－24.

③ 雅斯贝尔斯．什么是教育［M］．邹进，译．北京：生活·读书·新知三联书店，1991：44.

④ 田浩，邓莉．马克思主义教育是一种特殊的信仰教育［J］．湘潮，2009（11）：20－21.

作为主导意识形态的马克思主义信仰教育，就是要不断推进当代中国马克思主义在边疆少数民族群众中的大众化，提高边疆少数民族群众认同和信仰中国特色社会主义的程度以及践行的自觉性。通过加强思想政治教育和道德文化教育，推动马克思主义信仰教育的大众化和民族化，把信仰马克思主义教育有效融入边疆民族地区的民族教育和社会主义精神文明建设全过程，纠正边疆民族地区社会中存在的、由于信仰缺失形成的各种畸形思想观念，积极培育和践行社会主义核心价值观，把正确的世界观、人生观、价值观树立起来，引导广大边疆少数民族群众自觉遵循，从而牢牢巩固马克思主义在意识形态领域的指导地位，以中国特色社会主义核心价值体系科学引领我国边疆民族地区的多元化社会思潮。

（二）理想教育：引领边疆民族地区社会思潮的基因

人们对未来事物的梦想、想象或希望，即为理想，是向往美好未来的信念坚守，是实现共同愿景的精神追求，是现实生活和客观世界在人们头脑中的真实反映。在某种意义上说，梦想就是理想。因为，作为人类特有的精神现象，梦想可以作为以另一种展现形式、表达方式和话语方式呈现出来的理想。① 在当代中国，实现教育全面发展的终极目标就是要培养“四有”新人，同时，体现了理想教育、道德教育、文化教育和法治教育的“四位一体”要求。而培养有理想的新人被放在培养“四有”新人的教育目标首位，充分体现了理想教育的首要地位和重要作用。在当今社会处于激烈大变革、社会思潮广泛传播的历史时代，我国边疆民族地区民众信仰出现了多元化、复杂化和世俗化的发展趋势，导致相当一部分人群，特别是一些青少年没有理想或者不愿为理想奋斗和献身，盲目崇尚拜金主义和享乐主义，追求低级趣味、精神空虚，极端主义和个人主义欲望膨胀，经不起腐朽思想的诱惑和侵蚀，无法抵制西方社会思潮的消极影响，更谈不上寻回梦想的精神家园、树立伟大的理想，进而选择正确的信仰，等等。这些问题都迫切需要我国边疆民族地区在加强信仰教育的同时，相应地着力加强理想教育，目前，尤其需要加强“中国梦”的理想教育。

党的十八大召开以来，习近平总书记在多种场合系统科学地阐述了“中国梦”这一全新的政治理想和执政理念。2012 年 11 月 29 日，习近平总书记率领中央政治局常委到国家博物馆参观《复兴之路》展览时，特别指出：“实现中华民族伟大复兴，就是中华民族近代以来最伟大的梦想。”② 这是习近平总书记

---

① 李科，林伯海．理想信念教育视域下的“中国梦”教育探析［J］．思想教育研究，2013（11）：47－50.

② 新华网．习近平等新一届政治局常委参观《复兴之路》展览［N/OL］．http：//news. china. com/domestic/945/20121129/17556653. html，2012－11－29.

首次提出并阐释“中国梦”这一全新命题。此后，习近平总书记又多次提到“实现中华民族伟大复兴的中国梦，就是要实现国家富强、民族振兴、人民幸福”“中国梦是国家的梦、民族的梦，也包括每个中国人的梦。有梦想，有机会，有奋斗，一切美好的东西都能够创造出来”①。“没有理想信念，就会导致精神上‘缺钙’。中国梦是全国各族人民的共同理想，也是青年一代应该牢固树立的远大理想。”② 进一步明确阐释了“中国梦”的深刻内涵。可见，“中国梦”是国家、民族和个人“三位一体”的命运共同体，一荣俱荣、一损俱损，是辩证统一、相辅相成的，它蕴涵着极其丰富的理想教育价值和社会实践活动指向。所以，“中国梦”一经提出就引起社会各界的广泛共鸣和广大人民群众的热烈响应，这无疑是一次在全党全国范围内进行理想教育的“大洗礼”。但是，这样的精神“洗礼”还远远不够深入，还没有完全内化并铭刻到每一个中国人的精神世界，特别是在我国的边疆民族地区，“中国梦”的理想信念还没有深深植入并扎根在每一位少数民族群众的骨髓血脉之中，使之自行地认同和自觉地践行。

理想教育是引领边疆民族地区社会思潮的基因所在，要将之遗传植入于骨髓血脉之中。因此，在新时代和新形势下，我国边疆民族地区深入开展“中国梦”的理想教育和实践活动，是在边疆少数民族群众心中树立共同理想旗帜、凝聚中华民族共识、坚定中国社会主义道路、弘扬中国精神、汇集中国力量、引领社会思潮，达到“中国梦”“国家梦”“民族梦”与“个人梦”的高度融合与统一，是实现边疆民族地区经济发展、社会繁荣、民族团结和长治久安的重要途径、最佳方式和必然选择。

（三）文化教育：引领边疆民族地区社会思潮的源泉

“文化是民族的血脉，是人民的精神家园。”③ 文化在本质上是人的一种精神创造，这就决定着一切有利于人们成长的人类文化、一切有助于文化创新的文化元素，都要被一种以文化为导向的教育——文化教育，吸纳并贯穿在教育的整个过程中，从而使文化育人成为教育的全过程及其本质追求。所以，可以进一步认为，文化教育是以人为中心或者以人为本的教育。要将教育的整个过程演变成文化发展的一个过程，让教育充满文化、凸显文化，进而达到“以文

---

① 习近平．在第十二届全国人民代表大会第一次会议上的讲话［M］．北京：人民出版社，2013.

② 习近平．在同各界优秀青年代表座谈时的讲话［N］．人民日报，2013－05－05（2）.

③ 孟建伟．教育与文化——关于文化教育的哲学思考［J］．教育研究，2013（3）：4－11.

化人”和“以人化文”的合一，这也正是文化教育的核心理念。“以文化人”是指：用“文化”达成“化人”的目的；“以人化文”就是用“人化”推进“文化”。文以载道，文以化人。对于一个国家、一个民族来说，文化具有鲜明的时代特征和民族特色，能够传播文明、引领风尚、鼓舞精神、教育民众和影响思潮。凡“时代”非皆有“思潮”，有思潮之时代，必文化昂进之时代也。[①]任何一种社会思潮的产生、发展和传播都离不开与之相适应的历史条件和社会背景，而促进社会思潮产生发展的重要条件就有文化、经济、宗教、政治等诸多因素，其中，在社会思潮的产生发展过程中起到决定性作用的通常是经济因素，但直接影响社会思潮的根本性原因往往是文化、宗教、政治等因素。任何社会思潮都与文化传统有血缘关系，各种社会思潮的产生都与文化传统血脉相连，依托于文化环境之下，滋生于文化土壤之中，既有历史的、过去的思想理论背景，又有现代的、当下的思想文化根基；既受到传统文化的熏陶，又受到民族文化的融汇，还受到外来文化的浸染。[②]

五千年中华文明，源远流长，博大精深。2014年2月24日，习近平总书记在中共中央政治局第十三次集体学习时强调指出：培育和弘扬社会主义核心价值观，必须立足中华优秀传统文化。“中华优秀传统文化，蕴涵着中华民族独特的精神标识，寄托着中华儿女崇高的精神追求，继承要有扬弃，采用要有鉴别，努力用中华民族创造的一切精神财富来达到以文育人、以文化人的目的，要推陈出新、古为今用，从中华优秀传统文化中挖掘出社会主义核心价值观的重要涵养源泉。当今时代，文化作为民族的灵魂和血脉，越来越成为民族凝聚力和创造力的重要源泉，文化教育是在一定的社会发展基础上进行的，强调文化是社会的政治和经济的反映；同时，文化教育应该以实践为目的、服务于实践并在实践中得到完善和检验。”[③] 文化教育是引领边疆民族地区社会思潮的源泉所在，要浸润渗透到思想土壤之中。因此，当前我国边疆民族地区要促进民族文化的创新发展，大力开展文化教育，并在社会实践中加强对边疆民族地区的文化服务，力求通过深化各民族文化与社会主义先进文化之间、现代文化之间的交融，消解不同民族群众之间的陌生和隔阂，增进各民族群众之间的相互了解、理解和信任，进一步把民族团结培育成为一种自觉的行为习惯；通过深化宗教文化与世俗文化的交融，特别是要深化宗教文化与社会世俗文化的交融，培育

① 梁启超．清代学术概论［M］．长沙：岳麓书社，1985.

② 王炳权．论影响社会思潮发生发展的主要因素［J］．学校党建与思想教育，2010（17）：4－6.

③ 刘康龙，宋瑞玉．毛泽东对文化教育的辩证认识［J］．洛阳理工学院学报（社会科学版），2014，29（1）：74－78.

宗教文化的健康因子，积极引导宗教与社会主义相适应①，有效发挥文化教育“以文化人”“以文育人”的教化功能和引领、凝聚、认同与整合功能，进而科学引领边疆民族地区社会思潮，最终实现边疆少数民族的优秀传统文化与社会主义社会相适应、与中国特色社会主义文化相协调。

第三节　边疆民族地区社会思潮与民族交融

民族演变发展的一个基本规律就是不断地分化、交往、交流、交融。尤其是在一个多民族国家中，各民族之间通过不断的交往、沟通，最终走向交融成为一种普遍现象。民族交融是历史发展的一种必然趋势。古今中外，几乎每一个民族共同体的形成、发展、变化，都离不开民族交融。同时，民族之间的交融对一个地区的社会思潮也往往有着非常重要的影响。

一、边疆民族地区民族交融的基本情况

（一）边疆民族地区是民族交融过程的主场

学术界对民族融合的看法，一直以来都有着不同的理解。我们认同的对民族融合的理解，是从历史的角度来看的，是指两个以上的民族，在历史进程中，因长期的互相通婚、杂居相处等原因，彼此的文化意识和社会生活都因相互影响、互相渗透，而逐渐缩小了差异性，增多了共同性，如此经历较长时期而最终融为一体，合成为同一个民族。②

可见，民族交融对于多民族国家从分裂走向统一有很大的促进作用，它是民族共同体发展过程中的进步现象和积极因素。一个民族，其血缘和文化的来源往往是多元的。中国历史上的民族融合，是指汉族人的身体里具有某个或某些少数民族的基因和血缘，少数民族的身体里也具有汉族人的基因和血缘，而且各个少数民族之间也存在广泛、显著的基因和血缘，彼此渗透、相互交叉的现象。可谓你中有我，我中有你。③ 因此，我们常常说中华民族是各民族血缘和基因的融合体。我国是世界上少有的历史从未中断的多民族国家，各民族通过长期的接近、交流、影响、融合建立起来的经济、政治、文化等千丝万缕的联系就是维系这种持续性的一个重要原因。我国有55个少数民族，绝大多数少

---

① 王玉林．深化文化交流交融培育民族团结基因［N］．兵团日报，2014-07-03（4）．

② 何星亮．中国历史上民族融合的特点和类型［J］．中南民族大学学报（人文社会科学版），2010（2）：35.

③ 同上。

数民族都居住在边疆民族地区。当前，中国的改革开放和现代化的高速发展，使各民族之间的交流处在一种加速推进的状态，边疆民族地区的民族交融也呈现出前所未有的态势。2014 年 9 月，中央民族工作会议强调各民族的“交往、交流、交融”，准确把握了我国民族发展的规律和趋势，为民族团结进步奠定了重要基础。

（二）边疆民族地区民族交融的主要变量

影响民族之间交往与交融的变量，在边疆民族地区的实际生活中，主要有以下几种：

1. 文化的传播与涵化

文化是一个复杂的系统，各种文化之间存在着各种各样的差别。但是，各种文化系统都有一些基本的构成要素，如语言、宗教、风俗习惯等。不同文化之间的差异也主要体现在这些要素的差别上。

（1）语　言

民族间最明显的文化差异通常表现在语言方面。语言是人们交流互动的媒介和工具，如果两个民族语言相通，能正常进行思想交流，那么这两个民族成员之间的社会交往就多；反之，社会交往就少，即使两个民族的成员偶尔有交流，也容易因双方的语言障碍而难以为继，甚至可能造成误解和冲突。社会成员在彼此间存在明显语言隔阂的境况下，通常会形成事实上相互隔离、互不来往的各民族社区，这样的民族之间也谈不上相互的交融或涵化。

（2）宗　教

民族文化传统中的又一个重要内容是宗教。宗教是一种特殊的文化表现形式，它包括“情（宗教的感情或体验）、识（宗教的观念或思想）、为（宗教的行为和活动）、体（宗教的组织和制度）四个组成部分”①。宗教涉及信教民族成员的精神世界和精神需要，宗教信仰作为民族社会生活较为普遍的社会现象，更多地体现在信教民族成员的日常生活中。可以说，在一定意义上，由民族成员信仰宗教而形成的宗教关系本身就是一种特殊的人际关系，而宗教作为一种调节手段，会对民族社会的人际关系产生重要作用。如果民族之间在宗教感情、宗教观念、宗教行为和与宗教相关的风俗习惯等方面不存在太大的差异和冲突，各民族人民相互之间存在较多的日常交往和共同生活，当地的民族关系就会比较融洽；反之，则可能影响民族之间的日常交往和民族关系。同时，在对待其他宗教的宽容度上，不同的宗教表现出来的态度不尽相同，各宗教的排外程度

① 叶小文．当前我国的宗教问题——关于宗教五性的再探讨（续）[J]．世界宗教文化，1997（6）：3－7.

在不同时期、不同地区表现得也有所不同。因此，具有互不相同的宗教信仰并处于不同地域的两个或多个民族之间的相互关系，会或多或少地在一定程度上受到宗教具体因素的影响。一方面，宗教通过一定的社会行为，能够促进不同民族及其成员之间的相互沟通、相互理解；但另一方面，有些民族隔阂和民族矛盾的产生也会和宗教活动有关。这是我国引导宗教和社会主义社会相适应要充分考虑的重要情况。

（3）风俗习惯

任何一个民族的风俗习惯，都是社会历史发展阶段的产物。民族风俗习惯，是一个民族在历史发展过程中所形成的生活方式。这种生活方式是在民族发展的特定自然环境和社会环境中形成的。它具体表现在各民族的服饰、饮食、居住、节庆、娱乐、婚姻、丧葬、礼仪、禁忌等生产生活的各个方面，在很大程度上反映了民族的历史传统、道德准则、宗教观念和经济文化生活等方面的特点。作为民族特征的一种显性表现形式，风俗习惯不仅对社会成员个体有强烈的行为制约作用，而且对民族自身的发展以及民族之间的关系也有着十分重要的影响。在民族演变的历史长河中，各民族传统居住地的地理、气候、自然资源条件往往起着决定性的作用。它一方面形成了各民族传统的经济活动方式（如农耕、畜牧、采集、狩猎等）；另一方面也形成了各民族的传统生活方式（如定居、游牧等）。同时，在此基础上，还形成了各民族自己传统的价值体系和行为规范。当然，在与其他民族长期进行文化交流的过程中，这些生活习俗与价值体系也会受到其他民族的影响而发生变化。

2. 经济生活的共同化

经济生活是任何一个民族赖以生存的基本保障。中国由于地域广大，各地的生态环境千差万别，地理条件复杂多样，各个民族生活在不同的地域环境条件下，逐渐形成了各具特色的民族经济生活方式。各个民族在历史进程中的交融，是在经济发展规律的支配下发生、发展、完成的，因为，经济关系是各个民族之间最为基本的关系，也是不可或缺的必然联系。民族交融既然以服从经济支配为前提条件，其自身的发展变化也就有规律可循。

从历史上看，我国各个民族的传统经济区域，可以以社会传统和生态环境的多样性为基本依据，大体划分为畜牧、农耕两个大的经济区，以及从南到北的三个大的发展带。从北到南的顺序看，秦长城以北，是狩猎经济和游牧经济发展带，主要以北方的各少数民族为主体居民，这在历史上尤为明显；由秦长城至秦岭—淮河以北，是旱地农业发展带，主要以汉族为主体居民；及至秦岭—淮河以南，是水田农业发展带，主要以汉族为主体居民。以经济区来划分，是另外的一个角度。历史上，我国传统的畜牧经济区，同时也是各个游牧民族的经济活动中心，主要分布在西北部和西部；而相对较为发达的农耕经济区，则一直是长江中下游和黄河中下游及其以南地区。[①] 这些不同民族经济生活方式上的不同之处，往往又恰好具有较强的互补性，这种互补性决定了具有不同经济类型的民族间的吸附性和依存性。例如，农耕民族以种植业为主，生产的农作物品种多，生活较稳定，但他们向往游牧民族优质的畜产品。因为游牧民族的驴、骡等各类牲畜以及大量毛、皮、肉等产品，能有力地提高农耕效率，改善农耕民族的物质生活。而游牧民族的生产生活资料则以牲畜为主，产品较单一，他们大量需要农耕民族的农产品和手工业品。历史上，我国各民族之间的经济交往是多层面、多途径的。既有“茶马贸易”“马绢互市”“屯垦”“移民实边”等国家政府层面上推动、实施的经济交往，也有自发的跨地区的民族贸易。即使在战乱和分裂的年代，这种互助、互利、互惠的经济联系也从未终止过。因此，各民族不同的经济生活方式，由于长期交往、互补互助，形成了紧密相连、不可分割的经济统一体，这是各民族之间相互依存、彼此交融的重要经济基础。

3. 人口迁移与居住混杂

广泛的民族交融，需要彼此感情的长期沟通和频繁的经济文化交往为基本条件。民族交融最主要的一个途径是大量的民族迁徙，至少可以说，民族交融的一个极为重要的影响因素是民族迁徙，就是要有不同民族间长期的交错杂居和大量人口的辗转流动。这在中华民族的民族交融过程中是极为显著的。正是由于中国历史上的巨量人口流动和地域范围广阔的民族迁徙，才使得中华民族彼此间形成了日趋密切的民族关系，也促成了各个民族的历史存在形态。[②]

自远古迄于清代，中国境内的民族迁徙流动几乎从未停止过，边疆民族地区也不例外。从云南成为世所罕见的多文化、多民族汇聚地的情况来看，是西进的百越族群，南下的苗瑶族群和氐羌族群，北上的白濮族群和成片迁入的蒙古族、回族，再加上汉族、满族的大批移民，以原有的云南土著居民为基础，经过较长的历史时期，交融而成的。[③] 交流融汇的多文化、多民族交叉汇聚的局面，使云南境内的多元民族文化逐渐趋同。这恰好比较清晰地体现了各个民族的发展历史中“民族迁徙—打破民族地域界限—民族错杂居住—民族经济文化的交往—语言融合—生产生活方式的趋同化”[④] 的民族交融发展规律。正是在这样的进程中，逐步充分地形成了各个民族之间的相互交融直至同化的必要

① 管彦波．中国古代史上的民族融合问题（下）［J］．历史教学，2001（9）：35.
② 管彦波．中国古代史上的民族融合问题（下）［J］．历史教学，2001（9）：36.
③ 郭家骥．云南民族关系调查研究［M］．北京：中国社会科学出版社，2010：186.
④ 陈育宁．中华民族凝聚力的历史探索［M］．昆明：云南人民出版社，1994：12.

条件，民族之间的隔绝状态不断地被这种动态的民族迁徙打破，民族之间的界线和藩篱也不断地被深层次的各个民族之间的交往冲破，民族交融的进程随着真正的文化沟通的不断进行而得以逐渐加快。

4. 族际通婚与生活交往

作为人类社会基本组成单元的家庭，是由结婚双方以及有亲近血缘关系或亲属关系的人共同组成的；而婚姻则是由两个异性个体所组成。因此，“族际通婚一方面涉及两个异性个体相互之间的关系，另一方面也隐含着这两个异性个体背后分别代表的各自民族的文化和社会背景”①。一般情况下，人们衡量一个社会中群体之间的社会距离、群体之间的接触性质、群体认同的强度、群体相对规模、群体交融程度的一个敏感指标，往往是不同社会群体之间的通婚比率。两个关系融洽、交往频繁的民族之间，族际通婚现象往往比较普遍。反之，如果两个民族之间很少发生交往，那么它们之间的通婚现象往往不会太多。“当两个族群集团间的通婚率达到10%以上，则可以说他们之间的族群关系是比较好的。从这个角度来看，族际通婚往往是民族关系融洽和谐所带来的结果。同时，族际通婚又可以通过结婚之后双方家庭之间的相互往来，反过来增进民族间的交往和友谊，因而成为今后促进民族关系进一步融洽的原因。”② 正因为如此，衡量不同民族之间相互关系和深层次交融程度的又一个非常重要的指标就是族际通婚情况。

5. 族群偏见、歧视、冲突的消除

在跨民族的日常交往中，一些影响正常族际交往的因素，尤其是激烈的冲突和纠纷，很多是源于那些不友好、不客观、不公正的态度和看法，特别是明显的错误，往往会在人们的言语中、文字里、表情上流露出来，根源则通常是由于一方怀有民族歧视，至少是民族偏见。很显然，一个民族及其成员都会在跨民族的日常交往过程中，对直接交往的其他民族及其成员形成一种比较明确的态度。能够促使交往双方互惠互利、友好相处的通常是积极的态度，而交往中遇到的障碍则往往源于那些消极的态度，消极态度甚至会导致跨民族的日常交往无法进行。因此，在族际交往中各民族加强沟通，增加了解，相互尊重，平等团结，是克服民族偏见、民族歧视、民族冲突的最好途径。

6. 身份认同的同化

身份认同的同化也称民族意识的同化。所谓民族意识，是指社会成员对自

---

① 马戎．民族社会学——社会学的族群关系研究［M］．北京：北京大学出版社，2004：437.

② 同上。

己民族归属和利益的感悟。[①] 具体地说，民族意识是指一个人在与他人的民族交往过程中，他如何给自己定位，他认为自己归属于哪一个民族群体。在中国这样一个多民族的国家中，身份认同实际上是分层次的。“中华民族是56个民族的多元形成的一体，中华民族是高层，56个民族是基层。高层次的认同并不一定取代或排斥低层次的认同，不同层次的认同可以并存不悖，甚至在不同层次的认同基础上可以各自发展原有的特点，形成多语言、多文化的整体。”[②] 身份认同的同化，是指民族成员对自己身份认同差异的消失。即各民族成员认为自己不再属于彼此不同的民族群体，而是同属于一个大的民族群体。

在人们的身份认同中，并不是所有的认同层面都具有同等重要的意义。“在现代社会的政治格局中，‘族群’与‘国家’这两个层次是最核心和最重要的认同层面，前者偏重于‘种族上的亲族认同’（民族—文化），后者偏重于‘与国家相联系的政治认同’。”[③] 在这里，前者指的就是民族认同，后者指的就是国家认同。各个民族对国家的认同，以及各个少数民族内部的民族认同，同时存在于我国的各个边疆民族地区。对所属民族的情感依赖、责任意识和归属感等，是对自身所属民族群体的认同的具体表现，是各少数民族的民族内部的认同，这在民族发展的过程中是一种客观的历史现象。而国家认同是“公民对其所属政治共同体主动的认同，由此产生的凝聚情感使公民愿意积极为共同体效力，而且在共同体有危难时愿意牺牲自我”[④]。一个国家共同体的存在和发展，是需要由国民意识等重要的心理基础来维系的，其中最重要的一种国民意识就是国家认同。国家认同的最好表现形式就是，一个民族自觉地把自己看作是这个国家共同体的一员，从而自觉地将自己归属于这个国家。因此，国家认同最重要的表现，就是要有责任感，并在行动上服务于这个国家、政治上效忠于这个国家共同体，而不仅仅表现为具有国家主人翁的归属感和自豪感。国家认同高于民族认同，这是在统一的多民族的框架下，必须坚持的基本认同准则。作为一个“民族国家”身处于国际社会，需要强调国家共同体概念，并要把民族交融的涵义包含在内。中华民族的民族认同必须和我们的国家认同同时强调，就是要促成“一体化”的国家认同和民族认同在国家层面上的身份认同中得以实现，从而进一步充分认识到社会主义中国同时也是一个多民族的国家共同体，中国是中华民族的中国。

---

① 王希恩．民族认同与民族意识［J］．民族研究，1995（6）：18.

② 费孝通．论人类学与文化自觉［M］．北京：华夏出版社，2004：163.

③ 马戎．民族社会学——社会学的族群关系研究［M］．北京：北京大学出版社，2004：73.

④ 江宜桦，李强．华人世界的现代国家结构［M］．台北：商周出版社，2003：132.

二、民族交融对边疆民族地区社会思潮的影响

民族交融深刻地影响并将继续影响我国边疆民族地区的社会思潮，其中的一个集中体现在于，我国各个边疆少数民族对自己是中华民族一分子的民族认同的复杂情况，以及民族认同和国家共同体认同之间的复杂关系等。

（一）民族认同和国家认同之间的一致性和兼容性

我们国家是统一的中华民族国家，在这个国家中，满足各个民族的诉求、保障各个民族的利益，都离不开国家——这个全部中华儿女的共同政治屋顶。从中华民族国家的身份认同基础来看，各个民族的民族认同和国家认同彼此相互依赖、相互依存，简单地说，民族认同是国家认同必不可少的组成部分，前者是基层，后是高层，二者共同构成认同基础。在我国的边疆民族地区，从各个地方的具体情况来看，民族认同问题和国家认同问题往往是相互关联、相互交织的。各个民族的民族认同往往包含在各少数民族群众的国家认同中，并且通常是彼此兼容着的。

（二）民族认同和国家认同之间的矛盾性和冲突性

一方面，对边疆少数民族来说，由于地处祖国边疆，他们的权利要求有一定的特殊性。这种特殊性，往往需要国家共同体去推行一些必要的倾斜政策，例如，需要在法律设计和制度安排上，实行一定的优惠政策，照顾边疆民族地区及少数民族群众，使少数民族群众和边疆民族地区的合理权利要求能够得到真正的实现。因为，这些权利要求如果长期得不到有效满足，受歧视感和被遗弃感就会滋生在这些少数民族群众中间，进一步就会滋生各种负面情绪，并且很容易和其他因素集合在一起，其结果往往是过度强化内部的民族认同，从而促成地方的、种族的、狭隘的、错误的民族主义思潮，形成极大的消极力量，甚至还有可能提出对政府的合法性以及国家共同体的权威等根本问题的质疑，使国家认同的观念生成受到根本破坏。

另一方面，国家共同体的资源都是有限的，而且，大多数的公共资源都是一些具有排他性的准公共物品，但生活在边疆民族地区的每个少数民族都有各自真实的利益诉求，因此每个少数民族都希望在分配公共资源时，自己能够获得更大的份额。一般来说，当出现资源分配不平衡等种种关乎民族利益的情况时，地区之间或民族之间的利益纷争，往往就会难以避免。这种纷争一旦失控，以至于升级而打破了民族之间或地区之间的均衡，一种相对强烈的剥夺感就有可能在一些民族的心理上产生，就可能强化不健康的民族认同感，或者使形形色色的民族中心主义获得生长的土壤，进一步恶化就会出现民族矛盾，国家认同的危机也很可能随之而来。

边疆民族分裂主义正是民族主义的一种极端表现形式，是一种反动的社会思潮、错误的政治主张和政治行动，它的目的是在一个主权独立国破坏国家统一和领土完整，在一个多民族的国家内部制造民族分裂，以谋取自己的政治利益。从我们国家的情况来看，要特别警惕那些会对我国边疆少数民族的国家认同和边疆稳定产生极大破坏作用的民族分裂主义的影响，要积极作为，努力防止作为人民内部矛盾的民族情绪被激化为敌我矛盾的民族分裂主义势力。因为，我国边疆民族地区的环境都比较复杂，边疆一些少数民族的族群民族主义情绪容易受到扰动，处理得不好，分裂主义势力（如“泛突厥主义”“泛伊斯兰主义”等）的渗透和破坏就极有可能激化这些情绪。

第四节　边疆民族地区社会思潮与宗教交流

作为一种文化、一种精神、一种社会现象或者是一种人生价值取向、一种社会意识形态，宗教在人类漫长的历史长河中产生，并全面、广泛、深刻地渗透在人类社会生活的各个领域和各个层面当中。对于大多数社会成员来说，宗教挥之不去、如影随形，有一种说不清、道不明的精神魔力。因此，宗教作为一种文化、一种社会思潮在边疆民族地区及少数民族群众中广泛存在。

一、边疆民族地区宗教信仰的基本情况

作为一个多民族、多宗教、统一的国家共同体的重要组成部分，我国边疆民族地区的宗教信仰情况相当复杂，影响深远。我国各边疆民族地区，长期以来并存着各种各样的宗教。几乎可以说，我国边疆民族地区的少数民族都有自己的宗教信仰，而且各民族的风俗习惯、道德伦理、社会思想、生存文化都已经和宗教信仰紧密联系在一起，有的民族传统文化甚至已经把他们的宗教信仰当作一个非常重要的组成部分。

（一）边疆民族地区的宗教信仰概况

从我们了解的基本情况来判断，我们认为，在边疆民族地区，尽管有多种多样的宗教信仰，但信众多、分布广、影响大、有竞争力的宗教信仰主要是佛教、伊斯兰教和天主教、基督教，而其他种类宗教信仰的信众、分布、影响力、竞争力等都远弱于这三类，所以，我们此处仅关注这四大宗教信仰。

1. 佛　教

佛教是世界的三大宗教之一。印度是佛教的起源地。作为外来宗教，佛教是1世纪前后传入中国的，它同我国传统民族文化的相互吸收和交融，经历了较为漫长的历史过程。之后，汉传佛教、藏传佛教、南传上座部佛教三大佛教

系统逐渐形成，三大佛教系统都在我国拥有很多信仰者，其中有很多是少数民族。在我国的边疆民族地区，白族、纳西族、彝族、拉祜族等少数民族的传统文化深受汉传佛教文化的影响，甚至在一定程度上存在与汉传佛教文化的交融，重要原因就是他们有部分人口长期信奉汉传佛教。信仰藏传佛教的少数民族，主要是分布在西藏、青海、四川、甘肃、内蒙古和云南等地方的藏族、蒙古族、门巴族、珞巴族、裕固族、土族、普米族、纳西族等同胞。实际上，西藏地区当地的民族传统宗教是本教，那是一种原始多神教。佛教是从7世纪自印度传入的，藏传佛教是在本教与佛教之间长期的斗争与交融中逐渐形成的，非常具有青藏高原的特色，在藏民族中有着很长的历史。南传上座部佛教大约也是在7世纪经缅甸传入与缅甸毗邻的云南边疆傣族地区。该教在云南傣族地区广泛传播，随后又传到南方的其他少数民族中。在国内，可以说，南传上座部佛教为云南所独有，信徒主要是傣族、阿昌族、布朗族、德昂族、拉祜族、佤族等居住在云南西双版纳傣族自治州、德宏傣族景颇族自治州、普洱、临沧、保山等地区的少数民族同胞。

2. 伊斯兰教

伊斯兰教大约在唐朝时期传入中国，当时，中西交流非常畅通，通过海上或陆地的丝绸之路，很多阿拉伯商人先后来到中国经商，其中有很多信仰伊斯兰教者，他们就陆续建立起清真寺，从而把伊斯兰教传到了中国。伊斯兰文化同中国传统文化长期交流、交融，促进了我国民族文化的发展。新疆地区的伊斯兰教是10世纪传入的，虽晚于传入内地的时间，但伊斯兰教在新疆传播几百年后，主导地位逐步得到确立。伊斯兰教在中国传播的第三次浪潮，是13世纪随着蒙古军队发动三次西征和建立元朝而来的，当时有大批商人、工匠、军士、官员到达全国各地，其中有很多是信仰伊斯兰教者。元朝初年，伊斯兰教传到了云南北部。目前，中国信仰伊斯兰教的少数民族主要集中在新疆、甘肃、宁夏、青海、内蒙古、云南等地。2011年，国家统计局公布的第6次人口普查数据显示，普遍信仰伊斯兰教的维吾尔族、回族、哈萨克族、柯尔克孜族、乌孜别克族、塔吉克族、塔塔尔族、撒拉族、保安族、东乡族等10个少数民族的总人口数为3000万；云南有109万人信仰伊斯兰教。①

3. 天主教和基督教

作为广义基督教的景教早就在唐朝时传入中国，曾经在长安兴盛一时，后于“灭佛”时期衰亡。天主教在明朝时开始在中国获得部分上层人士的追从，基督教也持续地派出传教士到中国，但大规模地进入中国，是在近代西方帝国

① 国家统计局. 第六次全国人口普查第一号公报［R］. 2011-04-28.

主义列强侵略中国的那个历史时期。基督教新教在中国立足，首先就是17世纪时在台湾民族地区的传教。在云南、贵州、东北等边疆民族地区的传播和广泛影响，主要是在鸦片战争后，以兴办学校、开设医院、修建教堂、帮助少数民族创制文字等各种方式全面推进的。当时，有大批来自英国、美国、法国、德国、西班牙、葡萄牙、沙皇俄国等国家的传教士，进入中国边疆民族地区和边远的少数民族族群中传教。云南、贵州、湖南、广西等地区的许多教堂、学校、医院是由英、美、法等国传教士修建的，他们还创制了很多少数民族的文字，从而有不少少数民族的神职人员被培养起来。在内蒙古地区，法国的天主教传教士修建了上千所教堂，总共占地达800万亩，他们还把内蒙古划分为七大教区进行更细致的传教。目前，信仰基督教或天主教的少数民族群众，主要有高山族、苗族、怒族、傈僳族、独龙族、哈尼族、景颇族、白族、彝族、拉祜族、佤族、羌族、朝鲜族、俄罗斯族等民族的部分群众。

除了以上提到的四大宗教信仰外，我国边疆民族地区还有其他的一些宗教信仰。如东正教是俄罗斯族的主要宗教信仰，萨满教主要是在满族、赫哲族、达斡尔族、鄂温克族、鄂伦春族的部分人群中传播，信仰道教的少数民族群众主要是京族、白族、彝族、畲族、瑶族、仡佬族等族群。同时，还有一些民间信仰流传在某些边疆民族地区。灵魂观念、命运观念和鬼神观念，是民间信仰的核心内容；但由于有封建迷信、民间文化、民风民俗、原始的宗教信仰、粗俗的宗法传统、宗族的祖先崇拜、社会心理因素、现实的社会文化生活困境等各种因素混合一起，使得民间信仰显得颇为复杂。① 而且由于民间信仰本身的系统化、理论化程度不够，信众很容易受到邪教的搅扰。另外，除了如纳西族的“东巴”、彝族的“毕摩”、羌族的“释比”、土家族的“土老师”等一些少数民族自己的民族传统信仰还部分保留着之外，高山族、苗族、怒族、傈僳族、瑶族、佤族、壮族、布依族、土家族、侗族、黎族等居住在我国南方的一些少数民族中还存在某些原始宗教的较大影响。所以，原始宗教和民间宗教至今仍在一定程度上影响着边疆民族地区人们的日常生活。

以云南为例，云南是我国宗教类型最多的省区之一。在云南，异彩纷呈的各种原始宗教、传统宗教及民间信仰充分体现出边疆民族地区民族宗教的多样化特点。据云南省宗教局提供的数据，截至2007年1月，云南汉传佛教信众有130万人，藏传佛教信众20万人，南传上座部佛教信众105万人，基督教信众55万人，天主教信众5万人，伊斯兰教信众65万人，道教信众18万人。信教群众约占当年全省总人口的9%。特别是在边境沿线地区，信教群众人数所占

① 叶小文．当前我国的宗教问题——关于宗教五性的再探讨（续）[J]．世界宗教文化，1997（6）：3－7.

比例更高。截至2006年年底，怒江州共有信教群众10.42万人，占同年全州总人口的20%以上，相当于全省平均值9%的2.2倍。其中，福贡县有信教群众56553人，占同年全县总人口的60.81%，相当于全省平均值的6.76倍，在云南全省乃至全国范围内均居前列。①

（二）边疆民族地区宗教信仰的特点

1. 宗教类型繁多

我国边疆少数民族群众信仰的宗教不仅有四大世界性宗教（伊斯兰教、基督教、天主教、佛教）和我国土生土长的道教，还有各种各样的民间信仰及原始宗教的残余形态等。

2. 信教群众数量大

现在，我国还有本民族绝大多数人口信仰宗教的少数民族20多个，他们的宗教信仰具有一定的民族性，信仰程度十分虔诚的信众还很多。这种情况较为突出的是存在于伊斯兰教、南传上座部佛教和藏传佛教的少数民族信众中。历史上，几乎全民信教的少数民族有10余个，藏族、土族、普米族、纳西族、裕固族、门巴族、蒙古族等群众信仰藏传佛教，德昂族、布朗族、阿昌族、佤族、傣族等群众信仰南传上座部佛教，维吾尔族、回族等群众信仰伊斯兰教。

3. 宗教信仰的民族化特征比较鲜明

在边疆民族地区，还存在一个非常重要的特点是，宗教信仰具有比较鲜明的民族化特征。这种情况，最典型的是，藏族基本上信仰藏传佛教，傣族基本上信仰南传上座部佛教，维吾尔族、回族、撒拉族等基本上信仰伊斯兰教。一定程度上可以说，交融了藏族传统本教、汉传佛教、印度佛教，而具有政教合一、活佛转世、注重密教等特点体现藏族特色的佛教就是藏传佛教。南传上座部佛教自从缅甸大规模传入云南边疆的傣族地区，就成为傣族群众信仰的主要宗教，并一直以来都对边疆民族地区傣族人民的政治、经济、文化和社会生活起着巨大的影响。虽然维吾尔族、哈萨克族、回族等不同的几个民族都共同信仰伊斯兰教，但由于伊斯兰教与少数民族传统文化长期交融，使得伊斯兰教在不同的民族中表现出各个民族的自身特点。伊斯兰教自从传入中国以来，在不同的地区、不同的民族中，表现为各具特色的信仰形式，具有不同的民族特点。因此，在边疆民族地区，浓烈的宗教色彩常常可以在许多民族的风俗习惯中见到，就是因为这些风俗习惯深受宗教信仰的影响，民族的饮食习惯、婚姻礼俗、卫生习惯、传统节日、交际习惯、丧葬仪式、服饰习惯、居住习惯等各方面都会受到其影响，这在一定程度上使得这些地区的民族问题往往会和宗教问题相

---

① 怒江州宗教局．怒江州宗教信仰调查［R］．2006.

关联而交织在一起。可见，宗教信仰问题在边疆民族地区占有相当重要的地位。

（三）边疆民族地区群众信教的主要原因

1. 宗教自身的因素

作为一种古老而又普遍的社会文化现象，宗教能够在人类历史上传承至今，自然有其存在的必然性，并且只要宗教存在的社会条件存续它就不会消失。宗教道德、宗教文化、宗教思想中所具有的独特魅力，对于多数信众来说是非常重要的。几大宗教都追求和平、团结、忠信、仁爱、宽容、诚实、尊老、爱幼、不淫邪、不偷盗、惩恶扬善等至善的道德观。在当今社会普遍出现严重的“道德滑坡”“道德失范”“诚信危机”的情况下，对那些为此担忧的人群来说，这些宗教道德观极易产生强烈共鸣，尤其是在某些特定的条件下更是如此。与此同时，与世俗道德不同的一些宗教道德、价值观念也吸引了一大批信众。

2. 社会变迁的因素

各种宗教形态在我国的存在、发展、变化和复杂化，必然需要一定的社会基础，这些社会基础正是由于当今中国正处于社会转型加速期，经济转轨、社会结构转型导致整个社会不同程度地出现“价值失范”“价值真空”等新情况、新问题。人们观念的日益复杂化、多样化和日益多样化的社会组织形式、社会生活方式、经济利益、经济成分等密切相关。人们的信任危机、信念危机和信仰危机极容易在经济转轨的快速进程中出现各种问题时产生，这种情况对边疆民族地区的冲击甚至会更为突出。因为，与沿海发达地区和内地相比，边疆民族地区的经济发展水平和社会发展水平相对落后，社会成员个人承受风险的能力较弱。各少数民族社会在从计划经济向市场经济转变和传统社会向现代社会转型过程中不可避免地出现了一系列矛盾和问题。这些矛盾和问题导致的挫折感和无力感，极大地激发着人们渴求得到某种超人间力量的帮助和慰藉，这就很容易使边疆民族地区的群众更加本能地把自身遇到的命运境况直接归结于某种神秘的力量，这样的光景遇到其他的必要条件，很快就能促使人祈求于宗教，并最终形成心灵皈依。

3. 国家政策和市场运作的因素

首先，公民宗教信仰自由的权利得到中国宪法和相关法律的保障，是大众信仰宗教的合法条件。其次，边疆民族地区的旅游业，在国家大力推进社会主义市场经济体制的条件下，最近几十年来得到了快速发展，也带来了一些负面影响。其中一个负面影响是，当地有很多宗教活动场所因为有着悠久的历史，而成为当地重要的旅游资源的同时被商业化开发为观光旅游胜地，其中的大多数宗教场所还在继续使用中，一定程度上成为传播宗教影响的窗口。与此同时，市场的炒作、媒体的宣传使得许多社会群体对宗教产生了浓厚的兴趣和认同。

4. 边疆民族地区的特殊性

少数民族大多居住在我国边疆民族地区，很多边疆民族地区都有一个主要特点，就是多样化的民族成分和多样化的民族传统文化。生长在这些地区的少数民族群众，从小就“浸泡”在宗教生活氛围中，他们的行为和道德准则里，天然地吸收了当地的宗教教规、教义。简单的图腾崇拜、神秘的原始宗教、芜杂的民间信仰，就是许多少数民族群众的社会生活存在形态。很多少数民族同胞不是因为迎合传统习惯才乐于参加本民族的传统宗教活动，而是他们本来就是非常笃信本民族的传统宗教的，他们的传统宗教信仰很难动摇，甚至系统化、耐心的思想规劝或其他方式都不能使之有所改变。

二、宗教信仰对边疆民族地区社会思潮的影响

作为一种文化、精神、价值取向和社会现象，宗教在人类历史长河中产生，并且渗透在人类生活的各个层面，也当然渗透在边疆民族地区的社会思潮中。宗教对边疆民族地区的社会思潮具有很大的影响力，主要反映在以下两个方面。

（一）积极影响

1. 宗教具有较强的道德教化作用

承载着宗教信仰的伦理道德，在协调一定区域内的人与人、人与社会、人与自然的关系等方面发挥着非常重要的作用。尤其是在社会对立非常严重的历史时期，那种对立的鸿沟需要宗教主张的相爱和宽恕来消除，那种极具毁灭性的暴力需要宗教以禁欲、忍受和服从来消解。即便是在比较稳定的社会历史阶段，宗教对人们进行道德教化的功能也需要得到很好的发挥。① 宗教的各类道德规范，一般来说，会因为有着很强的心理自我制约作用和指导作用，而影响到信教群众的思想和行为。因为，当地对人际关系、社会发展具有重要社会价值而世代相传的道德内容，在宗教的形成和发展过程中被宗教教义教规和宗教历史包含进去，成为当地宗教文化的组成部分。诸如乐善好施、互助互济、清心寡欲、远离邪恶、劝人为善、保护生态平衡等思想，广泛存在于各大宗教的教义和戒律中，长期以来已逐渐成为人们的心理和精神的重要组成部分。例如，佛教提出“四谛”“因果报应”“六道轮回”之说，倡导尊重生命、严禁杀生、遵纪守法；基督教讲“荣神益人、善言善行”，宣扬仁爱、和平、忍耐、良善、信实、节制；伊斯兰教讲“敬主爱人、劝人行善、止人作恶”，主张友善宽容，讲求信义，以仁爱之心爱惜万物，合理开发自然；道教讲“返璞归真”“顺应

① 邱正文．宗教道德的社会功能二重性分析［J］．湖南师范大学社会科学学报，2011（4）：46.

自然”“慈爱和同、济世度人”，主张“天人合一”“清静无为”等备受崇尚的传统观念。“宗教教义在历史发展中，一定程度上充当了评判民族成员的目标、理想、观念，甚至社会道德本身的标准。一个民族的精神体现与道德，道德的支撑在于信仰。在积极意义上，由宗教教义产生的信仰理念与一个民族的精神、社会公德具有较大程度的一致性。”① 同时，在少数民族的社会生活中，讲究家庭亲情、注重个人修行、重视邻里和睦、积极扶弱帮困、崇尚乐善好施等宗教教义所强调的慈爱行善的信念，被绝大多数宗教信众作为自身的行为准则来约束自己、监督别人，发挥着重要的道德教化作用。② 在中国特色社会主义市场经济条件下，以集体主义为核心的共产主义道德，可以把这种宗教的道德教化功能包容、吸收为重要补充，充分发挥边疆民族地区宗教在社会道德建设中的积极作用，有效消除宗教道德的消极作用，积极引导宗教和社会主义社会实践相适应。

2. 宗教具有调适民族关系、传承民族文化的作用

边疆民族地区各少数民族的传统文化，大都与宗教有着千丝万缕的联系。对那些几乎全民信教的少数民族群众来说，他们的生活方式、风俗习惯等方面基本上都和宗教信仰有着密切的联系，这些民族的传统文化中已经难以分割地包含了当地或本民族的传统宗教文化，如藏族、傣族、维吾尔族等。从开发和传承传统民族文化来看，可以说，边疆民族地区各少数民族的宗教著作、宗教文物、宗教文献等，在一定程度上起到了积极作用。同时，也有密切、复杂的联系存在于民族与宗教的相互关系中，只不过，各个少数民族的人民群众信教的情况不尽相同而已。有的族群是全民都拥有同一种宗教信仰，如傣族主要信仰南传上座部佛教，藏族主要信仰藏传佛教，回族主要信仰伊斯兰教；有的若干个民族信仰同一种宗教，如云南的傣族、布朗族、拉祜族等都信仰南传上座部佛教；有的一个民族分别信仰若干种宗教，如云南的独龙族分别信仰基督教、藏传佛教，佤族信仰基督教、天主教、南传上座部佛教等。因此，这些民族的思想感情、风俗习惯、艺术思想、道德规范、政治活动等都会受到来自于宗教信仰的极为全面、广泛而深刻的影响。一方面，它能强化本民族内部的凝聚力和归属感；另一方面，它也能促进不同民族之间的沟通和了解。所以，宗教在调适民族关系上也具有举足轻重的作用。

3. 宗教具有一定的心理调适作用

人生不如意事十之八九，有人心有戚戚，有人知足常乐。但不论如何，对那些因受挫折而伤感的人来说，有可能需要在失落的时候、在面临人生的种种

① 高永久. 民族社会学概论［M］. 天津：南开大学出版社，2010：209.

② 王晓东，沈维刚. 论宗教与和谐社会［J］. 河北法学，2007（6）：21 - 24.

不幸或压抑的时候，通过宗教的途径来求得慰藉，从而获得自我心理的平衡。从社会学的意义来说，社会转型的每一次震荡，社会制度的每一次更替，甚至即便仅仅只是一个小小的政策调整，都会使一部分人的利益得到增加而使之快乐，却很可能同时造成另一部分人利益的减少而使之忧伤。在社会发展程度还不是非常高级的阶段，某些心理创伤可能还需要在宗教信仰里找到慰藉。可以说，信仰宗教常常也是边疆民族地区少数民族群众寻找心理平衡的重要渠道。

（二）消极影响

尽管和谐文化是边疆民族地区社会思潮发展的主流趋势和最终目标，但多种文化思潮的碰撞、多元民族文化的交融也很猛烈，一些非主流的亚文化还在局部地区和主流意识形态、主流文化、主流价值观方面发生激烈碰撞，使边疆民族地区的人民群众被迫面临复杂难辨的社会思潮影响。近年来，一些与主流文化不相适应、不相协调，甚至是不健康的亚文化被泛滥传播，这些亚文化一旦形成气候就会进一步形成相应的文化生态，极易使主流文化、主流意识形态和主流价值观的正面影响效果被它们抵消完、阻挠掉，更为严重的情况是削弱社会主义主流意识形态、肢解社会主义核心价值观、歪曲马克思主义的民族国家观，企图使主流文化发生嬗变。这种危险极有可能造成边疆民族地区思想领域的混乱，使边疆民族地区的社会繁荣及文化和谐受到严重影响，进而影响我国边疆民族地区和睦相处的社会稳定，破坏安定团结的政治局面。①

1. 宗教极端主义思想的影响

一般来说，宗教极端主义是打着宗教旗号的一些利益集团，为了自私的政治图谋，而策划和贩卖的一种思想体系和“行动指南”。它通常都会以建立神权统治为目的，以歪曲或极端化解释宗教经典和宗教教义为手段，推崇极具欺骗性和诱惑力的极端思想主张，欺骗和吸引那些被它煽动起宗教狂热的人来为其卖命，使之因为宗教仇视而投身于被它策划和制造出来用以蒙骗和蛊惑信徒的不同信教群体之间的“斗争”，甚至指使人们不惜采取恐怖主义和邪教、黑社会等极端手段，企图摧毁一切现存的国家政权和社会秩序。② 其实，宗教极端主义根本就不是宗教，而是伪装成宗教的一种政治权谋，它利用宗教，与狭隘民族主义相结合，从而使恐怖主义这种非理性、反人类的行为，披上了神圣的外衣。宗教极端主义分子通常会以宗教信徒的名义，就是“撒旦扮作天使的模样”，在同一信仰的信教群众中隐藏活动，以一副虔诚的姿态欺骗信徒，积极贩卖极端宗教思想。这样，那些拥有朴素宗教感情的宗教信徒，如果缺乏宗教

① 李育全．边疆民族地区邪教的成因及对安全稳定的影响［J］．经济研究导刊，2010（3）：228.

② 马品彦．宗教极端主义的本质与危害［J］．新疆社会科学，2008（6）：64.

知识的正确解释和学习教导，会轻易接受他们的说教而上当受骗，堕落成为形形色色的宗教极端主义者。从根本上来看，宗教极端主义实际上是对宗教的歪曲、亵渎、糟蹋和背叛，它以宗教的名义，以暴力恐怖活动为主要手段来从事反政府、反社会、反人道、反文明、反“正教”的政治行动。所以，宗教极端势力是在利用宗教达成其政治诉求，达到其政治目的。

宗教极端主义对我国现阶段的重大影响，主要是宗教极端主义组织在新疆等地流窜作案。宗教极端主义之所以能够对很多信教群众产生强大的精神影响力，主要在于它的思想理论能够提供一套完整的解释系统、生活信念体系，而且有一整套的人员组织机构和信息传播机制。在宗教极端主义系统的思想理论指导下，宗教极端主义、国际恐怖主义和民族分裂主义裹挟在一起，极大地威胁着我国边疆民族地区乃至全国各地的安全。例如，20 世纪末以来，宗教极端主义组织“伊扎布特”在中亚地区形成后，叫嚣着“要用伊斯兰教压倒马克思主义”，高举“伊斯兰教法至上”的魅旗，打着“振兴伊斯兰教”的幌子，开始大举渗透进入我国新疆地区。他们在我国境内以各种途径筹集到巨量资金，大量购买、编译、印制、散发那些鼓吹建立“伟大的东突厥斯坦国”“以武装斗争推翻异教徒政权”的宣传品，迅速发展成员、培养骨干、建立组织、策划暴动……犯下反人类、反社会的残暴罪行。“伊扎布特”的扩散速度也是出人意料的。新疆的十几个地、州、市，甚至还有一些大中专院校，很快就被其活动涉及，其他省区的边疆民族地区甚至内陆地区也受到波及。

2. 邪教的影响

在我们的《调查问卷》中，有 19.43% 的受访者把“邪教”列在危害当地社会的各种思想的首位。可见，各种邪教以传播歪理邪说、散布谣言、迷惑人心、禁锢思想为能事，已经严重危害到人民群众的生命财产安全，危害到国家社会的安定团结。尽管我国各地的党委政府都一直高度重视解决邪教问题，采取有效措施积极防范邪教滋生，妥善治理邪教袭扰，但一定程度上看，邪教仍然不断地滋生或蔓延在我国的一些边疆民族地区，对当地的社会思潮带来了恶性影响，对那些边疆民族地区的社会稳定造成了一定的消极影响。对此，需要进一步扼制邪教的传播，维护边疆民族地区的繁荣稳定和良性发展。

第五节　边疆民族地区社会思潮与科技普及

科学技术作为第一生产力，是推动经济社会发展的重要动力和源泉。我们党和国家历来高度重视科技创新发展和科技普及工作。党的十八大报告明确提出，要“开展全民阅读活动”，要“普及科学知识，弘扬科学精神，提高全民科学素养"[①]。党的十八大报告中提出的这一明确目标，其实现需要大力依靠科技进步，也需要全面深化科技体制改革、持续增加科技投入、推进高素质科技人才队伍建设，更需要依靠广大劳动者的科学素养提升和文化素质提高。当前，在我国，特别是边疆民族地区，要全面推进素质教育，有效提升少数民族群众的思想道德素质和科学文化素质，有赖于边疆民族地区持续深入广泛地开展"爱读书、读好书、善读书"的学习阅读活动，来扎实有效地推进学习型社会建设；有赖于边疆民族地区在广大少数民族群众中进一步加大普及科学知识的力度，大力弘扬科学精神，善于拆穿"伪科学"，有效破除封建迷信，能够用科学的思想武装广大党员干部群众，能够用科学的思想引领社会思潮，进而不断提高边疆少数地区各族人民群众的科学素养。

一、边疆民族地区科技普及的基本情况

（一）边疆民族地区科技普及工作取得的成效

习近平总书记曾指出："科技创新是提高国家综合竞争力的关键，而科学技术普及是科技创新的前提和基础。没有科学普及，就不可能有持久的科技创新。"[②] 边疆民族地区少数民族群众的文化素质和科学素养要想得到有效提高，一个非常必要的重要举措就是，持续加大科技创新。切实抓好科技普及工作是推动我国边疆民族地区科技创新发展的重要前提，也是我国边疆民族地区加强社会主义物质文明建设和精神文明建设的一项重要内容，事关边疆民族地区民族团结、社会和谐、经济发展、科技进步、边疆稳定的战略全局。近年来，我国边疆民族地区科技普及工作取得了一定成效，科技普及工作政策日渐完善，科技普及工作队伍日渐壮大，民众"爱科学、学科学、用科学"的意识日渐增强，可以说，边疆民族地区的科技普及工作局面已经初步形成，这是值得充分肯定的。

1. 对科技普及工作的领导不断加强

我国边疆民族地区党委、政府历来高度重视本地区的科技创新工作，注重发挥科技创新驱动和科技普及工作对思想政治建设、经济社会发展和边疆民族团结稳定的重要作用，认真贯彻落实《全民科学素质行动计划纲要》和《中共中央国务院关于深化科技体制改革加快国家创新体系建设的意见》以及全国科技创新大会精神，始终坚持把科技创新与科技普及摆在同等重要的位置上来抓。

---

① 胡锦涛．坚定不移沿着中国特色社会主义道路前进　为全面建成小康社会而奋斗［M］．北京：人民出版社，2012.

② 习近平．在参加全国科普日活动时强调　广泛普及食品与健康相关知识　提高群众消费安全感和满意度［N］．人民日报，2012－09－16（1）.

一方面积极争取中央各部门的大力支持，通过“西部科普工程”“科普惠农兴村计划”等项目，来推动本地区科技普及工作的发展进程；另一方面各地区纷纷结合当地实际，在总结自身开展科技普及工作经验的基础上，制定和完善促进科技普及事业发展的相关政策，不断强化对各级科技部门的组织领导，不仅成立科普工作领导小组，把科普工作纳入党委、政府工作的重要议事日程，加强督办、检查；而且还配齐配强专、兼职科技普及工作的领导班子和干部人员，建立健全各级科技部门的组织机构、工作机制和工作体系，大力支持民委、科协、科研院所、教育机构以及社会公益组织等广泛参与开展科技普及知识学习教育和宣传活动，营造浓厚的科普文化环境和有利于科普健康发展的舆论氛围，使科普宣传教育深入人心，不断提升边疆民族地区各族人民群众的科学文化素质，切实发挥了科技创新与科技普及对边疆民族地区经济社会发展的支撑作用和推动作用。

2. 对科技普及工作的认识不断提高

长期以来，解决科技意识淡薄和科普工作认识问题始终是摆在我国边疆民族地区的一个现实性难题。就此问题，我国边疆民族地区正视存在的问题，因地制宜，突破制约瓶颈，采取科普知识展览、科技（农技）咨询、科技大集、科技宣讲服务团、科普大篷车、科技专场报告会等多种形式进行科普宣传、科技扶贫和科技咨询服务，通过开展“送科技下乡”“科技活动月”“科技活动周”和“科技日”等多种活动来加强科普宣传教育，形成科技、农业、林业、畜牧、教育、文化、卫生、民委等部门联动机制，营造全社会广泛参与科普工作“大联合、大协作、大合唱”的“大科普”氛围，特别是充分利用各级各类科普场馆、科普基地、科技示范区以及报纸、广播、电视、网络、移动媒体等科普宣传展示平台，针对青少年儿童、高校大学生、少数民族党员干部、驻地部队官兵和广大山区、牧区农民群众等，开展“双语”科技培训和科普教育，让边疆民族地区广大人民群众充分体会到科技带来的实惠和好处，切实感受到科普工作就在身边，不断提高广大少数民族群众对科技创新与科技普及工作的认识水平。

3. 对科技普及工作的投入不断增多

近年来，随着我国边疆民族地区各级党委、政府对科技创新与科技普及工作的逐步重视，边疆民族地区科技普及工作的各项投入也不断增多。尽管很多地区经济发展还很落后，财力还很有限，但当地政府在财政资金不是很宽裕的情况下，仍然“挤出”有限的资金，安排配套资金来增加对科普基础设施建设和科普工作经费的投入。同时，一些地区还积极争取中央、省（市、自治区）各级各部门的支持，采取多方联合，最大限度地开展合作互助互促，实现科普阵地和科普平台资源的共建共享，以最低的成本、最优的服务来扩大科普教育宣传工作的影响和实效，通过把有限的资金进行集中投入的方式，加强对科普软硬件基础设施的建设，确保科普各项工作的正常有效运转，真正打造了一批科普宣传教育服务品牌，受到了边疆民族地区广大人民群众的由衷赞誉和热烈欢迎。

4. 对科技普及工作的探索不断深入

我国边疆民族地区在推动地区科技创新发展和科技普及服务社会、服务基层、服务“三农”等方面取得了良好成效，积累了较多经验，特别是在拓展科技创新成果、服务“三农”和科普惠及社会公众等方面探索出了一些有效途径，例如，一些地区因地制宜，充分依托当地科普教育基地开发科普游览项目；一些地区为解决科普宣传教育无法深入和覆盖偏远地区的难题，充分利用现代新媒体平台，打造网络信息版的“科普大篷车”；一些地区积极依托自身优势，努力创造条件兴办各种类型的科普示范基地、示范园，争创科普示范县、科普文明乡镇、科普文明村（寨）等，探索出一条促进农村科普与农业经济和农村精神文明建设相结合的路子；一些地区大力开展科普工作“七进”活动，广泛深入机关、社区、农村、牧区、企业、校园和军营，做到科普工作不留盲区和死角；一些地区还积极开展“科技（农技）下乡”“文化三下乡”“文化大巴扎”“文化大院”“百姓大舞台”等主题活动，走进农村、贴近农民、服务农业；还有一些地区打破传统行政区划界限，优化资源配置，积极探索开发“双语”科普挂图和科普宣传制品，并通过科普资源配送平台向边远边疆民族地区配送，真正把科学思想和科技知识传播到少数民族群众中去；等等。

（二）边疆民族地区科技普及工作存在的问题

尽管我国边疆民族地区在科技普及的各项工作中取得了一定成效，科技普及工作也开创了良好的新局面，但是我们也必须清醒地认识到，边疆民族地区开展科技普及工作还面临一些不利因素和制约瓶颈，还存在一些较大的困难和问题，这是需要我们客观地去认清和直接地去面对的。就我国边疆民族地区科技普及工作存在的问题，归纳起来，主要有以下两个大的方面。

1. 科技普及工作存在的“硬环境”制约问题

我国边疆民族地区幅员辽阔、自然资源丰富、发展潜力巨大，但也是民族众多、人口稀少、边远落后的贫困欠发达地区。首先，就我国边疆民族地区而言，大多数地处内陆边沿，区位优势较差，地区差异较大；贫困人口较多，人口居住分散；科普基础设施建设成本很高，科普工作开展运行成本很大；这些地区经济发展状况远远落后于全国平均水平，更远远落后于中东部发达省区（市），各边疆民族地区区域之间、城乡之间、城镇之间发展存在较大差距，城乡少数民族群众的收入也存在较大差距且收入水平明显偏低，经济欠发达、贫困面较大的社会发展环境和现状是长期突出地存在的。可以说，如果不能实现我国边疆民族地区的“致富奔小康”，就不可能和全国人民同步迈进小康社会；如果我国边疆民族地区的素质教育不能得到真正实现，各少数民族群众的文化素质和科学素养不能得到切实提升，就不可能提高我国全民的整体科学文化素质。这是我国边疆民族地区科技普及工作存在的最大“硬环境”制约问题。其次，与全国以及中东部沿海地区相比而言，我国边疆民族地区科技普及的基础设施建设仍然落后陈旧、无法满足时代发展的需要和新形势新任务的要求，特别是一些偏远地区，财政相当困难，科普经费长期无法得到落实，科技部门办公设施极其落后，办公条件极为艰苦，科普活动场所简陋粗劣，科普资源相当匮乏，加之地处山区、牧区的少数民族群众居住分散、路途偏远、环境恶劣，科普工作覆盖面难以有效企及，进而难以保证科普工作的正常运转和活动开展。再次，我国边疆民族地区基层的科技普及工作机构和组织建设力度与国家推进科普工作的新要求还存在一定差距，科技部门组织机构编制亟待健全，科普管理力量亟待加强，科普工作人员队伍亟待扩充，科普工作人员素质亟待提高，科普工作人员待遇亟待提升，科普工作制度化、规范化程度亟待提高，科普服务和创新能力亟待增强，科普活动开展频次亟待增加。此外，我国边疆民族地区由于自然环境、经济发展和社会条件等因素制约，很多地区获取科技信息和科学知识的手段十分匮乏，特别是对于中东部沿海发达地区普遍采用的有线电视、报纸杂志、互联网络以及移动客户端等新兴媒体形式多样，传统媒体与新兴媒体相结合开展科普宣传教育的手段更是难以企及，等等，这些都是我国边疆民族地区科技普及工作存在的“硬环境”制约问题。

2. 科技普及工作存在的“软环境”制约问题

长期以来，我国边疆民族地区经济、社会、教育、科技都较为落后，社会生产力发展较为缓慢，人民群众的生活水平较为低下，正是由于长期处于这种落后封闭的生活状态之下，边疆民族地区的群众对于自觉接受科学思想、科学观念和科技知识的意识淡薄，尤其是“老、少、边、穷”的山区、牧区农村，少数民族群众中普遍存在着传统宗族思想、特权观念和草民意识，且根深蒂固。同时，受封建迷信、伪科学和宗教的影响也较深。总的来说，我国边疆民族地区科技普及工作存在的“软环境”制约问题主要体现在传统观念、宗教信仰、生活习惯、民族风俗等多个对科普工作有影响和制约的方面，要有效解决这一系列“软环境”制约问题，需要我国边疆民族地区不断加快经济社会发展步伐，不断推进科教兴边和科技兴农重大举措的实施进程。一方面要着力突出科技普及工作的社会性、经常性、基础性和基层性，开展科普“进社区、进乡村、进校园、进军营、进企业、进生活”等活动，不断把科技普及工作引向深入，实现科普工作的组织化、阵地化、示范化、群众化和民族化；要进一步加大教育培训的力度，有力提升广大党员干部和群众的科学文化素质，进而推进科普事业的全面发展。另一方面要进一步弘扬科学精神，树立“爱科学、学科学、用科学”的思想理念，要善于用科学的思想武装广大少数民族群众，增强广大少数民族群众的科学思想和科技意识；也要善于结合少数民族群众的生活习惯和民族风俗来加大开展科普工作的力度，并用科学的思想引领社会思潮；更要善于面向广大党员干部和民族群众做好现代化的科学知识教育普及，并用科学的思想方法来揭穿、破除“伪科学”和去极端化。同时，也要坚决抵制和严惩非法宗教活动和极端势力的暴恐活动，营造边疆民族地区开展科技普及工作的良好环境和氛围。

二、边疆民族地区科技普及对社会思潮的影响

大力推动科技创新和加强科技普及工作是提高边疆少数民族群众科学文化素养和思想道德素质，促进经济社会和人的全面发展的重要举措。党的十八大报告提出，要“普及科学知识，弘扬科学精神，提高全民科学素养”，要让“人民思想道德素质和科学文化素质全面提高”①。这对于加强社会主义公民道德建设和推进社会主义文化强国建设，弘扬科学精神，传播科学知识，培养公众科学素养，用科学思想引领社会思潮，用科学理念凝聚社会共识具有重要的作用。

（一）边疆民族地区科技普及目标与社会思潮的相关性

就本项研究而言，边疆民族地区科技普及目标与社会思潮的相关性，主要体现在边疆民族地区科普发展目标与科学引领社会思潮的目标相一致。要“普及科学知识，弘扬科学精神，提高全民科学素养”，实现“人民思想道德素质和科学文化素质全面提高”②。这是党的十八大报告对我国科技普及工作总目标和总要求的科学阐释。加强科技普及工作是提高全民族思想道德素质和科学文化素养以及促进人的全面发展的重要举措。长期以来，我国边疆民族地区民众科学文化素养普遍偏低，特别是很多少数民族群众对科学思想和科学理论的重视不够，科学精神不足，科学常识缺乏，等等，这些都给“伪科学”甚至是“反科学”的封建迷信和极端邪教活动提供了可乘之机。随着经济社会的发展和生活水平的提高，我国边疆民族地区广大民族群众的精神文化需求也日益增

① 胡锦涛. 坚定不移沿着中国特色社会主义道路前进　为全面建成小康社会而奋斗[M]. 北京：人民出版社，2012.

② 同上。

长，少数民族群众渴望学习掌握现代科学技术增收致富，渴望过上科学、文明、健康、幸福的生活。因此，通过弘扬科学精神、倡导科学方法、普及科学理论、传播先进文化，大力加强科技普及工作；通过树立正确的价值观和科普观，在提高少数民族群众物质生活质量的同时，提高精神生活质量；通过不断提高少数民族群众思想道德素质和科学文化素质，实现民众科学素养的提升和促进人的全面发展。这对于我国边疆民族地区用科学知识破除封建迷信，用科学方法揭穿异端邪说，用科学理念凝聚社会共识，用科学思想引领社会思潮具有重要影响。可以说，这既达到了科普提高民众科学素养的目标，又达到普及科学知识、弘扬科学精神、引领社会思潮的目的，切实发挥科技创新驱动和科普有效促进社会发展的积极健康效应，进而使提升边疆民族地区民众科学文化素养与科学引领边疆民族地区社会思潮的目标相一致。

（二）边疆民族地区科技普及内容与社会思潮的相关性

就本项研究而言，边疆民族地区科技普及内容与社会思潮的相关性，主要体现在边疆民族地区的科普内容与引领社会思潮的科学思想内容的相互适应。科技普及工作的一项重要内容就是传播科学理论，而马克思列宁主义和马克思主义中国化的系列重要思想理论以及作为科学的社会主义意识形态本质体现和价值凝练的社会主义核心价值体系，其本身就是一脉相承又与时俱进的科学理论，开展党的这一系列科学思想理论宣传和普及教育本身也是开展科普工作的重要领域，二者是相辅相成的。当前，在我国边疆民族地区，特别是边境地区，广泛传播马克思列宁主义和马克思主义中国化的系列重要思想理论，深入开展社会主义核心价值体系和价值观的普及教育，凝练具有民族特色、地方特点、时代特征的地区精神，就是从宏观上体现了科普传播科学理论，并用科学的思想武装民众、科学的理论引领社会思潮的“大科普”理念，进而实现了科普传播科学理论与引领社会思潮的相互适应、相互补充和协同发展。

（三）边疆民族地区科技普及途径与社会思潮的相关性

就本项研究而言，边疆民族地区科技普及途径与社会思潮的相关性，主要体现在边疆民族地区科普途径与思想舆论宣传方式的相互促进。近年来，按照《全民科学素质行动计划纲要》和《中共中央国务院关于深化科技体制改革加快国家创新体系建设的意见》以及全国科技创新大会精神要求，我国边疆民族地区纷纷结合各自实际，紧紧围绕“提升公民科学素质、改善科普基础设施、壮大科普人才队伍、健全科普组织网络、增强科普传播能力”以及“弘扬科学精神、提高创新能力、倡导科学方法、普及科学理论、传播先进文化”等要求，采取多种途径，认真做好“五类”重点人群的科普工作，加强科普基础设施建设和科普人才队伍建设，强化大众媒体的科普功能作用，特别是充分发挥新闻媒体的宣传主渠道、主阵地、主力军作用，充分利用报刊、广播、电视、互联网等各级各类大众传媒，以及发挥墙报、板报、宣传栏的功能作用，切实担负起科普宣传的社会责任；通过增加科学频道，开辟科技专栏，开设科普节目，增设科普页面，加强对社区、企业、学校、农村的科普宣传；通过整合资源、搭建平台，以“大联合”“大协作”的方式，组织开展宣传覆盖面广、影响力大的重大科普主题活动，打造和提升科普活动品牌；通过实施边疆民族地区和边境地区公民科学素质提升工程，以促进科技开发、科技扶贫和文明生活为重点，大力提升少数民族群众依靠科技发展生产、提高生活质量的能力。特别是要紧紧围绕实施“兴边富民”等系列科普行动和少数民族劳动者素质提升行动，尤其要使投入到边远贫困地区少数民族群众中去的科普经费能够在得到基本保证的基础上不断持续加大，使当地的科普基础设施建设不断得到加强，科普工作的基本条件能够得到不断改善；同时，要建立健全少数民族科普工作队，发展少数民族科普志愿者队伍；通过鼓励扶持少数民族双语科普创作和出版，创建具有地区特点、民族特色的科普资源库，创作少数民族群众喜闻乐见的优秀科普作品，并广泛开展作品的推介、推广、展演、展播、展览和展示活动；通过大力实施边疆民族地区和沿边地区的科普示范项目，依托当地优势资源，推广先进适用技术，发展特色经济；通过加强对边疆民族地区和沿边地区的科普宣传活动，特别是结合少数民族传统节日，组织开展禁毒防艾、防灾减灾、反对迷信邪教、崇尚科学文明、生态环境保护、卫生健康等内容的科普宣传活动，努力提高边疆民族地区人民群众的科学文化素质。可以说，通过上述一系列科技普及途径，我国边疆民族地区的科技普及工作在破除封建迷信、揭穿异端邪说、凝聚社会共识、引领社会思潮等方面切实有效地发挥了重要作用，同时不断巩固了党对思想舆论宣传的主导地位和领导权，实现了科普工作与思想舆论宣传工作的相互促进。

第三章　边疆民族地区社会思潮的运行机制分析（下）

除经济发展、教育培训、民族交融、宗教交流、科技普及等因素外，边疆民族地区社会思潮与当地的信息传播、边政法治、文化建设、党的建设之间，也日益凸显出密切的关系。从信息传播来看，广播影视公共服务体系在边疆民族地区的建设得到了长足发展，广播电视等基础设施的建设、农村电影公共服务体系建设、少数民族语言广播电视建设等方面得到了快速推进。有数据显示，2014 年边疆民族地区信息传播状况较1999 年有了巨大改善，在这样的传播条件下，包括户外广告、意见领袖等在内的各种各样的大众传播或非大众传播的方式都对边疆民族地区社会思潮产生了越来越重要的影响，从影响的效果评价来说，甚至可能成为最有影响力的方式、方法、途径、渠道。从边政法治来看，边疆民族地区法治建设的基本情况可以概括为三个层面：民族法律体系初步形成，特色民族立法有待加强；执法工作稳步推进，执法环境有待改善；法律意识有待提高，普法教育急需创新。相对于内地而言，法治建设对边疆民族地区社会思潮的影响更为突出，中国特色民族法律体系建设已经成为边疆民族地区社会思潮健康发展的制度保障，严格执法、公正司法对边疆民族地区社会思潮健康发展具有巨大的感召力和示范效应，而普法宣传教育更是对边疆民族地区社会思潮健康发展和建设社会主义法治文化发挥了直接的引领作用。从文化建设来看，边疆民族地区的文艺创作空前繁荣、文化遗产保护工作取得重要进展、初步建立了全面覆盖的公共文化体系、文化交流合作与文化贸易体系建设取得新成绩、文化产业和文化市场飞速发展、文化体制改革进一步深化，表现出一幅繁荣景象。边疆民族地区的文化建设，也通过教育培训、互联网等新媒体、书籍和文艺节目等文化产品、文化产业和文化贸易、文学艺术、新闻出版、广播电视、卫生体育、图书馆、博物馆等文化服务事业等途径，与当地各种项目建设相结合而对社会思潮产生了正面的积极影响。从党的建设来看，尽管边疆民族地区党的建设面临着“共同性”“特殊性”“复杂性”等现实困难，但各级党组织紧紧围绕党中央的战略部署，扎实推进党内集中教育活动，紧密结合当地实际，创新开展党的建设工作，通过夯实合法性基础、巩固主导权地位、突出地方性特色、注重软实力建设，不断提升边疆民族地区人民群众对执政党的价值认同；通过健全畅通的利益表达机制和协商机制、完善规范的利益分配机制、建立合理的利益补偿机制、建立健全利益矛盾的化解机制，增强了执政党在边疆民族地区的利益整合功能，持续巩固了执政党在边疆民族地区的吸引力和凝聚力，从而较好地实现了党的建设对边疆民族地区社会思潮的正面影响和积极引领。

第一节　边疆民族地区社会思潮与信息传播

边疆民族地区社会思潮是在复杂的历史条件和社会机制下形成的，边疆民族地区舆论的引导承当着民族团结、社会稳定和民族文化传播等诸多责任，大众传播媒介在其中扮演着引导方向的重要作用，人际传播、组织传播等传播渠道和大众传播一起作用构成了边疆民族地区社会思潮的信息环境。

大众传播媒介是指："在传播途径上有用以复制和传播信息符号的机械和有编辑人员的报刊、电台之类的传播组织居间的传播渠道。"① 近30年来，我国大众传播物质条件取得了质的改善，广播、电视在边疆民族地区基本普及；随着宽带互联网和移动互联网在农村地区的推广运用，电脑、手机等新媒体成为除电视之外群众接触最为频繁的媒介。受众拥有了更多的选择，可以根据自己的喜好和条件选择适合自己的媒介。可以说，大众传播在边疆民族地区社会和个人生活中占据了非常重要的地位。

一、边疆民族地区广播影视公共服务体系建设概况

由于受城乡二元结构等中国特有的历史遗留问题的影响，广播影视公共服务体系在我国广大农村地区的建设速度和建设水平都远远落后于城市，这个情况，对我国的边疆民族地区来说就更为突出了，如此落后的广播影视公共服务建设状况，使我国边疆民族地区的少数民族受众不能享受和城市受众相同的服务。应该满足边疆民族地区受众的精神生活需求，改善公共广播电视服务体系在边疆民族地区的薄弱状况。

农村广播影视公共服务是个总称，不仅包括政府有关部门提供的服务，还包括公共需求产品、公共服务行为等由有关社会组织提供的各种能够满足农村

① 威尔伯·施拉姆．传播学概论［M］．陈亮，等，译．北京：新华出版社，1984：1.

广大人民群众日益增长的文化生活和精神需要，以及与广播影视需求相关的公共服务。在农村地区覆盖广播电视，使农村群众能够听到、听好广播，看好电视，并不是农村广播影视公共服务的全部目的；还应包括在农村地区放映电影，使农村群众能够看到、看好电影；满足农村群众的信息需求和基本的文化需要，实现和保障农村群众的基本文化权利，而且还要为他们提供生产生活信息、国家政策信息以及文化教育、娱乐服务等。

"一般来说，农村广播电视公共服务包括四个层次的基本内容：一是作为公共产品、用以实现广播电视传输覆盖的一些基础设施；二是作为基本公共产品的公共广播频率和公共电视频道；三是专业性地关于农业、农村、农民等'三农问题'的频率频道；四是一些基本的农村、农业相关节目。"① 农村电影公共服务也要相应地包括三个层次的基本内容：一是基本的电影放映所必需的基础设施，包括流动放映设施和固定影院；二是要有能够切合农民生产生活需求的故事片和科教片等电影产品可用于放映；三是要有最起码的基本放映场次。

（一）国家广播电视基础设施建设情况

除经济因素外，人口分散的现实情况和特殊的地貌特征、地理环境等主要制约因素，严重影响着我国边疆民族地区的广播电视传输覆盖基础设施建设等工作的推进。即便如此，"西新工程"和"村村通""户户通"等国家重大工程项目的实施，大力推进了我国边疆民族地区传输和接受广播电视设施建设。②

广播电视等基础设施的建设，在"十一五""十二五"期间，尤其受到各省（自治区）党委、政府的高度重视，从而把农村广播电视"村村通""户户通"工程作为边疆民族地区新农村文化建设的一号工程、惠民工程，纳入政府重点工作进行安排部署，确保"村村通"工程优质高效、安全圆满。例如，截至目前，云南省已累计完成广播电视"村村通"直播卫星覆盖334万户，惠及边远农村群众约1200万人口，基本实现了"村村通"广播电视的目标。③

（二）农村电影公共服务体系建设

在较长的一段时期，电影放映工作不只是丰富农民的文化生活这么简单，

---

① 杨明品．当前农村广播影视公共服务建设的基本特征和主要任务［A］//中国公共文化发展服务报告（2007）［M］．北京：社会科学文献出版社，2008.

② "村村通""西新工程"和"户户通"是广播电视公共服务体系建设国家工程在不同阶段的具体项目。2008年6月9日，我国在西昌成功发射了首颗广播电视直播卫星"中星9号"。至此，我国边疆民族地区的一些偏远山区，"有线"技术和"无线"技术都无法覆盖到的现象，以及覆盖盲区的现象，从技术上得到根本解决，实现了我国领土广播电视全覆盖，保证了全部人民群众听广播、看电视的基本权利。

③ 本节内容需要较多的数据，但实际上却难以得出能够反映边疆民族地区总体情况的数据，所以这里主要采用云南等某个边疆省（自治区）的数据来局部反映相应的情况。

也不仅仅是我国基层文化工作的主要组成部分。实际上，在我国边疆民族地区的很多农村，党和国家的方针政策要靠电影放映工作来宣传，先进科学文化知识要靠电影放映工作传播，抵制腐朽、迷信、愚昧等思想的蔓延，培养健康文明的生活方式也要靠电影放映工作，甚至于促进基层政权建设、维护社会稳定等各方面的工作都要靠电影放映工作才能有效开展。因此，我们国家一直都对电影放映工作非常重视，会不断推出一些重要的有效举措。例如，国家广电总局、文化部、国家发改委共同实施的“2131 工程”，就是一项新世纪的文化建设和电影工程项目，根本上是一个基层文化建设和农村电影工程项目，要求是：21 世纪，在广大农村每月每村至少放映一场电影。

例如，云南省 2001 年 5 月成立了由省文化厅、省计委、省广电局共同组成的“云南省农村电影放映‘2131 工程’领导小组”，正式启动农村电影放映工程。2009 年开始，16 个州市成立了院线公司，由国家资助设备，把胶片拷贝升级为数字拷贝，片源在国家平台统一下载。到 2011 年，共有 1000 多套数字电影放映设备、900 多个放映队实施农村电影放映，为 1.2 万个村每月至少放映一场电影。全省每月累计放映电影 15 万场。为使少数民族群众能够看到本民族语言的电影，云南还成立了云南省民族电影译制中心，7 个州市成立了民族电影译制中心，可以把电影翻译成 13 种少数民族语言。

二、边疆民族地区大众传播事业发展状况

（一）西藏自治区的情况

到 2010 年年底，西藏共发行报纸 23 种，包括省级党报 2 种，地市级党报 13 种，都市报 1 种，行业报 7 种。全区实现广播电视有效覆盖率分别为 90.28% 和 91.41%。共拥有 1 座带 4 个频率的省级广播电台，其中有卫星频率 3 个，可以用汉语、藏语及藏语康巴方言、英语等 3 个语种播出全套节目。有带 4 个频道的省级电视台 1 个，其中，各有一个卫视频道播出汉语、藏语节目。地市级广播电台有 3 座，共有 6 个频道频率。地市级电视台有 4 座，共 4 个频道。另外，2008 年开通了藏、汉、英 3 个语种同时播出的“中国西藏之声”网站，西藏人民广播电台可以实时在线传播 4 套广播节目。①

（二）新疆维吾尔自治区的情况

目前新疆维吾尔自治区公开出版报纸 129 种，汉文报纸占 60%，民文报纸占 40%，以党报、机关报为主，都市类报刊严重不足，民文都市类报刊为空白。“十

---

① 周德仓，等．西藏自治区新闻传播发展报告［A］//郑保卫．中国边疆民族地区新闻传播发展报告［C］．北京：人民日报出版社，2011：37，40.

一五”期间新疆已经形成卫星、光缆、电缆、微波和无线发射多种手段相配套的广播电视网络体系，建立了全疆统一的数字电视平台，开通了100多个频道。20户以上已通电，自然村广播电视覆盖率达100%。2009年年末，新疆拥有广播电台6座，电视台8座，广播电视台83座。广播综合人口覆盖率94.4%，电视综合人口覆盖率94.8%。截至2010年年底，全区网路覆盖面达37.9%，网民总数达到818.1万人。全区已备案的网站有5930个，其中有少数民族语种网站426个，少数民族网民普及率为29.53%，但农村网民普及率仅为11%。①

（三）内蒙古自治区的情况

2009年，全自治区共有期刊148家；发行报纸79种，其中蒙古文报纸17种，俄文报纸1种；盟（市）级以上电视台14座，广播电台13座；旗（县）级广播电视台76座；全区共有调频发射台511座；广播节目126套，都通过“亚洲二号”卫星传送，全中国及周边的53个国家和地区都可以覆盖信号源。全区广播覆盖率为94.75%，电视覆盖率为53.93%。全区有1383座电视发射台，125套电视节目，有290多万户有线电视用户，其中数字电视用户近170万户。近年来，新闻网站不断得到扩充和全面更新、信息量增长很快。已经建成由互联网等新媒体和广播电视、报纸等传统媒体相结合的现代新闻传播体系。②

（四）广西壮族自治区的情况

2010年，广西发行了71种报纸，其中有54种报纸向社会公开发行，17种校报是内部发行的。公开发行的报纸中包括党报、都市报、企业报。广西无线广播电台26座，每天播出31套节目。广西人民广播电台有6套节目，通过卫星、调频、中波、短波向海内外传送节目，使用普通话、广州话、壮语、越南语播音。广西于1995年建成4011座卫星地面接收站，19座无线电视台，电视人口混合覆盖率达79.5%。到2009年，全区有39套电视节目，8座电视台，电视综合人口覆盖率达95.3%。从少数民族语言节目来看，从90年代起，省级电台和电视台就已经开播壮语新闻节目，但直到目前，仍未开设少数民族语言电视节目的地级市电视台还有14个。③

（五）云南省的情况

2004年公开发行报纸63种，其中少数民族文字报纸6种。拥有省、州市级

① 韩强，等．新疆维吾尔自治区新闻传播发展报告［A］//郑保卫．中国边疆民族地区新闻传播发展报告［C］．北京：人民日报出版社，2011：83－84.

② 高炜，等．内蒙古自治区新闻传播发展报告［A］//郑保卫．中国边疆民族地区新闻传播发展报告［C］．北京：人民日报出版社，2011：129，134.

③ 商娜红，等．广西壮族自治区新闻传播发展报告［A］//郑保卫．中国边疆民族地区新闻传播发展报告［C］．北京：人民日报出版社，2011：189，195.

电台15座，电视台18座。2000年，广播覆盖率为86%，电视覆盖率为88%。云南省少数民族语言文字媒体发达，云南人民广播电台（简称云南电台）也是中国开办少数民族语言种类广播最多的省级广播电台。德宏傣语广播和西双版纳傣语广播，先后于1955年6月起举办。傈僳语广播于1957年10月25日起增办。拉祜语广播和景颇语广播，先后于20世纪70年代增办。截至目前，民族语言广播一共办有傈僳语、拉祜语、景颇语、西双版纳傣语、德宏傣语等5种，这些都同步配有汉语普通话节目。每天使用短波7210千赫的频率，5个少数民族语种每个语种分别播出45分钟，云南省的迪庆、丽江、怒江、保山、德宏、临沧、普洱、西双版纳等州市都能覆盖，还能辐射到周边的国家和地区，如老挝、泰国、缅甸等。除省台外，全省还有各州市的广播电台和广播站24座，一共可以播出14个语种①、12个民族的民族语言广播节目。

云南省用少数民族语言文字翻译、制作、播出电视节目，始于20世纪90年代。最早出现在芒市电视台，1991年春节正式开播。设有新闻、科技园地、文艺、广告等节目。每周二、六播出，每次10分钟。随后，民族语电视迅猛发展。目前，云南全省的民族语电视已经发展到苗语、瑶语、藏语、佤语、白语、彝语、壮语、傈僳语、拉祜语、哈尼语、景颇语（含景颇语、载瓦语）、傣语（德宏傣语和西双版纳傣语）等12个民族14个语种，包括八个州级电视台，一个州级傣语电视译制中心，13个县（市）级广播电台（站）。建成能够覆盖全省主要跨境而居的民族分布的边疆民族地区和东南亚、南亚听众的民族语言广播电视网，民族语电视已经成为云南省少数民族群众获取信息、提高素质、转变认识和态度、休闲娱乐的重要工具。

从创办伊始，民族广播始终坚持“内鼓干劲、外树形象”的基本导向，把传达党和政府的声音、反映人民群众的心声和意愿作为自己的自觉行动，积极宣传边疆民族地区和边疆少数民族群众的经济社会发展状况，把我国边疆民族地区的新变化、新发展、新成就及时、真实、有效地报道出去，越来越成为党和国家民族工作和宣传工作的重要组成部分，为边疆民族地区的和谐发展提供足够良好的舆论支持和精神动力。

三、边疆民族地区大众传播对社会思潮的影响

（一）2014年边疆民族地区信息传播状况

为了解边疆民族地区信息传播状况及受众的信息接触情况，本课题2014年

① 涵盖德宏傣语、西双版纳傣语、傈僳语、景颇语、载瓦语、布朗语、藏语、拉祜语、壮语、苗语、瑶语、彝语、哈尼语、佤语。

对边疆民族地区信息传播状况再次进行调查，得出下列数据。

1. 媒介拥有情况

本次调查发现，随着边疆民族地区经济发展和基础设施建设水平的提高，群众媒介拥有情况大幅改善。电视和手机成为家庭必备电器，电视拥有率达到100%。看电视的家庭中67.07%的使用有线电视接口、36.83%的拥有卫星电视接口、20.98%的拥有IP电视接口。60.16%的家庭拥有DVD或VCD，42.93%的家庭拥有电脑，38.78%的家庭使用电脑上网，98.78%的群众拥有智能手机。

2. 边疆民族地区媒介接触习惯

受众获取信息的渠道排位为：电脑网络，手机，和人交谈，报纸。

每天都接触的媒介排序为：手机，电脑，电视，报纸，电影，收音机。

每天使用媒介时间长度排序为：手机，电脑，电影，电视，报纸，收音机。

电视节目类别排序为：休闲娱乐、生活故事，新闻节目，产业致富节目，文化体育节目。

媒介的使用目的调查（见下表），通过调查可以看出报纸仍然是权威的资讯媒介，除了娱乐功能之外，手机和电脑已经成为受众获取新闻信息越来越重要的媒介。特别是在了解本地新闻方面，手机已经全面超越了三大传统媒体。

表3-1　媒介使用目的调查表

问题表述：您使用以下媒介的目的是？		
媒　介	目　的	人次百分比（%）
报纸	1. 了解党的政策	31.06
	2. 了解国内外大事	33.01
	3. 了解本地的事情	37.32
	4. 了解实用信息	25.37
	5. 消遣娱乐	21.06
	6. 增加知识	19.11
	7. 和别人沟通交流	4.72
	8. 不清楚	4.80

续 表

问题表述：您使用以下媒介的目的是？		
媒　介	目　的	人次百分比（%）
收音机	1. 了解党的政策	10.49
	2. 了解国内外大事	18.54
	3. 了解本地的事情	17.15
	4. 了解实用信息	15.77
	5. 消遣娱乐	22.52
	6. 增加知识	11.71
	7. 和别人沟通交流	1.46
	8. 不清楚	8.21
电影	1. 了解党的政策	9.76
	2. 了解国内外大事	6.75
	3. 了解本地的事情	7.07
	4. 了解实用信息	9.84
	5. 消遣娱乐	57.89
	6. 增加知识	15.85
	7. 和别人沟通交流	7.56
	8. 不清楚	1.63
电视	1. 了解党的政策	26.83
	2. 了解国内外大事	31.95
	3. 了解本地的事情	28.94
	4. 了解实用信息	28.21
	5. 消遣娱乐	44.96
	6. 增加知识	26.67
	7. 和别人沟通交流	9.35
	8. 不清楚	1.38

续　表

问题表述：您使用以下媒介的目的是？		
媒　介	目　的	人次百分比（%）
手机	1. 了解党的政策	20.89
	2. 了解国内外大事	26.59
	3. 了解本地的事情	52.76
	4. 了解实用信息	30.16
	5. 消遣娱乐	45.12
	6. 增加知识	26.10
	7. 和别人沟通交流	44.55
	8. 不清楚	1.38
电脑（上网）	1. 了解党的政策	27.81
	2. 了解国内外大事	33.90
	3. 了解本地的事情	25.37
	4. 了解实用信息	36.10
	5. 消遣娱乐	57.07
	6. 增加知识	45.45
	7. 和别人沟通交流	40.16
	8. 不清楚	2.60

（二）边疆民族地区受众信息接触状况巨变

通过本课题的调查和历史数据对比可以看出，边疆民族地区受众信息接触质量和接触习惯都产生了巨大的变化。变化的原因一方面来自信息传播基础设施的改善，另一方面来自于以互联网为代表的新媒体对媒介生态的影响。

1999 年，复旦大学新闻系与云南大学新闻系合作调查研究云南边疆民族地区的信息传播状况，这次调查是我国第一次也是迄今为止唯一一次针对云南边疆民族地区信息传播和社会发展关系的大规模调查研究。研究采用分层随机抽样入户问卷调查的方式，对云南 8 个民族自治州所辖 8 市 42 县 9 个自治县和其他 20 个自治县中抽取 18 个县作为抽样初级单位，参考人均国民生产总值和主体民族人口比例后获得 1990 户作为调查样本，收回有效问卷 1968 份。调查对象涵盖了壮族、彝族、白族、傣族、哈尼族、回族、苗族、傈僳族、拉祜族、佤族、纳西族、景颇族、藏族等 13 个少数民族，这 13 个少数民族的人口约占云南少数民族人口总数的 96.25%。尽管调查距今已有 15 年之久，但其研究结果对考察云南省边疆民族地区信息传播状况仍有参考价值，对比本课题的调查，也可以看出边疆民族地区信息传播状况的改善情况。

1. 大众传媒拥有情况

（1）电视机拥有率。

通过我们对 1968 个有效样本的统计，云南边疆民族地区家庭拥有电视机的户数比例是 51% 左右，各个民族很不平衡，傣族的电视机拥有率最高，为 96.7%，其余在 50% 以上的依次为回族（84%）、白族（79.39%）、纳西族（72.1%）、景颇族（66.19%）、藏族（59.39%）。拥有率在 50% 以下的依次为佤族（40.3%）、壮族（32.4%）、傈僳族（11.8%）、拉祜族（12.3%）、哈尼族（10.6%）。

（2）收音机拥有率。

通过统计，云南边疆民族地区家庭拥有收音机的户数比例大致在 21%。但在电视的冲击下，这样的收音机拥有率并不能维持同样的听众比。

（3）千人报纸拥有量。

根据调查结果估计，云南边疆民族地区私人订阅或购买报纸的比例大致在 3.7%，可以推断，云南边疆民族地区千人报纸拥有量为 35~40 份。

（4）杂志和书籍拥有量。

调查结果显示，在边疆民族地区有超过 50% 的人最近一个月内没有看过杂志和其他任何书籍。真正看过并且记得其内容的人的比例为 7.6% 左右。

2. 大众传媒接触情况

（1）电视收视质量。

根据调查，“几乎所有频道都不清晰”的占 56.1%，“大多数频道不清晰”的占 28.1%，“只有一两个频道清晰，或者不稳定，时好时坏”的占 10.4%，“大多数频道清晰”的只占 2.4%，“几乎所有频道都清晰”的只占 3%。根据调查数据推断，云南边疆民族地区平均能收看到的频道是 7 个。

（2）电视收视情况。

根据调查，云南边疆民族地区群众看电视的情况处于“有时”（每周 1~2 天）和“经常看”（每周 3~5 天）之间，每周至少看一次电视的人占总人数的 62.4%。这个比例远远超过云南边疆民族地区电视机拥有率的 51%。而他们每天看电视的时间大约 147 分钟。如果以每天看电视的比例的高低分民族排序，他们依次是傣族、景颇族、纳西族、白族、藏族、回族、佤族、彝族、壮族、傈僳族、苗族、拉祜族、哈尼族。

（3）阅读报纸情况。

云南边疆民族地区的民众中，对报纸有不同程度的接触的人只有8%，几乎不看报纸的人则高达83.3%。

（4）看电影情况。

通过调查数据分析，有20.8%的云南边疆民族地区群众在最近一年内，看过一场以上的电影，而且，绝大多数都是政府在开展护林防火等宣传工作时免费放映给群众看的。最近一年，云南边疆民族地区群众人均看电影的场次不到1场（0.74场）。

（5）看录像情况。

云南省文化市场管理部门提供的数字，1998年全省8个民族自治州有录像放映点559个，占全省总数的47.8%，通过调查数据的分析，我们大致测算出云南边疆民族地区大约有480.6万人是录像的不同程度的忠实观众。他们平均每年看录像140余场，即平均三天至少要看一场录像。而这些录像的内容，则几乎是千篇一律的枪战片和武打片。①

（三）大众传播对边疆民族地区社会思潮的影响效果评价

尽管本次调查实施的抽样方案和样本，与复旦大学新闻系和云南大学新闻系1999年合作进行的“云南边疆民族地区信息传播状况调查研究”不尽相同，两次调查数据没有完全可比性，但是也可以从一个层面看出边疆民族地区经济社会发展使大众传播状况发生了翻天覆地的变化。

1. 大众传播媒介全面普及，新兴媒介迅速崛起

随着文化水平的提高，群众读报率上升。15年前，云南边疆民族地区的民众中，对报纸有不同程度的接触的人只有8%，几乎不看报纸的人则高达83.3%。本次研究发现报纸接触率达到了76.99%，其中每天接触报纸的群众比例达到14.39%。

15年间，电视机拥有率从51%上升到100%；收视质量得到了质的改善，卫星电视、有线电视和IP电视的开通，不仅大大提高了电视画面的清晰度和稳定性，也极大地扩展了电视频道数量。

边疆民族地区新媒体的运营率惊人提高，从数据上看，基本和其他地区已经没有差别，手机网民数量甚至超过了全国平均水平。2014年1月16日，中国互联网络信息中心（CNNIC）在京发布《中国互联网络发展状况统计报告》（第33次），截至2013年12月，数据显示，中国网民规模已经高达6.18亿，

① 数据来源为云南省省院省校合作项目成果，详见张宇丹主编《传播与民族发展——云南边疆民族地区信息传播与社会发展关系研究》，新华出版社2000年版。

互联网普及率为45.8%。其中，手机网民规模达5亿。本次调查发现，42.93%的家庭拥有电脑，38.78%的家庭使用电脑上网，98.78%的群众拥有智能手机。此外，无论接触时间还是获取资讯的主要渠道方面，电脑、手机都全面超越了以广播、电视、报纸为代表的传统媒体。

2. 报纸依然是了解国家政策的权威媒体

本次研究对受众使用媒体的目的进行了调查，研究发现，受众使用电子媒体的主要目的是消遣娱乐，获取资讯是次要目的。消遣娱乐是电子媒介的主要功能，新媒体是娱乐和资讯功能并重，报纸依然是了解党的政策的权威媒体。娱乐功能由强到弱排列分别是：电影、电脑、手机、电视和收音机。除娱乐之外，手机是了解本地事件最主要的媒介，电脑是了解国内外事件最主要的媒介。相比之下，报纸的娱乐功能最弱，但是资讯功能最强，因为报纸是了解党的政策最主要的媒介。

四、边疆民族地区非大众传播对社会思潮的影响

人的思想意识和行为受到日常生活中所接触到的信息的影响，大众传播仅是人们日常接触信息中一个有限的信息源，大量的信息来自于日常生活和人际交往中。要把握边疆民族地区社会思潮和信息传播的关系，不能只了解大众传播行为，也应该了解除大众传播之外的其他传播行为。

（一）边疆民族地区非大众传播的主要方式及基本情况

1. 传统的传播方式

在云南边疆民族地区现在还存在着一些传统的信息传播方式，如楚雄州大姚县桂花镇自必苴村的村民就还保持着遇到火警、匪警或其他紧急情况吹号角以通报消息、发号令的习惯。

2. 人际传播

赶街、串门和走亲访友也是云南少数民地区人际传播的重要方式。本次调查发现，家人、亲戚朋友、同学、身边的能人、同事、邻居是最主要的信息来源。可以说，边疆民族地区群众的人际资讯圈是强关系圈，即信息交换双方在生活中保持着密切的关系。智能手机上网使得虚拟社交出现在边疆民族地区的人际交往中。本次调查发现手机用途排序为：打电话，玩游戏，看微信，看新闻，玩QQ。其中，出现了微信和QQ两个SNS社交网络媒体。随着时间的推移，虚拟社交网络对边疆民族地区的影响肯定会加大，群众的人际交往将从以自己为中心的现实生活圈向更广大的互联网空间扩展。

3. 组织传播

组织传播在云南边疆民族地区扮演着一个重要的角色。对本地区群众的思

想观念产生重大影响的法律、政策方面的信息，往往是政府的乡、村级组织传播的，云南边疆民族地区组织传播的主要方式是村民会议。此外，宗教活动作为一种重要的组织传播形式在云南边疆民族地区具有特殊的意义。由于有些少数民族信教人口比例较高，所以在这些人群中，宗教的影响力绝不亚于大众传播媒介。

（二）户外广告对边疆民族地区社会思潮的影响

墙体广告是无法拒绝的强制性媒体。公路两旁的墙面，是最常见的可低价利用的载体，各式各样的宣传内容，只要用彩色防水涂料等颜料进行简单绘制，上面的内容就是天天可见的，可以给受众持久性的提醒。宣传标语通俗易懂便于口口相传，能在少数民族群众中产生共鸣。墙体广告弥补了报纸、广播、电视三大主流媒体的缺点，是最适合农村的广告媒体，用户外媒体进行法律、政策及主流意识形态宣传效果明显。以计划生育政策宣传为例，通过户外墙体广告的标语宣传，墨江哈尼族适龄妇女的生育观念发生了重要改变，从传统的早婚早育转变为优生优育。[①]

（三）“意见领袖”对边疆民族地区社会思潮的影响

20 世纪 40 年代，最早提出“意见领袖”概念的美国社会学家拉扎斯·菲尔德（Lazars feld）发现：印刷媒介和广播媒体的“主流”观点，通常都是先流向“意见领袖”，再从“意见领袖”流向那些不太活跃的人群，从而发挥巨大影响。而且，因为“意见领袖”的受教育程度通常较高，社会交往的范围较广，人际关系也相对较好，在农村的“意见领袖”往往还具有相对重要的经济地位或行政地位，从而会成为实际上真正的农村管理者。教师、医生等在农村的知识分子，先富裕起来的少数村民，村级干部和乡镇一级的公务员等人，都最有可能成为当地的“意见领袖”。[②] 而在边疆民族地区，“意见领袖”主要由村民认可的“能人”们来充当，他们可能是致富能手，也可能是族中受尊敬的老人或者宗教领袖。[③] 这种情况表明，我国广大农村依然还是一个乡土社会，就如费孝通先生早就明确指出的，是一个“熟人社会”。在这样的农村地区，法治的有效性往往要低于血缘和地缘的影响力。由于村落社会复杂的人际关系、边疆民族地区群众媒介素养较低，外界的信息和文化难以在边疆民族地区的居

---

① 汪力娟．户外媒介对哈尼族女性生育意愿的影响［R］．西安：第六届少数民族信息传播与社会发展论坛，2014-10-18.

② 金柔雅，宁利娟，郭大燕．“意见领袖”在农村舆论构建中的作用［J］．安徽农业科学，2011，39（23）：14509-14510.

③ 丁惠民．边地乡村能人地位的获得：云南勐海县坝散村的个案分析［D］．昆明：云南大学，2005.

民中获得认可。一些舆论内容和形式，若想构建并落脚在边疆民族地区，寻求那些熟悉当地约定俗成的风土人情的“意见领袖”的帮助，动员他们做指路引导的工作，才能使边疆民族地区社会思潮的引领工作做到事半功倍，并能够保持长期有效的影响力。

第二节　边疆民族地区社会思潮与边政法治

尽管同为现代意义的民主政治之上层建筑的重要组成部分，社会思潮和国家法治却有众多不同特性。由于社会思潮属于人们的思想意识范畴，主要是通过人的思想意识观念的传播来影响社会行为，一般也不带有直接的强制性引领和规范作用，对人们思想和行动的影响常常是潜移默化、润物无声的，其由于缺乏明显的国家界限而变得具有鲜明的全球化特征。代表社会生产力发展方向的先进社会思潮（法治思想）对法治的发展具有巨大的引领作用，甚至最终往往会成为法治变革的思想先导。反之，国家法治由于其最终决定于统治阶级的物质生活条件，是社会上占统治地位阶级意志的集中表现，从而具有鲜明的阶级性和国家特征，即一国的法治及其运行状态往往成为判断主权国家存在的主要标志之一。换言之，法治的运行依赖于一整套国家法治体系为依托，对整个社会和人们的行为具有直接的引领、规范、调整和保障作用，并且以国家机器作为最后的强制力保障。同理，一国的法治对其中的社会思潮也具有直接的引领和规范作用。现代民主政治国家的治国理政实践证明，法治几乎成了各国统治阶级引领和规范社会思潮的不二选择，我国也不例外。中国特色民族法律体系建设是边疆民族地区社会思潮健康发展的制度保障，严格执法、公正司法对边疆民族地区社会思潮健康发展具有巨大的感召力和示范效应，卓有成效的普法宣传教育，可以直接有效地作用于边疆民族地区社会主义法治文化的建设工作，有助于积极引领边疆民族地区社会思潮的健康发展。

一、边疆民族地区法治建设的基本情况

贯彻落实《中共中央关于全面推进依法治国若干重大问题的决定》的一项重要具体举措，就是要全面推进我国边疆民族地区的法治建设。因为，作为全面推进社会主义法治国家建设事业的重要组成部分，边疆民族地区的法治建设，直接影响着全国的法治化建设进程；边疆民族地区法治化建设水平的高低，是衡量我们社会主义法治国家建设、全面推进依法治国工作的基本因素。其中，边疆民族地区有效落实法治建设的根本途径，就是要着力实践、依法实行民族区域自治制度。新中国成立至今，我国有自治区 5 个、自治州 30 个、自治县

（旗）120个，共155个民族自治地方。全部民族自治地方合计达646.95万平方公里，共占国土面积的64%，全国少数民族分布广阔，体量巨大。此外，全国各地还在一些少数民族高度聚居的地区建立了1100多个民族乡，作为民族区域自治制度的重要补充。[①] “第六次全国人口普查表明：我国55个少数民族人口总数约1.14亿，占全国总人口的8.49%。”[②] 从全面推进法治国家建设的整体发展来看，边疆民族地区法治建设除表现出与内地、汉族地区法治建设同步统一性外，还呈现出“边疆”和“民族”等独特性的方面。由于研究需要，本书仅对与边疆民族地区社会思潮紧密相关的法治建设基本情况进行述评。

（一）民族法律体系初步形成，特色民族立法有待加强

改革开放30多年来，随着法治国家建设的不断推进，中国特色民族法律体系建设取得了巨大成就。目前，我国基本形成了中国特色的民族法律法规体系，其核心是《宪法》关于民族区域自治的原则规定和基本制度，其主干是《民族区域自治法》的立法规定，其主要内容包括自治条例和单行条例、民族区域自治性行政法规、地方性法规、部门规章，构成了较为完整的民族法律体系。[③] 如截至2013年年底，全国有148个州、县制定了自治条例，初步形成了有中国特色的民族法律体系。[④] 边疆民族地区人民群众当家做主、依法行使各项民主权利得到了有力保证。如在第十二届全国人大代表选举中，全国人大常委会确认的有效当选代表2987名中，全国55个少数民族都有本民族的代表，一共有409名少数民族代表，占代表总数的13.69%。[⑤]

中国特色民族法律体系建设充分体现了我国《宪法》《民族区域自治法》《立法法》等法律关于民族立法的基本原则和主要精神，既维护了社会主义法治的统一性和权威性，又突出了民族法治建设的中国特色。一是表现出鲜明的民族个性特征。如55个少数民族呈现出各具特色的历史文化传统和生产生活方式等，这些个性特征，在中国特色民族法律体系的基本框架、主要内容、调整对象和手段上等都有所体现。二是调整对象的综合性与复杂性。如既要调整国内民族与汉族、民族与民族、历史文化与现代文明、传统生态与现代开发等政治、经济、文化、社会、生态等各方面的经济社会关系，又要调整跨国（边）境、国（边）境以外民族之间的各种经济社会关系。三是立法完善的长期性。

---

① 国务院新闻办公室．中国的民族政策与各民族共同繁荣发展（白皮书）［M］．北京：人民出版社，2009：5.

② 国家统计局．2010年第六次全国人口普查主要数据公报（第1号）［EB/OL］．http：//news.xinhuanet.com/politics/c/html，2011-04-28.

③ 马启智．我国的民族政策及其法制保障［J］．中国人大，2012（1）：41-46.

④ 根据中华人民共和国国家民族事务委员会网站数据统计。

⑤ 国务院新闻办公室．2013年中国人权事业的进展（白皮书）［R］．2014-05-26.

中国特色民族法律体系建设是一个长期的、渐进的、开放的、与时俱进的发展过程，不可能一蹴而就。随着全面深化改革和全面依法治国的大力推进，边疆民族地区的各种新情况、新问题不断涌现，各种社会思潮也在蓬勃发展，这些都需要在立法上作出适当的回应。因此，完善边疆民族地区民族特色立法，将是一个经济社会螺旋式发展的历史进程。

党的十八大报告指出，要“全面正确贯彻落实党的民族政策……牢牢把握各民族共同团结奋斗、共同繁荣发展的主题……加快边疆民族地区发展……巩固和发展平等互助和谐的社会主义民族关系，促进各民族和睦相处、和衷共济、和谐发展”。十八届四中全会《中共中央关于全面推进依法治国若干重大问题的决定》特别提出，要“完善以宪法为核心的中国特色社会主义法律体系，加强宪法实施”，“坚持和完善民族区域自治制度”的立法要求，对在新的历史起点上加强和改进民族立法工作，不断完善中国特色民族法律体系建设提出了新的更高要求。一是民族区域自治立法和特色立法有待加强。目前尚有5个自治区、5个自治州和8个自治县未制定自治条例，需及时研究制定；突出民族特色的少数民族教育法、少数民族社会保障法、边疆民族地区生态保护法、少数民族非物质文化遗产保护法、少数民族语言文字保护法、少数民族风俗习惯保障条例、少数民族膳食管理条例等尚需研究制定。[①] 二是《民族区域自治法》相关配套法规有待完善。与《民族区域自治法》配套的规章、措施办法和地方性法规需要研究制定；已有的自治条例和单行条例需要根据实际发展需要进行及时修改等。[②]

（二）执法工作稳步推进，执法环境有待改善

从总体上看，边疆民族地区的执法工作是卓有成效的，保证了边疆民族地区的社会稳定和各民族的平等、团结、互助与和谐。为了有力全面推进依法治国，国务院率先提出依法行政、建设法治政府的法治目标，并先后出台和下发了《全面推进依法行政的决定》（1999年11月）、《全面推进依法行政实施纲要》（2004年4月）和《关于加强市县政府依法行政的决定》（2008年5月）三个指导性文件。为加快建设法治政府，深入推进依法行政，党的十八届四中全会通过的《中共中央关于全面推进依法治国若干重大问题的决定》，对全面依法治国做出了包括边疆民族地区在内的全国性的全面部署。另外，新疆、西藏、内蒙古、广西、宁夏、云南等边疆民族地区也根据自身实际，出台了贯彻

① 如云南省制定了《云南省少数民族语言文字工作条例》；广东、上海、江西制定了《少数民族权益保障条例》；云南、贵州、福建、广西等制定了《民族民间传统文化保护条例》等。这些前期探索，为国家下一步的立法工作积累了宝贵的实践经验。

② 马启智. 我国的民族政策及其法制保障［J］. 中国人大，2012（1）：41－46.

落实国务院文件的实施办法和意见[1]，有力推进了边疆民族地区法治政府建设的步伐，执法为民行政理念不断深入，依法行政成了日常执法工作的常态。

边疆民族地区司法工作是国家执法工作的重要组成部分。自1999年最高人民法院提出《人民法院第一个五年改革纲要》至2014年《人民法院第四个五年改革纲要》出台为止，我国司法工作在改革中破浪前进，尤其是党的十八届三中、四中全会的两个《决定》中有关司法改革全面部署的重大决定，指明了我国全面深化司法工作改革的正确方向。[2] 边疆民族地区各级司法机关始终坚持保证司法公正，开展工作紧紧围绕着提高司法公信力这一工作主线，依法保护了各族人民群众的合法权益和合理诉求，让边疆民族地区的各族人民群众在每一个司法案件中都能感受得到公平、正义的司法目标。近年来，边疆民族地区各级司法机关，依法打击和惩处了以拉萨“3·14”事件、乌鲁木齐“7·5”事件、乌鲁木齐“5·22”事件、新疆莎车“7·28”事件、昆明“3·1”事件等为代表的一大批严重危害国家、侵害社会和各民族人民群众生命财产安全的违法犯罪行为，有力地维护了边疆民族地区的社会稳定，有效地推动了法治中国建设在边疆民族地区的落地和实践，边疆民族地区各族人民共同繁荣发展、团结奋斗的事业得到了有效促进，边疆民族地区各族人民共同加快当地经济社会可持续发展的步伐得到了极大加快，进一步加强和巩固了“平等、团结、互助、和谐”的社会主义民族关系，为中华民族伟大复兴的“中国梦”和“两个一百年”奋斗目标在我国边疆民族地区的全面实现提供了强有力的司法保障。

随着社会主义市场经济的快速发展和改革开放的不断深入，边疆民族地区经济文化落后、盲从民族习惯法传统和抱怨社会不公平等现象日益凸显，穷则思变，各种社会思潮尤其是以个人主义、民族主义和后现代主义等为代表的社会思潮丛生发展，给现代法治文明建设和执法工作带来了巨大挑战。首先是经济文化落后制约了执法工作有效开展。边疆民族地区由于历史与现实等各种原因，成了经济文化欠发达区域，执法运转经费严重不足，大大制约了执法活动的有效开展。其次是盲从民族习惯法与国家法执行的抵触。由于具有很强的民

---

① 根据课题组对我国西部13个省（市、区）的政府公开资料的统计，全都制定出台贯彻落实《全面推进依法行政实施纲要》的实施办法和意见。众多州市县也制定了具体的实施办法和意见。如云南省为了有效推进依法行政和法治政府建设步伐，结合本省实际，制定实施了“法治政府”“责任政府”“阳光政府”和“效能政府”四项制度等。

② 《中共中央关于全面深化改革若干重大问题的决定》提出了“确保依法独立公正行使审判权和检察权”“健全司法权力运行机制”和“完善人权司法保障制度”；《中共中央关于全面推进依法治国若干重大问题的决定》提出了“完善确保依法独立公正行使审判权和检察权”“优化司法职权配置”“推进严格司法”“保障人民群众参与司法”“加强人权司法保障”和“加强对司法活动的监督”等重大改革内容，并做了全面部署。

族性、宗族性和地域性色彩，民族习惯法在我国边疆民族地区的部分区域，往往会与理性、平等、统一等现代法治所要求的价值取向发生矛盾和冲突，导致如电影《马背上的法庭》[①] 所再现的习惯法与国家法之间不同价值判断的冲突大量存在，严重制约了依法行政和公正司法的顺利开展。再次是司法队伍专业水平普遍不高，缺乏地域特色司法经验，尤其是会用本民族语言文字办理案件的司法人员更是奇缺。[②] 最后是不良社会风气，如“四风”[③] 盛行、权力腐败等丑恶现象也严重影响了执法的公正性。

（三）法律意识有待提高，普法教育亟须创新

目前，边疆民族地区人民群众的法律意识普遍淡薄，法治观念不强，主要受制于两大因素：一是传统宗法观念与现代法治观念冲突。长期封闭的村落、部族农耕社会生活方式孕育的依赖宗族势力和习惯法调和人际关系的秩序观念世代相传、根深蒂固，与开放的现代工业文明社会生活方式孕育的法治理念格格不入。村内、族内一旦发生矛盾和纠纷，似乎自然而然、天经地义地首先就想到请德高望重的“头人”“山官”“族长”来进行“神明裁判”，“人治”“礼治”“德治”成了其社会治理的主要形态，很少会首先想到要找政府和法院。如电影《秋菊打官司》[④] 中的现象在当地依然存在。二是经济教育文化水平严重滞后。发达的工业文明并没有改变边疆民族地区刀耕火种、靠天吃饭，日出则出、日落则归的生产生活方式。为生存而战仍然是许多少数民族的头等大事。[⑤] 落后的社会经济形态导致了他们受教育的严重不足，文盲、半文盲依然一定程度上存在，加之其个性化的语言特征，[⑥] 严重制约了他们对法律知识的

① 电影《马背上的法庭》是2006年刘杰执导，李保田、吕聿来、杨亚宁主演的一部剧情片。剧情反映云南西北山区，五十多岁的老冯是县上的法官，为了解决山区村民之间的纠纷，他和同事们每隔一段时间就牵着马匹、驮着国徽穿行于寨与寨之间，组成了一个奇特而庄严的流动法庭。

② 自2013年以来，为提升边疆民族地区法官运用双语开展公正审判工作的能力，最高人民法院委托内蒙古、新疆、青海、西藏、四川、吉林6省（区）高院分别举办蒙汉、维（哈）汉、藏汉、朝汉双语法官培训班，以加强双语法官队伍建设。

③ “四风”指“形式主义、官僚主义、享乐主义和奢靡之风”四种不良社会风气。

④ 电影《秋菊打官司》是1992年由张艺谋执导，巩俐、雷恪生、刘佩琦等主演的一部剧情片。

⑤ 如近年来引起社会广泛关注的云南省西双版纳傣族自治州景洪市、勐腊县山区雨林中的克木人，云南省红河哈尼族彝族自治州金平县的莽人等，生产生活方式几乎就是原始社会。详见王国祥著《西双版纳雨林中的克木人》，云南教育出版社2008年版；杨六金、戴永亮、宋建波著《解读云南莽人》，载《边疆文学》，2009年第4期。

⑥ 根据调查统计，目前我国55个少数民族中，53个有自己的语言（回族和满族通用汉语），22个使用着本民族的文字。各少数民族个性化的语言和文字也是造成多年普法教育效果不佳的一个重要原因。

学习、法律意识的养成和法治观念的提高。

普法教育效果不佳，普法方式有待创新。自1986年开展“一五普法”至2011年的“六五普法”为止，我国已在全社会开展了近30年的普法工作。从全国整体来看，普法教育活动宣传了以《宪法》为核心的中国特色社会主义法律体系，广泛传播了法律知识，使全民的法律素质和法律意识得到极大提高，使社会主义法治文化建设得到了扎实推进，使自觉学法、守法、用法的社会环境逐步形成，使全社会的法治化管理水平得到极大提高，有力促进了建设法治中国、全面依法治国的实践。① 但与内地相比，边疆民族地区法治社会建设任重道远。主要表现有：一是普法教育内容缺乏针对性和有效性。目前的普法教育内容没有突出“边疆”和“民族”特色，宣传教育效果甚微。二是普法教育方式枯燥单调。普法过程中主要还是以单纯的集中说教为主，很少采用形象生动的宣传方式进行，也很少以群众喜闻乐见的方式开展，尤其是很少用本民族语言文字开展普法教育，明显缺乏亲和力和认同感。三是普法经费、宣教设备和交通工具极度紧张，也是造成普法教育活动效果不佳和无法全面覆盖的重要原因。如本课题组问卷调查表明：最近三年，在自己家附近举办法律知识学习培训6次以上、1～5次和1次都没有的人次百分比分别为22.36%、23.09%和50.08%。四是没有将普法教育工作与依法行政和司法审判紧密结合起来，普法教育成了空洞的说教，缺乏感召和示范效应。

二、边疆民族地区法治建设对社会思潮的影响

法治作为政治文明的重要组成部分，其内涵和外延贯穿了政治意识、政治行为和政治制度的全过程。一个国家或地区的政治意识文明、政治行为文明和政治制度文明的发展水平，也都直接体现在这个国家或地区的法治状况上，从而使法治成为一个国家或地区的政治文明的基本保障和基本标志。② 法治也是社会文明的重要标志，更是已被千百年来的人类历史证明为最好的治国良方而被世界各国人民孜孜追求。同样，推进依法治国、建设社会主义法治国家是我

---

① 为推进“六五”普法工作顺利开展，全面实现“六五”普法规划，2011年4月20日，时任司法部长吴爱英代表国务院向第十一届全国人民代表大会常务委员会做《关于进一步加强法制宣传教育的决议（草案）》［以下简称《决议（草案）》］的说明时，提出了要实现“提高全民法律意识和法律素质，提高全社会法治化管理水平，促进社会主义法治文化建设，推动形成自觉学法守法用法的社会环境”的普法宣传教育目标。参见吴爱英2011年4月20日在第十一届全国人民代表大会常务委员会第二十次会议上做的关于《关于进一步加强法制宣传教育的决议（草案）》的说明，载2011年5月15日《中华人民共和国全国人民代表大会常务委员会公报》。

② 石佑启，戴小明．政治文明与依法行政之契合［J］．法学评论，2004（4）：13－18.

们国家的伟大方略，早在党的十五大报告中就已经明确提出来了。现在这一治国方略被“99 宪法修正案”正式纳入其中，成为我国《宪法》的重要条文。2014 年 10 月 23 日，一份具有重大历史意义的纲领性文件——《关于全面推进依法治国若干重大问题的决定》在党的十八届四中全会光辉推出，把我们全面推进依法治国的国家总目标确立为“建设中国特色社会主义法治体系、建设社会主义法治国家”，正式吹响了全面推进依法治国的总号角。至此，全面推进依法治国已成为不断推进我国政治文明和社会文明的重大举措。依法治国的全面推进，必将大力推进边疆民族地区法治建设的长足发展，也必将对边疆民族地区的社会思潮产生深刻而广泛的影响。这种影响集中体现在立法、执法、司法和法治宣传（守法）等各个方面。

（一）中国特色民族法律体系建设是边疆民族地区社会思潮健康发展的制度保障

在国家法治统一原则指导下，边疆民族地区法治建设的立法工作，对边疆民族地区社会经济生活进行区域自治立法和特色立法，构建起中国特色民族法律体系，是最接地气、最具活力、最具人性的法律规范创制活动，是边疆民族地区各族人民群众合理诉求得以实现的主要制度保障。作为边疆民族地区社会生活在意识形态领域反映出来的各种社会思潮，虽然表现形态各异，但其背后的实质内容却大多是相同的，即无不是为了各自的不同利益。正如马克思所指出那样：“思想一旦离开利益，就一定会使自己出丑。”[①]“人们奋斗所争取的一切，都同他们的利益有关。”[②] 因此，边疆民族地区各种社会思潮，只有正确反映和遵循人类社会发展的客观规律，真实反映各族人民群众的内心愿望和合理诉求，才能获得中国特色民族法律体系的制度保障，才能获得持久的生命力而健康发展。

中国特色民族法律体系保障边疆民族地区社会思潮健康发展的有效方式主要有三种：第一是在特色民族立法中，吸收和采纳那些正确反映社会发展规律、顺应绝大多数少数民族合理诉求的社会思潮内容，使其直接成为中国特色民族法律体系的有机组成部分，如个人主义思潮中追求个人自由、平等、开放，民族主义中追求民族平等、团结、和谐等合理因素都可能成为特色民族立法的主要渊源。第二是依法保护反映社会主义核心价值观，有助于巩固和加强民族平等、团结、互助、和谐社会主义民族关系的社会思潮，使其成为引领边疆民族

① 马克思，恩格斯．马克思恩格斯全集：第 2 卷［M］．北京：人民出版社，1957：103.

② 马克思，恩格斯．马克思恩格斯全集：第 1 卷［M］．北京：人民出版社，1956：82.

地区社会思潮的主流。第三是依法打击和严惩那些打着“民族、宗教、人权”等幌子分裂国家、损害民族团结和少数民族群众切身利益的宗教以及极端社会思潮和行为，如“三股势力”和各种危害社会的邪教思潮等[①]，这些极端思潮实际上属于违法犯罪行为的主观表现，依法应当铲除，为健康社会思潮的可持续发展净化生存环境。

（二）严格执法、公正司法对边疆民族地区社会思潮健康发展具有巨大的感召力和示范效应

边疆民族地区，由于特殊的人文地理环境，有的地方人民群众世代过着“鸡犬之声相闻、老死不相往来”的农耕生活，他们对国家的法律规定和执法活动十分陌生、知之甚少，几乎没有现代法律意识和法治理念，对通过法律方式解决问题心存疑虑，即使偶尔发生的矛盾和纠纷，首先想到的也是求助于村内、族内的“高人”“能人”以习惯法方式解决，亲身与各级政府部门和司法机关及其工作人员打交道的机会很少。如本课题组问卷调查表明：当被问到“如果您和别人发生矛盾、纠纷，您会通过哪些方式解决？”回答选择“请长者说和”方式解决的占到26.83%。因此，在目前各种社会思潮如雨后春竹般涌来的现实境况下，很多人无所适从，社区和自己圈子里有影响的人成了他们选择的直接对象。

党的十八届四中全会《关于全面推进依法治国若干重大问题的决定》提出，在“推进多层次多领域依法治理”中，要“高举民族大团结旗帜，依法妥善处置涉及民族、宗教等因素的社会问题，促进民族关系、宗教关系和谐”。这高度表明，最能够深切地影响人们的思想，最能够实际、生动地对人民群众进行法治教育的有效形式，就是现实的执法活动，它是人们接触法律生活的最现实、最直观的基本途径。[②] 因为，人们不仅能够在现实的执法活动中获得对法律的感性认识，还可能由于这种法律接触在心里产生的强烈影响而生发强烈的法律意识和法律动力。[③] 因此，在边疆民族地区执法实践中，各级执法人员和司法人员应该努力保证司法的阳光、公正，从而在具体的个案处理中，能够真

---

① 如由中国、俄罗斯、哈萨克斯坦、吉尔吉斯斯坦、塔吉克斯坦五国于2001年6月成立的“上海合作组织”，其主要职能之一就是发挥国家间军事执法机构合力，建立有效打击“恐怖主义”“分裂主义”和“极端主义”的长效执法机制。自成立以来，“上海合作组织”已经开展了多轮合作演习，有力震慑和打击了以“三股势力”的代表的各种严重违法犯罪思潮和行为。

② 张文显．马克思主义法理学［M］．长春：吉林大学出版社，1993：288.

③ 张文显．法理学［M］．北京：高等教育出版社，2003：293.

正做到严格依法行政①，让法律的公平、正义在每一个具体案件中都能够被人民群众亲身感受到，让各族群众体会到法治既威严、无私、可畏，又亲切、可及、有理、有据，正平、正义就在自己身边，法治就是公平、正义的化身。让各族群众明显感觉到，与求助于“能人”裁判的习惯法方式相比，法治方式更具有可信度和优越性。无论是对案件当事人还是周围群众来说，这无疑将产生最直接、最形象和最有效的感召和示范效应。长此以往，各族群众自然会养成敬仰、信奉法治的思想观念和法律心理意识，这将有力引领各种社会思潮朝着文明、法治化的健康方向发展。

（三）普法宣传教育对边疆民族地区社会思潮健康发展和建设社会主义法治文化具有直接的引领作用

在边疆民族地区，各种社会思潮之所以能够蓬勃发展，吸引众多群众参与其中，其中一个很重要的原因，就是各种社会思潮的代表人物都非常善于宣传自己所主张的社会思潮的美好一面。他们的宣传内容虽然是无中生有、站不住脚、滑稽可笑甚至是歪理邪说，但有一点却是共同的，即都能巧妙地抓住和迎合边疆民族地区人民群众生活贫困、就医就学困难、精神空虚而急欲改变现状、向往美好生活的现实心理，极力展现这种社会思潮“救世主”美好的一面。在趋利避害的人性驱使下，众多少数民族群众盲目跟风，成了这些社会思潮的忠实信徒。堂堂国家法律在这些地区却失去了群众，丢掉了阵地，边疆民族地区成了各种非主流社会思潮自由泛滥的传播市场。这种状况，充分暴露了我们普法宣传教育的严重不足。

普法宣传教育，是增强全民法治观念、建设社会主义法治文化的主要方式和具体途径，也是公民社会主义核心价值观宣传教育的重要有机组成部分，对提高公民法律素质、法律意识、法治观念和推进法治社会建设有着至关重要的作用。因此，在党的领导下，坚持依法治国和以德治国相结合的基本原则，大力汲取中华法律文化精华，大力开展社会主义普法宣传教育活动，大力弘扬中国特色民族法治公平、正义、自由、平等、为民、团结、互助、秩序、和谐等真善美的核心价值理念，契合了当前边疆民族地区人民群众向往美好生活的急切心理愿望。因此，只要我们紧紧抓住这一难得的历史契机，抓住普法宣传教育重点，创新普法宣传教育内容和方式，把中国特色民族法治的美好精髓和精

① 如最高人民法院发布了《关于推进司法公开三大平台建设的若干意见》和《关于人民法院在互联网公布裁判文书的规定》，全面推进审判流程公开、裁判文书公开、执行信息公开三大平台建设，增进公众对司法裁判的知情了解。中国法院庭审直播网建成，各级法院全年直播案件庭审4.5万次。济南市中级人民法院通过微博全程直播薄熙来案庭审情况，受到广泛、积极关注。各类互联网信息服务网站为公众有效获取信息提供服务的水平大大提高（参见《2013年中国人权事业的进展》白皮书）。

神实质通过少数民族群众喜闻乐见的方式进行宣传教育，让边疆民族地区人民群众真正感受到建设法治社会才是可靠的、可信的、真实的；只有真正实现法治的生活方式，才能最终实现各少数民族群众的美好生活目标。这样，必将实现社会主义法治对边疆民族地区各种社会思潮的巨大引领作用，最终在全社会形成信法、守法、学法、用法和护法的法治文化环境和氛围。

第三节　边疆民族地区社会思潮与文化建设

广播电视、文学艺术、新闻出版、教育科技、体育、图书馆、博物馆等各种文化事业活动，都可以称之为文化建设。文化建设主要分两大块，一块是文化事业，就是保障老百姓的基本文化需求的相关内容。另外一块是文化产业，如动漫、影视作品的创作、图书出版等。文化产业与文化事业发展的定位是不一样的，文化事业是满足老百姓基本需要的，是政府主导的，是政府的责任。文化产业是一种市场行为，是靠市场发展的。文化建设对于引导社会思潮，满足人民需求具有直接功效。从内容来看，文化事业建设、公共文化服务和文化产业建设等都包括在文化建设中。从效益来看，要特别强调文化建设所追求的第一位目标应该始终是社会效益。从任务来看，我们国家的文化建设就是要通过弘扬中华民族的传统美德，营造知荣辱、讲正气、做奉献、促和谐的良好风尚等来提高国民的素质和道德水平。从最终的目的来看，提高人们的精神境界和思想道德水平，应该是文化建设不可推卸的崇高责任，而不仅仅是为了使人民群众的日常文化精神需要得到满足。可见，文化建设不仅是建设精神文明、提高人民道德水平和思想觉悟的重要条件，它还是物质文明建设的重要基础性条件。20 世纪 90 年代以来，文化逐步成为世界各国普遍关注的一个问题，在国际政治中的作用受到重视，文化产业也在经济发展中展现出日趋重要的地位。

社会思潮是一种重要的、复杂的社会意识形态，在一定范围内集中表现为广大民众的利益诉求，文化建设与社会思潮有着密切的关系。因为，社会思潮在实质上是一种强有力的思想倾向，体现着某些社会阶层在一定历史时期内、一定阶段上的利益诉求。特别是随着数字、网络技术及通信业的发展，文化生产、文化传播和文化消费界限的淡化，文化传播模式日益走向多点互动，各种社会思潮不仅能够使抽象的学术观点更加广泛深入地在社会生活的各个领域传播，而且能够让人们在日常生活中所得到的感性意识、情感体验抽象表达为各种理论形态，而具有更广泛的影响力和灵活的传播性。

我国边疆民族地区的稳定与发展，全面建成小康社会目标在边疆民族地区的实现，都和边疆民族地区的文化建设有着非常重要的关系。由于边疆民族地区所处的地理位置，境外的社会思潮和文化宣传比较容易影响到我国边疆民族地区的各族人民群众，其中一个重要的原因是，很多沿边地区有跨国界居住的少数民族群众，这些少数民族群众相互交往和相互影响都比较普遍。因此，要自觉地加强文化建设，有意识地引领社会思潮。

一、边疆民族地区文化建设的基本情况

我国共有 130 多个县、旗、市（市辖区），分布在绵延 2.2 万公里的国境线。在长期的历史过程中，各民族创造和逐步形成了具有鲜明风格、独特魅力和具有本民族特点的文化。在新的历史条件下，我国边疆民族地区文化建设取得了良好的成果。

（一）文艺创作空前繁荣

近年来，我国边疆民族地区的文艺创作空前繁荣。如云南文艺在国内外文艺界都受到了广泛的关注和好评，“‘十一五’以来，云南省在全国性文艺评比赛事中共有 60 余个作品获得 140 多个重要奖项，涵盖了鲁迅文学奖、戏剧文华奖、电影华表奖、舞蹈荷花奖、民族题材创作‘骏马奖’、摄影金像奖、‘五个一工程’奖等全国性大奖”①。云南省花灯剧团的花灯剧《梭椤寨》获“五个一工程”奖；昆明市滇剧团的《瘦马御史》获戏剧文华奖；彭荆风的报告文学《解放大西南》、雷平阳的诗集《云南记》获第五届鲁迅文学奖；电影《婼玛的十七岁》《花腰新娘》《杨善洲》获华表奖；云南题材的《金凤花开》《我的团长我的团》《滇西 1944》《翡翠凤凰》《山间铃响马帮来》《国歌》《解放大西南》《中国远征军》等电视剧在央视黄金时段播出，收到了良好的效果。

（二）文化遗产保护工作取得重要进展

边疆民族地区在长期的发展中创造了璀璨的历史文化，成为人类共同的财富。截至 2013 年 6 月，联合国教科文组织《世界遗产名录》共收录了中国的 45 个世界遗产项目。其中，被列入世界文化遗产的拉萨布达拉宫历史建筑群、云南丽江古城等属于民族自治地方；入选世界自然遗产的是云南的“三江并流”自然景观、新疆的天山；新疆维吾尔木卡姆艺术和蒙古族长调民歌被列入世界人类口述和非物质文化遗产名录。目前，我国的非物质文化遗产保护领域不断拓展，从原来的民间文学、传统音乐、戏曲、舞蹈等民族民间艺术，拓展到传统体育、传统技艺、传统医药、民俗等，内涵更加丰富，内容更加全面。在保护体系和管理方面也正走入科学化、规范化、制度化。

---

① 云南省政府办公厅，云南省统计局，国家统计局云南调查总队 . 2014 云南领导干部手册［C］. 昆明：云南人民出版社，2014.

（三）初步建立全面覆盖的公共文化体系

20 世纪 90 年代开始，我们国家全面实施了“农村电影放映工程”和广播电视“村村通”工程，使行政村基本通广播电视的目标得到实现，解决了我国边疆民族地区，尤其是西部较边远的边疆民族地区长期普遍存在的收听广播难、收看电视难的问题。“农村电影放映工程”把整个西部地区的农村电影放映覆盖率提高到 60%。“村村通”工程共使全国 11 万多个广播电视盲村 7000 多万人口受惠。在文化基础设施建设方面，已经基本在全国各地形成了以村文化室为依托、以乡镇文化站为枢纽、以县（区）文化站为龙头的文化网络。

就云南省来说，2012 年，云南全省文化事业费为 13.1 亿元，和 2010 年相比，人均文化事业费从 18.9 元增加到了 28.07 元，增幅达 48.5%。2013 年年底，全省在文化基础设施建设方面，共建 1384 个乡镇文化站、48 个文化馆和 149 个公共图书馆，达标率分别为 50%、80.4% 和 68.9%。基本形成了省级分中心、州市支中心、县级支中心、乡镇服务点、行政村服务点等全套内容的 5 级文化共享工程服务网络，州、县、乡覆盖率达到 100%，村级覆盖率也达到了 78%，全省共建成省文化信息资源共享工程分中心 1 个、州市支中心 16 个、县级支中心 129 个、乡镇服务点暨农文网培学校 1375 个、村级服务点暨农文网培分校 10942 个。同时，公共文化设施建设也得到加强，2014 年投入使用了云南省博物馆新馆，另外，还正在快速推进建设东南亚南亚考古研究与文化保护基地、西南国际文化艺术交流中心、西南大剧院、云南大剧院等大项目。在边境州市建设了西双版纳民族博物馆、德宏芒市民族文化广场、普洱市文化馆和大剧院。为了确保免费开放“三馆一站”工作能够正常运行，从而能够保证把免费开放“三馆一站”打造成云南省“文化服务群众”的亮点，2013 年财政年度，全省共有 1.78 亿元资金用于落实“三馆一站”的免费开放上。[①] 目前，云南全省的“三馆一站”，即公共图书馆、美术馆、文化馆（站），基本实现了零门槛、免费用、无障碍进入，并且还向社会公众免费提供全部的公共空间场地设施及其基本项目的服务。在新闻出版事业建设方面，云南省加大对边疆少数民族新闻出版事业发展的扶持力度，2007 年至 2009 年云南省共争取到 720 万元中央财政拨付的民族文字出版专项资金，用于支持少数民族文字出版项目和民族文字出版单位的设备改造。2009 年出版 18 种少数民族文字图书 150 种，比 2008 年增长 27%。[②]

---

① 中共云南省委政策研究室．云南省公共文化服务体系建设调查［R］．云南调研(5)．

② 张福海．云南省新闻出版业如何转变发展方式［R］．理论动态（1856），2010－7－10．

（四）文化交流合作与文化贸易体系建设取得新成绩

以云南省为例，充分发挥云南与东南亚、南亚国家的地缘相近、人缘相通、商缘相融的优势，积极打造广播、电视、新闻出版、网络、剧目“五位一体”的外宣阵地，初步形成了以边境口岸为阵地、以边境城市为依托、沿边境向外辐射的外宣网。成功推出对外大型演艺产品《吴哥的微笑》《辉煌新加坡》等，对外宣传杂志《高棉》在柬埔寨设立办事处。利用云南4060公里的边境线和山水相连的地理环境所形成的与东南亚民族同源的亲缘关系，实现了广播电视节目在多个国家落地。云南省的电视节目于2005年在越南河内广播电视台有线网落地播出，以华语、越语两种语言播出节目，云南电视台成为国内第一个在东盟国家落地的省级电视媒体。云南人民广播电台对外节目，取名为“香格里拉之声”，听众已超过了9700万人。2007年，云南电视台与老挝国家电视台合作的老挝万象地面无线移动数字电视正式开播。2009年元旦，云南省推出了深度聚集东南亚、南亚的日播新闻栏目《新视野》。

由于边疆民族地区经济社会发展相对滞后，文化建设工作长期存在一些不足，其中最大的问题还是投入不足的问题，符合少数民族需求特点的公共文化产品和服务供给不足，满足不了少数民族群众对文化产品和服务越来越大、越来越多样的需求。例如，广播电视民族语节目的覆盖范围有限，少数民族语言文字的文化产品缺乏，基层公共文化服务机构服务能力弱等，使边疆民族地区群众，尤其是边境地区少数民族群众读书难、看报难、收听收看广播电视难等问题还不同程度地存在，无法充分享受到现代文化产品和文化服务。

（五）文化市场和文化产业飞速发展，文化体制改革进一步深化

1. 文化产业正在成长为边疆民族地区的经济增长点

以云南为例，截至2012年，按照国家统计局2012年修订的文化产业的统一核算方法和口径，云南省2012年文化产业增加值达到635亿元，占全省国内生产总值的比重达6.1%，成为全国6个文化产业增加值占国内生产总值比重超过5%的省市之一。并且形成了广播影视、文化演艺、文化旅游、休闲娱乐、节庆会展、珠宝玉石、民族民间工艺、茶文化和民族体育等特色产业，实现了把云南特色从“在地文化”向“在场文化”“在版文化”“在线文化”的转变。云南文化产业经过10多年的发展，文化产业收入占GDP的比重越来越大。当前，云南文化产业的发展目标是：到2020年，全省国内生产总值中，文化产业的增加值占比达10%以上，现代化发达的文化产业体系基本建成，文化产业作为云南支柱性产业的地位更加突出。近年来，云南省提出文化产业是幸福产业的新产业理念。云南省的文化产业实现了跨越式发展，总结其成功的经验，就是要用现代的记载、表达、传播手段，在文化与旅游、文化与科技、文化与资

本的结合上走出一条创新之路。

2. 边疆民族地区文化市场成长发育不断完善

随着国家的繁荣强大及对外开放的扩大，对文化事业的投入也在不断增加，促进了边疆民族地区的文化事业发展，文化市场也在不断发育和完善。以云南省德宏傣族景颇族自治州为例，德宏州有各种电影放映单位256个，艺术表演团体7个，文化馆、文化站58个，图书馆6个、藏书26万多册。除了国有文化机构外，集体、个人经营的文化娱乐业也随着社会的发展不断涌现。

3. 文化体制改革不断深化

文化体制是一定社会经济发展阶段中文化产品的生产、管理和传播的具体形式和运行方式。不同的历史时期运行不同的文化体制。我国文化体制改革在党的十六大上提出，2003年开始试点，2005年12月23日颁布了《关于深化文化体制改革的若干意见》，使我国深化文化体制改革的目标任务得到了明确规定，即以发展为主题，以改革为动力，以体制机制创新为重点。到党的十八大召开，我国文化体制改革已完成阶段性的任务，即完成了经营性文化单位转企改制、保留事业性质文化单位内部机制改革、文化市场综合执法和文化行政部门职能转变等四项改革任务。

二、边疆民族地区文化建设对社会思潮的影响

在人类社会的发展进程中，教育、宗教、道德、艺术等各种内容都是文化存在的形态，而且一种文化氛围一旦形成，就很有可能获得可持续发展的繁衍能力。因为，文化作用于社会的途径非常之多，文化的传播和教化可以通过社会舆论、社会心理、家庭启蒙等各种各样的文化载体来实现。在社会思潮的引领工作中，我们可以利用文化来凝聚人心、汇聚力量，这是一种深层次的、持久的、更能产生效应的途径和方式。边疆民族地区文化建设提供的文化产品和文化服务，在满足边疆少数民族群众精神文化需求的同时，对边疆民族地区的群众的思想观念、社会思潮将产生持久影响。具体通过以下途径实现。

（一）通过教育途径产生的影响

文化之“化”，就是要通过文化的各种形式去教育、教化、引导一个社会的主流价值观，而并非仅仅是让人们去娱乐、去玩。而文化建设除了要满足人民群众日益增长的精神文化需求外，还具有激发人们的想象力、创造力，承担培育人文精神与人文情怀的功能。2010年年底，我国有3600万高校在校生，有4342万高中在校生，全国的义务教育覆盖率已高达98%。文化建设的一个重要服务对象就是这些学生人群。另外，我国还有7亿多农民，在文化建设中，他们是潜力最大的目标市场。

（二）通过互联网等新媒体产生的影响

随着数字技术、网络技术和通信业的发展，互联网已成为覆盖面广、快捷高效、影响巨大、发展势头强劲的大众传媒方式，在思想文化信息传播和社会舆论传播方面表现出强大功能。第一，要充分利用互联网覆盖面广、传播速度快等特点，把主流意识融入文化产品和文化服务中，让人们在消费文化产品和文化服务的同时得到教育和熏陶。第二，要充分利用新的服务技术和载体，改变文化产品和文化服务的业态，通过网络、电视、手机等公共数字化平台实现服务范围的最大化，如广播电视“村村通”、文化共享工程、数字图书馆工程等都属于虚拟服务设施工程，在一定程度上能更好、更便利地满足边疆民族地区人民群众的文化生活需要；同时与党的建设相结合，它将成为党的思想理论宣传、教育引导最快捷、最方便的途径。如远程教育已成为全国城乡思想教育的重要方式，已成为当下人们学习党的方针政策的有效平台，是党引导舆论、更新思想观念的有效手段和途径。第三，要更好地利用大众传播媒介。大众传播媒介是推进主流价值观建设和传播的重要载体。要坚持正确导向，积极宣传党的主张，传播正能量，反映人民心声，弘扬社会正气，增强先进文化的凝聚力和社会交融能力。

（三）通过书籍、文艺节目等文化产品产生的影响

通过文化产品、文化服务赋予民族文化崭新的文化特质，使文化产品和文化传播具有时代性、先进性、多样性。在书籍的出版和发行及文艺创作上，要积极营造“百花齐放，百家争鸣”的良好氛围，更多地以广大少数民族群众普遍接受的、符合边疆民族地区客观实际的表达方式，把展现民族文化的空间和舞台提供给不同流派、不同手法、不同风格、不同题材的作品。

（四）通过文化产业和文化贸易等途径产生的影响

文化产业具有社会属性，因此，人们在满足日常文化生活需要的过程中，尤其是在消费文化产品的过程中，必然会直接或者间接地受到文化服务和文化产品所蕴含而一并传播的价值观念的影响。例如，美国通过它的文化产品和文化贸易，在本国和其他国家推销自己的价值观念，实现对其他国家在思想文化方面的掌控。我们国家也要高度重视文化产业和文化贸易产生的影响。

（五）通过与各种文化项目建设相结合产生的影响

当前，全国各地在继续推进和完善农家书屋建设、农村文化信息资源共享、农村电影放映、农村广播电视基础设施建设、基层文化阵地建设和乡镇综合文化站建设等工作。我们要充分利用这一重大条件，把文化建设的要求贯彻在这“五大工程”的实施中，也就是要在“工程”实施中渗透文化的影响力，潜移

默化地实现对社会思潮的影响。

（六）通过各种文化服务事业产生的影响

通过文学艺术、新闻出版、广播电视、卫生体育、图书馆、博物馆等文化服务事业，举办各类公共文化活动，形成公共文化空间和公共文化生活，实现对社会思潮的引领作用。比如，以丰富多彩、喜闻乐见、寓教于乐的科普讲座，依托街道、社区文化活动中心、市民学校等阵地，配备现代化的设备（电脑、投影仪）和利用传统的文化载体（皮影戏、地方剧）等，开展多渠道、多层次、多形式的宣传活动。

总的来说，在文化建设中，要立足于建设和谐文化，发展先进文化，认真贯彻“为人民服务、为社会主义服务”和“百花齐放、百家争鸣”的“二为”方向和“双百”方针，重点是要壮大文化实力、增强文化活力、激发文化创作活力、提高文化产品质量、提高文化竞争力，建设科学的、大众的、民族的、面向未来的社会主义文化，发挥文化教育人民、服务社会、引领风尚的社会功能，进而引领社会思潮。

第四节 边疆民族地区社会思潮与党的建设

当前，我国正面临国际国内形势的新变化，经济社会发展的新矛盾，信息全球化的新挑战，文化碰撞交融的新问题，尤其是社会思潮多元化的新趋势和意识形态领域的新动向，使得我国边疆民族地区党的建设面临前所未有的新情况。作为党的建设的总体任务的重要组成部分，我国边疆民族地区党的建设工作在全局工作中具有不可替代的地位和极其重要的作用，事关党的执政地位的维护巩固，事关国家经济社会的繁荣稳定，事关边疆民族地区的长治久安，事关中华民族伟大复兴“中国梦”的实现。因此，深入研究我国边疆民族地区党的建设面临的新情况、新问题具有极其重要的现实意义，尤其需要不断提高边疆民族地区党的建设科学化水平，有效培育和切实践行社会主义核心价值观，进而真正做好科学引领社会思潮、影响社会风尚。

一、边疆民族地区党的建设的基本情况

（一）边疆民族地区党的建设工作概况

我国边疆民族地区面积600多万平方公里，占全国总面积的60%以上，是我国自然资源丰富，经济开发潜力巨大，人口稀少的地区。[①] 概括来讲，我国

① 向洪，邓明，明昱．国情教育大词典［C］．成都：成都科技大学出版社，1990.

边疆民族地区主要包括内蒙古、新疆、西藏、广西、云南等省区的少数民族聚集地区，这些地区，民族众多且各民族大杂居、小聚居又相互交错聚居，由于地区之间社会自然条件差异明显，发展极不平衡，受政治经济、文化传统、宗教信仰和独特的民族风俗与社会生活习惯等多种因素影响，社会思潮多元化现象普遍且广为流行。在这样一种特殊的环境中，我国边疆民族地区党的建设与其他地区相比，既有共同性，又有特殊性，还有复杂性。

1. 边疆民族地区党的建设具有的“共同性”现状

党的十八大报告全面总结了改革开放以来，特别是近十年来我们党的建设取得的历史经验和巨大进步，并明确指出，我们党的建设得到了全面加强。概括起来，主要有以下九个大的方面：一是党的思想理论得到不断创新，而且有显著的创新成效；二是学习贯彻科学发展观的活动得到扎实推进，并且取得了丰硕成果；三是是深化扩大了党内民主；四是党的建设迈出新步伐，取得新进展；五是开创了干部队伍建设的良好新局面，取得了人才工作的重大进展；六是党的先进性建设得到深入开展，党的执政能力建设得到持续推进；七是学习型党组织建设持续推进和创先争优活动深入开展；八是党的基层组织建设进一步加强；九是党风廉政建设成效显著和反腐败斗争深入推进。[①] 这是党的十八大报告中有关我们党的建设历史经验的系统总结和科学论述。就我国边疆民族地区党的建设而言，同样取得了显著成效。

就党的建设的客观现状来看，可以概括归纳为：一是党的建设总体是好的，与我们党所担负的历史使命和执政兴国的重大任务是相一致、相适应的，这是毋庸置疑的；二是党的建设取得的重大成绩，特别是在思想理论、组织、作风、制度、廉政等建设以及反腐败斗争领域都取得了前所未有的新成绩，这些是实实在在的，不容否定的，如果否定取得的这些成绩，就不是一个持辩证观点的马克思主义者；三是尽管我们党的建设取得了了不起的成绩，但是也存在一些问题，有些甚至还是很严重的问题，我们的党员不满意，群众也不满意，因此，我们不能视而不见，不能忽视而置之不理，必须要保持高度的警觉和清醒的认识。通过梳理，存在的问题主要有：一是部分党员干部的政治信仰不坚定，理想信念动摇；二是部分党员干部道德缺失、失范，德位不匹、德能不匹，“德浅难以载物”，更无法建立道德标杆和道德示范；三是部分党员干部组织涣散，没有敬畏之心，甚至无组织无纪律，无法发挥战斗堡垒作用；四是部分党员干部作风漂浮、态度散漫，损害了党在群众中的形象，无法凝聚党心、民心，非但

① 胡锦涛．坚定不移沿着中国特色社会主义道路前进　为全面建成小康社会而奋斗［M］．北京：人民出版社，2012.

不能发挥正能量，甚至会起到消极反面的作用；等等。[①] 毫无疑问，这些我们党的建设中存在的问题，在我国边疆民族地区党的建设中也是共性存在的。

2. 边疆民族地区党的建设存在的“特殊性”现状

由于历史发展、自然环境、社会条件、经济状况、文化传统、民族风俗、宗教信仰等特殊的客观背景因素，边疆民族地区党的建设也存在特殊的状况。一是特殊的多民族大杂居、小聚居且相互交错聚居状况，决定了边疆民族地区党的建设不能采取“大一统”的方式，不能搞“一刀切”，必须针对当地边疆民族地区的特殊情况，采取特殊措施，解决特殊问题；二是特殊的地缘条件、自然环境和社会生活背景，决定了边疆民族地区党的建设不能采取常规的党建工作方式和手段，尤其是“老、少、边、穷”山区、牧区，党员人数少，党组织分散，开展党的建设工作必须采取特殊的方法和途径；三是独特而浓郁的民族风俗，决定了边疆民族地区党的建设不能“死板老套”地恪守陈规，尤其是在制定政策和开展工作时，要避免激化民族矛盾、影响民族团结，做到既要尊重当地民族风俗，又兼顾党建工作的根本原则，灵活掌握尺度；四是特殊时代背景下意识形态多样性与社会思潮多元化并存的社会现状，决定了边疆民族地区党的建设存在“多元”的特征，不能一味地搞“齐步走”，要在党建工作的核心和重点、起点和布局上加以区别对待。此外，边疆民族地区党的建设还存在着特殊的党组织形式和机制，如兵团基层党组织的特殊形式及其运行、组织和管理机制等，如何发挥兵团基层党组织的特殊作用，是目前正在探索的现实问题。

3. 边疆民族地区党的建设面临的“复杂性”现状

边疆民族地区党的建设存在的“特殊性”状况，也决定着其“复杂性”。边疆民族地区党的建设“特殊性”“特”在哪里？怎么“特”法？如何具体应用于实践？等等。但解决好这些复杂的问题，都没有现成可参照的模式，需要我们在开展党的建设工作的过程中“摸着石头过河”，去开拓创新，去大胆探索。众所周知，我国边疆民族地区的经济社会发展速度大多较慢，科学文化水平较低，尤其是越落后的地区，封建思想、传统观念越根深蒂固。特别突出的一个情况是，在边疆民族地区还有一些属于基本上全民信教的民族，这样的少数民族有十多个。可以说，我国边疆民族地区的各族群众基本上或多或少地有着各种各样的宗教信仰生活，而且，边疆民族地区的宗教活动还具有非常明显的民族性、群众性等特点。这些复杂的情况，使边疆民族地区党的建设工作会不断面临复杂的新情况、新问题。其中，民族问题往往和宗教问题交织在一起，

① 薛成莉．提高党的科学化水平为新疆的繁荣稳定提供政治组织保证［J］．和田师范专科学校学报，2013，32（5）：19－21.

是边疆民族地区党建工作复杂性的主要表现。① 如何正确处理宗教与民族的关系，破解宗教民族化等难题，扎实有效地开展好党建工作，是当前边疆民族地区党的建设面临的一个非常复杂的现实状况。

（二）边疆民族地区党的建设的主要实践

我们党历来高度重视边疆民族地区党的建设工作，始终坚持马克思主义党的建设基本原理与边疆民族地区实际情况相结合的党的建设工作方针，总结运用和丰富发展边疆民族地区党的建设取得的成功经验，并不断以马克思主义中国化的最新思想理论成果，指导边疆民族地区党的建设的实践工作，并且取得了较为显著的工作成效。我国边疆民族地区党的建设紧紧围绕党内集中教育活动与党的建设经常性工作，并将二者紧密结合且相互推动，不断提高边疆民族地区党的建设科学化水平，不断推进党的建设新的伟大工程。概括起来，主要有以下两大方面。

1. 紧紧围绕党中央的战略部署，扎实推进党内集中教育活动

中国共产党提高党的执政能力、保持党的先进性、加强党的自身建设的一条重要途径是积极开展好党内集中教育活动。这也是党领导和团结全国各族人民，坚持马克思列宁主义和中国特色社会主义理论体系的指导地位，坚持全心全意为人民服务的宗旨，共同开创中国特色社会主义伟大事业，并取得举世瞩目的辉煌成就的一条重要经验。改革开放以来，我们党在全国已先后开展了“全面整党”活动、“三讲”教育活动、“三个代表”重要思想学习教育活动、保持共产党员先进性教育活动、深入学习实践科学发展观活动等五次活动。通过这五次大规模的党内集中教育活动，全面提高了党内干部群众的理论素质，有效形成了理论联系实际的良好学风，树立了体现教育效果的先进典型，进一步密切了党群关系，纯洁了党的组织，有力推动了党内民主建设，规范创建了学习教育的长效机制。

按照党的十八大的部署要求，全党上下紧密围绕着以保持党的先进性和纯洁性为重要目标，以凝聚民心党心为出发点，以“为民务实”为重要内容，开展了党的群众路线教育实践活动。这是以习近平同志为核心的党中央坚持贯彻党要管党、严字当头、从严治党的重大治党方略，是顺应群众期盼、践行群众路线、秉承我们党的生命线和根本工作路线的重大建党举措，是全面推进中国特色社会主义和实现中华民族伟大复兴“中国梦”的重大战略部署。各边疆民族地区，也紧紧围绕党中央的一系列战略部署，扎实有效地推进全党大规模的

① 启东明，丁玉才．边疆民族地区党的建设的基本特点和基本经验［J］．理论研究，1996（6）：1－5.

党内集中教育活动，取得了显著成效。同时，在此基础上，边疆民族地区还结合当地实际，进行了一系列巩固和拓展党内集中教育活动的实践探索。例如，结合全国开展党内集中教育活动，云南省开展了解放思想大讨论、以“群众观点、群众路线、群众利益、群众工作”为主题的“四群”教育实践活动；新疆维吾尔自治区开展了“热爱伟大祖国，建设美好家园”“访民情、惠民生、聚民心”等主题实践活动；内蒙古自治区开展了“尽责圆梦”等主题实践活动；西藏自治区开展了学习弘扬“老西藏精神”大讨论等主题实践活动；广西壮族自治区开展了“走进群众、改进服务、解决难题”等主题实践活动；等等。这些都是边疆民族地区紧紧围绕党中央战略部署，结合当地实际，扎实推进、巩固和拓展党内集中教育活动的实践探索。

2. 紧密结合当地实际，创新开展党的建设经常性工作

党的十八大报告指出，“全党要增强紧迫感和责任感”，紧紧围绕和“牢牢把握加强党的执政能力建设、先进性和纯洁性建设”[①] 这条主线，全面加强党的建设，也就是要从制度上、组织上、作风上、思想上解决党的建设存在的根本问题，以建设“三型”政党为目标，确保党始终成为团结带领全国各族人民建设中国特色社会主义事业的坚强领导核心。上述是对党中央在新时期和新形势下加强党的建设，丰富党的建设工作内容的简要概括。近年来，围绕党的建设创新方面，我国边疆民族地区紧密结合当地实际，不断进行深入探索，创造性地开展党的建设经常性工作，为丰富党的建设工作内容做出了重要贡献。例如，云南省实施的“云岭先锋”工程、“边疆党建长廊”建设、“四群”教育活动等，助推了基层党组织建设，夯实了党组织基础，密切了党同人民群众的血肉联系，是边疆民族地区党建科学化的云南实践；新疆生产建设兵团通过开展“推动科学发展促跨越、发挥‘三大作用’争先锋”“两级党建联创”等一系列兵团党建主题实践活动，不断提升了兵团基层组织党建科学化水平，开创了兵团党的基层组织建设的新局面；新疆维吾尔自治区开展的“访民情、惠民生、聚民心”等主题实践活动、广西壮族自治区开展的“走进群众、改进服务、解决难题”等主题实践活动，为加强和改进党的群众工作进行了有益探索；内蒙古自治区开展的“尽责圆梦”等主题实践活动，为深入开展学习党的十八大精神和“中国梦”宣传教育工作，提炼和培育社会主义核心价值观做出了的探索和贡献。此外，各边疆民族地区还从当地实际出发，从思想、作风、组织、制度和反腐倡廉建设等方面，大胆创新，积极探索，持续全面加强党的各项建设，并取得了良好的成效。

---

① 胡锦涛. 坚定不移沿着中国特色社会主义道路前进　为全面建成小康社会而奋斗[M]. 北京：人民出版社，2012.

二、边疆民族地区党的建设对社会思潮的影响

目前在我国的社会经济发展中起主导作用、处于根本指导地位的意识形态依然是马克思主义，占主流地位的社会意识形态是健康的，是积极向上的。但是，我们也要看到，我国社会当前正全面深刻地处在社会大变革的关键时期，人民群众的价值观念和思想状态受到正在发生激荡碰撞的各种社会思潮的直接影响，社会思潮多元化发展的方向已经成为不可避免的社会现象。马克思主义指导思想地位，正在经受着多元化的各种社会思潮的巨大冲击。这些新情况、新挑战，严峻考验着我们党正在推进的进一步扩大执政基础、巩固执政地位的革命事业。① 由此可见，加强我们党的建设，尤其是加强边疆民族地区党的建设，牢牢掌握意识形态工作领导权和主导权，巩固以马克思主义为主导的意识形态在经济社会发展中的根本指导地位，对引领社会思潮、凝聚社会共识，推动边疆民族地区科学发展、和谐发展、跨越发展，维护经济社会繁荣稳定和长治久安具有重要的作用。作为我们党治党、执政、兴国之核心要义和灵魂所在，社会主义核心价值体系是全国各族人民在党的领导下共同建设小康社会的思想基石，是我们党坚强领导全体中华民族儿女一起实现伟大复兴中国梦的价值追求，中国特色社会主义道路的前进方向和发展目标也由它决定。用社会主义核心价值体系提升价值认同、凝聚社会共识、武装党员头脑、引领社会思潮，是当前全党全国深入开展社会主义核心价值体系教育学习的基本目的。党的十八大报告强调指出，要“牢牢掌握意识形态工作领导权和主导权，坚持正确导向，提高引导能力，壮大主流思想舆论”②。历史和现实都已经反复证明一个事实，意识形态工作事关党的前途命运，事关国家长治久安，事关中华56个民族的向心力和凝聚力，需要得到我们大家的非常重视。习近平总书记强调，“经济建设是党的中心工作，意识形态工作是党的一项极端重要的工作”③。

（一）提升边疆民族地区公众对执政党的价值认同

所谓价值认同，是指人们选择某种价值观念作为共同认可的价值观念，并且能够自觉地把这些价值观念作为标准，规范自己在各种社会实践活动中的具体行动。在这个过程中，人们自觉地把某种原则、尺度、理想、信念内化为自

---

① 王春华．用社会主义核心价值体系引领社会思潮应把握的几个重点问题［J］．东岳论丛，2010，31（12）：187－189．

② 胡锦涛．坚定不移沿着中国特色社会主义道路前进　为全面建成小康社会而奋斗［M］．北京：人民出版社，2012．

③ 习近平．胸怀大局把握大势着眼大事　努力把宣传思想工作做得更好［N］．人民日报，2013－08－21（1）．

己的价值取向，从而逐渐使这些信念成为人们共同追求的目标。[①] 新时期、新形势下，我们党面临诸多严峻复杂的考验和挑战，治党执政、市场经济、改革开放、发展稳定、国内国外环境、西方国家意识形态挑战和多元社会思潮冲击等，在党内也存在种种危险，如能力不足、消极腐败、脱离群众、精神懈怠、道德失范、信仰淡化等，特别是在边疆民族地区，我们党面临的这些考验与危险更加尖锐和突出。如何不断提高党科学执政、依法执政的水平，不断加强和巩固党的执政基础、执政地位和执政权威，履行好历史和人民群众赋予党的神圣执政职责和使命，不但要不断增强抵御风险、廉洁自律、拒腐防变的能力，而且要不断提高解决消极腐败的能力，进一步提升人民群众对执政党的价值认同，并使之自觉拥护和自愿服从党的领导，确保党始终成为中国特色社会主义事业的坚强领导核心，这是当前边疆民族地区党的建设面临的一项重大课题。

1. 夯实合法性基础

一般来说，衡量一个执政党是否已经充分赢得“合法性”的思想基础的一个基本判断是，考察这个执政党所倡导的价值观念是否已经得到广大人民群众的共同认可。[②] 回顾中国近现代史和党的历史，我们不难看出，我们党团结领导全国各族人民夺取政权并完成新民主主义革命，从根本上改写了近现代中国积贫积弱的屈辱历史，也从根本上改变了中华民族和中国人民的前途命运，从而获得了最广大人民群众的支持和认可，获得了执政地位的合法性。然而，任何一个执政党的“合法性”执政地位都不可能是一劳永逸、一成不变的，都必须建立在人民群众对执政党的自觉认同、支持、拥护和自愿服从的基础上。总的来说，我国边疆民族地区的群众对我们党所倡导的社会主义核心价值是普遍认同的，也是坚决拥护的，并自觉地践行着。然而，我们也发现，一方面，边疆民族地区有相当一部分党的基层组织力量薄弱、结构松散、人员涣散，少数党员特别是党员领导干部政治信仰、理想信念不坚定，损害党在群众中的形象和权威，更有甚者，在反对民族分裂主义、反对非法宗教活动，维护民族团结、维护祖国统一、维护社会稳定的过程中，立场不坚定，态度暧昧，搞“当面一套，背后一套”，家族意识浓于党员意识，宗教信仰浓于党的政治信仰，甚至摒弃马克思主义，等等，这些都严重削弱了党的战斗堡垒作用；另一方面，近年来，随着我国宗教政策的落实和惠民举措的实施，边疆民族地区的宗族组织发展异常迅猛，信教人数规模成倍剧增，信教人员的年龄日趋年轻化，特别是在

① 孟轲．社会主义核心价值观大众认可的基本动因及障碍［J］．河南师范大学学报（哲学社会科学版），2014，41（1）：52－56.

② 顾晓英，李海燕．丰富和扩大执政党政治权威的认同资源［J］．理论月刊，2008（9）：52－55.

地处边远贫困山区、牧区的农村，宗教氛围异常浓厚、宗教势力异常庞大、宗教组织的渗透力和影响力异常强大，宗教文化认同性异常明显，必须引起我们的高度警觉和重视。因此，我们必须全面加强党的执政能力建设、先进性和纯洁性建设，特别是在边疆民族地区要把党的建设工作做得更深、更透、更细、更扎实，要纯洁、强化党的基层组织，筑牢党的战斗堡垒；对于那些立场不坚定、与民族分裂分子关系态度暧昧的党员干部要坚决予以清除；对于境内外敌对势力和民族分裂分子宣扬的“伪国家观”“伪民族观”“伪宗教观”“伪历史观”“伪文化观”要严正予以驳斥、反对和反击；要依法严格管理宗教事务和宗教神职人员，严厉打击宗教极端势力，依法取缔非法宗教活动，有效破解宗教民族化难题，进而夯实党的执政合法性基础，提升边疆民族地区人民群众对执政党的价值认同，并切实做到自我率先践行。

2. 巩固主导权地位

当前，在我国意识形态领域居于主流、主导地位的核心价值观是社会主义核心价值观，这是毋庸置疑的。在我国边疆民族地区，巩固社会主义核心价值观的主导权地位，就是要增强边疆民族地区群众对中国特色社会主义核心价值观的认同，但这是一个逐步磨合、逐步转化、逐步实现的价值观念转变的过程。一般来说，群众对于价值体系和价值观的理解、掌握和认同往往取决于宣传教育的程度。因此，对于边疆民族地区的群众，我们要开展好社会主义核心价值体系的宣传教育工作，通过广泛宣传、耐心解说，深入浅出，寓教于乐，让群众听得懂、记得牢、讲得清、传得开、做得好。在进行社会主义核心价值体系的宣传教育过程中，我们要注意从边疆民族地区的实际出发，既要鼓励先进，又要照顾多数；既要持续推进针对领导干部和广大党员的党的先进性建设和纯洁性建设，又要把实践性、广泛性等要求同保持党的纯洁性、先进性的建设要求密切结合起来，按照群众的不同层次、区别不同对象，提出不同的要求，通过多种形式引导广大党员干部和群众坚定对党的信任、对政府的信心和对中国特色社会主义理想信念的价值追求；要积极鼓励社会主义核心价值体系宣传教育工作的创新，营造良好的氛围和创新支撑条件，积极采用灵活多样、高效便捷的方法，大力推出一些让广大党员干部和人民群众喜闻乐见、易于接受的宣传教育形式，让社会主义核心价值体系和价值观便于理解、容易记牢、广为传播，使得广大党员干部和群众打心眼里认可、认同社会主义核心价值体系，进而把价值认同融入人们的日常生活和社会交往之中并体现到社会生活的方方面面。① 同时，我们还要注意的是，对于社会主义核心价值观的宣传教育要能够

① 张汉静，葛振国．社会主义核心价值体系的实现路径——基于价值认同的角度[J]．山西大学学报（哲学社会科学版），2008，31（6）：76－79.

真正融入群众的生活，而不能流于形式，停留在简单肤浅的层面，要密切联系边疆民族地区的实际，紧密贴近边疆民族地区群众的实际需要，才能够真正触动群众的心灵，激发起人民群众的共鸣，促使社会主义核心价值观变成群众自觉认同、自觉践行的实际行动，进而巩固社会主义核心价值观在我国意识形态领域的主导权地位，提升边疆民族地区对执政党的价值认同。

3. 突出地方性特色

对一个执政党的价值认同不仅需要执政党先进执政理论的支撑，还需要这个国家、民族强大的精神力量来推动。毫无疑问，在我国，推动广大人民群众对居于社会意识形态领域主流、主导地位的社会主义核心价值观的认同，进而形成对我们党的价值认同的强大精神力量的最主要来源，就是“以爱国主义为核心的民族精神和改革创新为核心的时代精神”。然而，我们不能忽略的是，除此之外，还有不可或缺的、另一方面的精神力量，即“地方精神”，这也是客观存在的，并且符合中国特色国情和地方的特点实际。当前，在全国如火如荼开展社会主义核心价值体系认同、培育和践行社会主义核心价值观的热潮中，各地的“地方精神”的凝练活动也在深入开展，且成效显著，广为当地群众的理解、认同、支持和拥护。就边疆民族地区而言，凝练符合地方特色的“地方精神”，对于满足群众精神需求、丰富群众文化需要具有十分重要的现实意义。

在党的十八大提出积极培育和践行社会主义核心价值观、强调“三个倡导”的基础之上，我国边疆民族地区还结合地方实际，广泛动员群众，积极参与“地方精神”的凝练活动。例如，新疆维吾尔自治区凝练提出了“爱国爱疆、团结奉献、勤劳互助、开放进取”的新疆精神；内蒙古自治区凝练提出了“活力、人文、和谐”的内蒙古精神；广西自治区凝练提出了“团结和谐、爱国奉献、开放包容、创新争先”的广西精神；云南省凝练提出了“树立高远、开放、包容的‘高原情怀’，倡导坚定、担当、务实的‘大山精神’”的云南精神；西藏自治区凝练提出了“特别能吃苦、特别能战斗、特别能忍耐、特别能团结、特别能奉献的‘老西藏精神’”；等等。作为我国社会主义核心价值体系必不可少的重要组成部分，边疆民族地区凝练并广为倡导的这些“地方精神”，突出了地区特色、民族特色，有益地补充了我国的社会主义核心价值体系，有力地提升了我国边疆民族地区对社会主义核心价值观的认同、对党的认同，值得我们认真加以总结。要全面结合边疆民族地区的地域特点、文化特色、时代特征，继续把“地方精神”进一步提炼好，并倡导下去、传播下去。

4. 注重软实力建设

从某种意义上来说，文化是一个国家的核心竞争力和软实力，是一个民族共有的血脉和精神家园。文化作为民族的精神折射，拥有强大的精神力量。这种文化的力量深深根植于国家的意志、精神和信仰之中，熔铸于民族的生命力、创造力和凝聚力之中，蕴含于人们的向往、追求和梦想之中。中国特色社会主义发展道路和发展方向的全面坚持，千百年来中华民族伟大复兴的“中国梦”和全面建成小康社会战略构想的真正实现，都要求我们必须持续推动文化大繁荣大发展，建设中国特色社会主义的文化事业，必须充分发挥文化软实力的影响力和推动力，必须充分发挥文化力量在建设社会主义先进文化中把握方向、统一思想、弘扬精神、教育人民、引领风尚、服务社会、推动发展的重要作用。① 从根本上说，一个国家的核心价值观的感召力、凝聚力、生命力，决定了这个国家的文化软实力。由此可见，一个国家的影响力和吸引力，是基于文化而具有的，并且才能由此而产生相应的生命力和凝聚力，这又集中体现于这个国家的文化软实力。因此，习近平总书记的讲话一再强调，“核心价值观是文化软实力的灵魂，是文化软实力建设的重点”②，并在最深层次上决定着文化发展的方向和性质。可以认为，中国特色社会主义核心价值观就是当代中国的核心价值观，因为它正代表着中国先进文化的发展方向。当然，我们也要特别注意处理好中国特色社会主义核心价值观和中华优秀传统文化价值的关系。为此，习近平总书记的讲话特别强调：“中华文明绵延数千年，有其独特的价值体系。中华优秀传统文化已经成为中华民族的基因，植根在中国人内心，潜移默化影响着中国人的思想方式和行为方式。今天，我们提倡和弘扬社会主义核心价值观，必须从中汲取丰富营养，否则就不会有生命力和影响力。”③ 当前，在日益多元多样化的思想文化环境下，我国边疆民族地区传统民族文化、宗教文化与现代文化之间产生激烈的碰撞、交锋，多种思想文化的影响力正在日趋增强，特别是宗教文化的影响力正迅速提高。同时，在有的边疆民族地区，一方面，中华文化的影响力十分薄弱；另一方面，受极端宗教组织进行“极端宗教文化传销”的影响，一些少数民族群众对中华文化和社会主义先进文化不认同，心理上排斥、抵触，等等，对此我们要有清醒的认识。因此，要促进社会主义核心价值观为边疆民族地区的各族群众所认同，就必须注重文化软实力建设，努力建设现代的、真正的社会主义先进文化，不断强化边疆民族地区各族人民群众对中华民族和中华文化的认同，进而提升对党的价值认同。

我们也要看到，我国边疆民族地区在打造和建设文化软实力方面做出了巨

① 胡锦涛．坚定不移沿着中国特色社会主义道路前进　为全面建成小康社会而奋斗［M］．北京：人民出版社，2012.

② 习近平．把培育和弘扬社会主义核心价值观作为凝魂聚气强基固本的基础工程［N］．人民日报，2014-02-26（1）.

③ 中共中央宣传部．习近平总书记系列重要讲话读本［M］．北京：学习出版社，人民出版社，2014：99-104.

大努力，成效喜人。例如，自第一次中央新疆工作座谈会以来，新疆维吾尔自治区党委七届九次全委（扩大）会议上，首次提出了"以现代文化为引领"的重大实践命题；2014 年 4 月，习近平总书记考察新疆，就做好新形势下的兵团工作进行调研时重点指出："使兵团真正成为安边固疆的稳定器、凝聚各族群众的大熔炉、先进生产力和先进文化的示范区。"[①] 遵照习近平总书记的这一重要讲话精神，新疆生产建设兵团充分发挥兵团在传播弘扬中华文化、构筑各民族共有文化和精神家园、树立中华民族共同体意识、增进"四个认同"方面的独特功能，以建设"丝绸之路经济带核心区"为契机，紧紧围绕"一城一带一堡垒"建设构想，大力弘扬中华文化、西域文化和兵团文化，全面构建兵团文化现代传播体系，努力把兵团打造成中华文化和现代文明的传播高地。诸如此类边疆民族地区注重文化软实力建设的经验和做法，值得大力倡导和推广。

（二）增强执政党在边疆民族地区的利益整合功能

利益整合是时代发展和历史前进对执政党提出的必然要求。党的十八大报告提出，群众维护权益的机制要在党和政府的主导下尽快得到建立和健全，以便使保障人民权益、协调各方利益、表达群众诉求的渠道，既保障畅通，又得到规范。[②] 这是在新时期、新形势下，党中央进一步加强党的各项建设，充分发挥党的利益整合功能，推动党和政府建立健全维护群众利益机制，畅通维护群众利益渠道的坚定信念和坚强决心。当前，我国正处于经济社会大发展的关键时期，既是社会转型期，又是改革攻坚期，还是矛盾凸显期，更是群众利益诉求多样期。特别是在我国边疆民族地区，各种矛盾错综复杂，各种思潮交锋激荡，使得我们党的建设面临前所未有的新挑战。如何增强执政党在边疆民族地区的利益整合功能，如何有效解决这些日益凸显的新矛盾，遵循全面深化改革的新要求，满足群众利益诉求的新期待，兼顾社会各阶层群众的核心和根本利益诉求，进而实现利益最大化，是一项重大的实践性课题。

1. 健全畅通的利益表达机制和协商机制

利益的起源、表达、分配、沟通、调控等环节，都对利益的有效实现起到难以替代的作用。其中，最为关键的环节是利益的表达和沟通。作为利益整合的工具，执政党只有做好利益表达和沟通环节的相关工作，才能真正有效地做好利益整合的相关工作，才能良好地实现执政党自身的公共管理职能。[③] 随着

---

① 习近平在新疆考察 [N]. 人民日报，2014-05-01（1）.

② 胡锦涛. 坚定不移沿着中国特色社会主义道路前进　为全面建成小康社会而奋斗 [M]. 北京：人民出版社，2012.

③ 宋一. 现代政党的利益整合机制与启示 [J]. 中共云南省委党校学报，2007，8（5）：108-110.

社会主义市场经济的发展，边疆民族地区社会利益分化问题也日趋明显，且呈现特殊的内容和形式，可以说，不同的利益群体之间有着各自不同的、特殊的利益诉求，内容纷繁，形式多样，既有单一社会成员的个别诉求，又有普遍利益群体的共性诉求，还有特殊利益群体的特定诉求。这些群众的利益诉求表达方式也不尽相同，繁杂多样，处理不当或处置不公就会激发群众的不满情绪和抗争意识，进而往往会引发群体性事件，产生不良影响且很容易扩大化。因此，建立健全畅通的利益表达机制和协商机制，可以有效确保群众在权利和利益受损时，能够情绪稳定地坐下来协商沟通，通过正常、有序的方式，而不是采取非常规、走极端、对抗的方式来表达利益诉求，反映突出的问题，寻求矛盾的解决。

2. 完善和规范利益分配机制

邓小平同志曾指出，一切以人民利益为最高准绳、全心全意为人民服务，就是中国共产党的含义或任务。人民群众是社会生产实践的主体，是历史前进发展的推动者，是社会物质财富和精神财富的创造者。人民群众中蕴含着极强的生命力和巨大的创造力，思路来源于群众、办法来源于群众、希望来源于群众，党和国家的事业发展也都需要依靠群众。因此，我们要尊重人民的主体地位，发挥人民的首创精神，保障人民的合法权益。党的十八大报告提出，党和国家一切工作的出发点和落脚点，是要把最广大人民群众的根本利益，发展好、维护好、实现好。[①] 这就要求我们一切要从人民群众的利益出发，以人民群众的利益为衡量标准，诚心诚意为人民群众谋利益、谋福祉。当前，我国特别是边疆民族地区，正面临着社会利益主体多元化、利益矛盾凸显化、利益分配不均化的严峻挑战。一方面，要不断强化执政党的利益整合功能，广泛宣传动员，有效引导广大边疆民族地区的群众树立正确的利益观，特别是在对待国家利益与集体利益、整体利益与局部利益、长远利益与眼前利益、个人经济利益与社会公共利益等问题上，做好群众的思想教育工作，确保群众与党保持统一的思想认识；另一方面，要进一步完善科学规范、合理有效的利益分配机制，做到既充分尊重社会各阶层群众的利益诉求，保障人民群众的各项根本权益，又要从大局出发，调节改革发展中的利益矛盾，减小利益分配差距，从机制上保障人民群众共享改革发展成果、分享利益分配红利，实现和体现社会利益分配的公平公正。

3. 建立合理的利益补偿机制

马克思主义者认为，他们没有任何同整个无产阶级的利益不同的利益。马

---

① 胡锦涛．坚定不移沿着中国特色社会主义道路前进　为全面建成小康社会而奋斗［M］．北京：人民出版社，2012.

克思主义政党除了工人阶级和其所代表的最广大人民群众的利益之外，没有其他任何目的和特殊利益。马克思主义政党代表了最广大人民群众的根本利益，并始终把实现好、维护好和发展好最广大人民根本利益，保障人民群众共享改革发展成果作为党一切工作的出发点和落脚点。改革发展成果是社会共同利益的一个重要组成部分，每个参与创造的人均有享受的权利，然而，改革意味着社会结构的重新调整，必然会有一部分人获利，而另一部分人的利益会相对受损。利益补偿则是平衡利益"受损者"和"受益者"之间关系、缓解社会冲突和化解社会矛盾、促进改革发展成果共享的必然选择。[①] 在我国边疆民族地区，由于地域地区差异较大，经济社会发展相对滞后，社会贫富差距较大，社会利益矛盾突出、利益分配不均等现象较为普遍且相对严重，加之思想观念陈旧落后，社会思潮复杂多元，群众对待利益分配问题尤为看重。利益补偿作为社会利益分配的一种补救性辅助机制，是当利益分配发生偏颇、有失公允时，进行合理的利益补偿，以确保利益受损群体，特别是弱势群体的诉求得到满足、利益得到补偿。建立合理的利益补偿机制，事关边疆民族地区群众对执政党发挥利益整合作用的认同，事关执政党在边疆民族地区的人心向背，我们必须加以高度重视。

4. 建立有效的利益矛盾化解机制

当前，在深入推进中国特色社会主义事业和全面深化各项改革的进程中，社会各个阶层的利益结构不断分化，各个不同的利益群体之间势必产生矛盾，引发冲突。特别是在边疆民族地区，经济社会发展相对落后，民主和法制建设相对滞后，文化多样与价值观多元且受各种社会思潮影响，致使社会各阶层利益结构分化、各群体利益矛盾频发的现象较为突出和严重。一方面，我们必须发挥党组织的重要作用，大力推进社会主义民主和法制建设进程，进一步建立健全利益矛盾的调解和化解的机制；另一方面，我们要充分发挥思想政治教育的优势，大力弘扬中华优良道德传统和优秀传统文化，不断加强社会主义文化软实力建设，不断使社会主义核心价值观得到积极有效的培育和践行，不断使利益观与核心价值观的趋同和认同在社会主义核心价值体系中得到增强。

（三）巩固执政党在边疆民族地区的向心力和凝聚力

我们的党是马克思主义执政党，是团结和带领全国各族人民推动中国特色社会主义事业和推进改革发展的领导核心。只要我们党始终保持先进性和纯洁性，始终坚持党是总揽全局、把握大局、统一部署和统筹协调各方的坚强领导核心，始终从严治党、立党为公、勤政为国、执政为民，不断改进党科学领导

---

① 何影．利益补偿：改革发展成果共享的必由之路［J］．求实，2012（9）：52－55.

和科学执政的方式，就能够使党的战斗力、创造力、凝聚力、向心力和生命力得到不断增强，进而使党的科学领导能力和科学执政水平得到持续提高。

这就要求我们不断增强党对边疆民族地区群众的吸引力和凝聚力。首先，必须始终坚持党在边疆民族地区各项事业建设中的领导核心地位和作用，充分调动各族人民的积极性、主动性和创造性，使党领导的边疆民族地区各项建设事业获得最广泛的群众基础和力量源泉。其次，必须始终坚持社会主义核心价值观在意识形态领域的主导地位，增强各民族团结一致的凝聚力和向心力，从意识形态领域巩固和筑牢党的执政基础和群众基础。必须巩固执政党在意识形态领域的主导地位，做好引导，特别是要围绕巩固主流意识形态的根本性问题和倾向性思潮来提高引导能力；区分正反两方面的问题，对于正能量的内容要定调并及时发出权威的声音，排除各种负面杂音和噪音的干扰，使社会主义核心价值体系所倡导的理想信念、价值观念和道德规范深入人心，并使之成为人们内心的自觉认同和自觉遵循，共同为全面建成小康社会而努力奋斗，进而不断增强党的执政权威、扩大党的执政基础、巩固党的执政地位，最终实现党团结带领边疆民族地区人民群众同全国人民一道投身中国特色社会主义伟大事业，创造中国人民更加幸福美好的未来。再次，必须始终坚持立党为公、执政为民，牢牢把握加强党的执政能力建设、先进性和纯洁性建设这条主线，要“常怀忧党之心、常修为政之德、常紧律己之弦、常守兴党之责”，以改革推动发展、以创新驱动发展，不断夯实边疆民族地区党建工作的根基，使边疆民族地区党建科学化水平上台阶、促提升。最后，必须始终坚持群众路线、维护群众利益、做好群众工作。“一切为了群众、一切依靠群众，从群众中来、到群众中去”，就是党的群众路线的基本内涵和要义。坚持党的群众路线就是坚持党的生命线。群众是我们力量的源泉，是我们的衣食父母。党的事业、国家的命运和政权的前途最终取决于民心，我们不能脱离群众、不能离开群众的拥护支持。密切党群、干群关系就是时刻把群众的安危、冷暖放在心上，走进群众、贴近群众，倾听群众的心声、想法、愿望、祈盼，掌握群众的需求，解决群众的困难，服务好群众，只有这样才能始终密切保持党同人民群众的血肉联系，始终确保我们党永远立于不败之地。

全党上下深入开展的“党的群众路线教育实践活动”，就是在新的历史时期和新的形势下，我们党一以贯之地继承和发扬同人民群众的血肉联系与鱼水深情等优良传统的重要举措，是保持党的先进性、纯洁性与人民性和巩固党的执政根基、地位的关键一招。就我国边疆民族地区而言，在新时期、新形势下，进一步密切民族关系、党群关系和干群关系，努力提高边疆民族地区党员干部做好群众工作的能力，着力解决好少数民族群众反映的突出问题和实际困难，不断增强党对边疆民族地区群众的吸引力和凝聚力，是我们党继续开创边疆民族地区经济繁荣、社会发展、民族团结、边疆稳定、长治久安良好局面的传家宝，任何时候都不能旁落和丢弃。

第四章 科学引领边疆民族地区社会思潮的机制构建

边疆民族地区社会思潮的乱象苗头及其复杂难辨的运行机制，对边疆民族地区建立科学引领社会思潮的机制提出了急迫需求。通过我们对边疆民族地区社会思潮与当地经济发展、教育培训、民族交融、宗教交流、科技普及、信息传播、边政法治、文化建设、党的建设之间密切关系的分析，使我们进一步肯定，只有建立起完善、系统的机制，才能做到对边疆民族地区社会思潮的有效引领，也就是要以科学引领为目标，建立起及时、有效的监测和反馈机制，长效、多元的渗透机制，持续、可行的纠正机制。通过预测机制，提升社会思潮引领的科学性，增强社会思潮引领的主动性，增强社会思潮引领的针对性；通过评估机制，正确认识社会思潮的引领工作效果；通过监管机制，实现社会思潮引领的合法化，实现对社会矛盾的疏导及化解；整个机制系统中，最核心的是渗透和培养机制，它是评估和监管机制的基础，是能否成功引领社会思潮的关键，还要用它来检验预测机制是否有效。相应来说，实践中就要有社会思潮的预测制度、学校教育中要有德育培养制度、舆论监管中要有评估制度等，以实现社会思潮引领机制的监测、教育、渗透、反馈、纠正等系统功能；同时，还要注意处理好社会主义核心价值体系与其他各种社会思潮之间的关系、社会思潮一般规律与边疆民族地区特殊情况的关系，并要兼顾边疆民族地区社会思潮传播、发展的全过程。在此基础上，整合好现有边疆民族地区社会思潮引领机构相应的维护职能、保卫职能、扶助职能、管制职能、服务职能、发展职能等，以系统工程的思维和方法来构建和完善边疆民族地区社会思潮的引领体系。通过推进公共文化服务体系和现代传媒体系的建设，进一步完善原有传播体系，开拓创新传播体系，促进大众传播、组织传播和人际传播的结合，尤其要重视组织传播，要从考虑群众接受方式出发，健全文化服务体系，推进文化惠民工程，调整服务管理体制，充分利用社会主义新农村建设、公共文化服务体系、基层民主政治建设等机制和平台，积极探索有效模式和新型引领方式。同时，要适当调整宣传、文化、教育、科普等直接关联社会思潮的机构职能，整合形成一个宏大的引领系统，构建起大宣传的格局，形成一个能够从宏观到微观全面有效地引领边疆民族地区社会思潮的机制和体系。

第一节　设计引领边疆民族地区社会思潮的机制框架

我国改革开放三十多年，各种社会思潮的发展呈现出多元性、多变性、交织性的特点。而边疆民族地区由于民族构成多元和地理位置特殊，同时，经济发展落后、宗教信仰状况复杂，使得社会思潮的发展变化在边疆民族地区显得更加复杂多变。目前，在边疆民族地区必须坚持社会主义核心价值体系对社会思潮的引领地位，已经成为党委、政府和广大人民群众的共识；如何科学、有效引领社会思潮，也就成了学界研究的重要课题。依靠单一的学校教育、媒体宣传，或是政府主导型的运动式学习已经远远不能起到引领社会思潮的作用。在当今世界，全球化日益发展，互联网不断普及，科技的发展为社会思潮的交流提供了前所未有的便利条件。就我国而言，社会结构变化剧烈，各阶层间利益诉求分化，价值取向各不相同，各种社会思潮的碰撞更加剧烈，而与此共存的是我国边疆民族地区经济、政治、文化发展还相对落后。在这样的背景下，只有建立起科学的引领机制，用完善的监测、教育、渗透、反馈及纠正机制，才能起到引领边疆民族地区社会思潮的作用。

一、建立边疆民族地区社会思潮引领机制的基本方法

所谓机制，是指静态的制度及动态的运行机理，机制的建立要解决的不是一时、一事的问题，而是本源性问题。而机制本身也是静态的制度和动态的运行机理结合的产物，因此社会思潮引领机制的建立首先是相关制度的建立，如对社会思潮的预测制度、学校教育中的德育培养制度、舆论监管中的评估制度等。

如何做到对社会思潮的科学引领是一项复杂而艰巨的工作，引领的前提是预测。首先要根据已经出现的现象、规律和掌握的信息预测一定期间内将会出现怎样的社会思潮，对于边疆民族地区而言，这种预测既包括对少数民族内部的社会思潮的预测，也包括各民族间社会思潮的交流情况，以及境外思潮对边疆民族地区社会思潮的影响的预测。除了对社会思潮本身运行状况的预测，还包括社会思潮对社会各个领域可能产生的影响和作用的预测。

在预测的基础上建立以社会主义核心价值观为主要内容的渗透、培养机制是引领的另一重要内容，所谓渗透和培养机制是指在学校教育、媒体宣传中，

以树立先进榜样等方式将社会主义核心价值观贯穿于教育、宣传等领域，实现以常规的方式将社会主义核心价值观注入普通民众的思想。学校教育是渗透和培养机制的重要内容，除了建立常规的德育教育体系外，还应发挥电影、电视、报纸、互联网等媒体的作用，以优秀的作品感染人，通过宣传榜样，弘扬社会主义核心价值观，起到教育、渗透的作用。同时，还要发挥具有宣传教育职能的各种主体，如高校、科研机构、社会团体等的作用，建立有效的激励和引导机制，使这些宣传教育的主阵地能够成为研究、传播社会主义核心价值观的源头和基地。对于边疆民族地区而言，互联网的普及为各种社会思潮在交通不便、地广人稀的边疆民族地区传播创造了前所未有的有利条件，而如何建立机制、发挥互联网在边疆民族地区社会思潮引导中的正向作用是需要我们研究的另一重要问题。由于很多边疆民族地区还处于从熟人社会向陌生人社会的转型过程中，大部分社会思潮的传播还是依靠人与人之间的口口相传，因此，建立针对基层自治组织、家族、各种社会团体的先进社会思潮教育、渗透机制十分重要。

在建立社会思潮的教育、渗透机制以后，还需要对有关社会思潮的传播进行评估和监管，所谓评估机制是指社会思潮运行中对社会各领域产生影响的评价，对已经实施的教育和渗透机制效果进行评价的机制。监管机制则是指对落后的、腐朽的、反动的社会思潮进行监督和管理，实现对不良社会思潮进行纠正的机制。这是引领机制的最后一个环节。这一环节是对前面几项机制效果的检验，以及在各种社会思潮传播、发展过程中出现严重偏离社会主义核心价值体系的情况时，应及时进行控制。要从边疆民族地区的实际出发，结合我国乃至全球各种社会思潮传播和兴起的现状，依靠党和政府有关宣传主管部门、公安的网监部门以及各大媒体和政府各部门建立的有交互交流功能的各种平台，如邮箱、QQ、微博、微信等建立社会思潮传播的调查和大数据采集机制，利用高校、科研机构的人才和资源优势，建立起对有关社会思潮传播的大数据分析研究机制。

二、建立边疆民族地区社会思潮引领机制应当处理好的关系

（一）社会主义核心价值体系与各种社会思潮之间的关系

怎样处理好处于引领地位的社会主义核心价值体系与各种社会思潮之间的关系，是建立社会思潮的引领机制时需要首先考虑清楚的问题。这要求：一方面要保证社会主义核心价值体系的引领作用得到充分有效的发挥，另一方面又要坚持言论自由、学术研究无禁区的原则，让各种思想、理论之间有交流和碰撞。社会主义核心价值体系本身是一个不断发展和充实的体系，它在自身的发展过程中，会不断吸收其他价值体系中的先进思想，保持其先进性和引领性。

因此，应当以开放和包容的态度接受其他社会思潮的共存，同时依靠社会主义核心价值体系自身的理论优势，通过百家争鸣成为主流，引领其他社会思潮的发展，使社会主义核心价值体系得到真正的坚持和发展。

（二）社会思潮一般规律与边疆民族地区特殊情况的关系

机制的建立应当处理好社会思潮传播、发展的一般规律与边疆民族地区特殊情况的关系。社会思潮的传播有其自身的规律，而边疆民族地区也有其自身的特殊情况，如受众的文化素质较低，决定了传播的内容应浅显易懂；文化、教育设施相对落后，经济发展缓慢，决定了社会思潮的传播方式应采用成本低廉且辐射面广的方式，如黑板报、宣传海报、农村赶集时的文艺演出等都是有效而可行的方式；各少数民族特殊的风俗习惯和文化传统也是机制建立时应当考虑的重要因素。

（三）要兼顾边疆民族地区社会思潮传播、发展的全过程

社会思潮引领机制的建立应当兼顾社会思潮传播和发展的整个过程，社会思潮的预测、渗透、传播、评估、监管是一个相互影响和相互联系的系统，当前研究更多的是传播与监管，而对于预测、渗透、评估的系统研究还不够，对社会思潮的发展趋势及变化状况的有效预测直接决定了渗透体系的范围、方式及重点，而对于社会思潮传播现状的评估是否客观、公正、及时也将影响到监管措施是否适当和有效。因此，应处理好社会思潮引领机制中部分与整体的关系，将引领机制作为一个整体进行研究，不能顾此失彼。

三、科学引领边疆民族地区社会思潮机制的基本框架

要真正建立起科学引领边疆民族地区社会思潮的有效机制，就必须以科学引领社会思潮为目标，首先建立起相应的机制框架。其中，建立及时、准确的预测机制是机制建设的难点；多元、有效的渗透和培养机制是机制建设的重点；客观、全面的评估机制和规范、合法的监管机制是机制建设的保障。

（一）预测机制

1. 预测机制的作用

（1）提升社会思潮引领的科学性。

社会思潮的预测机制可以提升社会思潮引领的科学性。引领社会思潮需要对过去及现在社会思潮的发展状况有正确的认识，同时对社会思潮的发展规律及发展趋势有正确的判断。当然，这种正确认识和正确判断的基础是对过去及现在社会思潮运行情况的充分、客观的掌握。

（2）增强社会思潮引领的主动性。

主动性是社会思潮引领工作中极为重要的一项工作要求，它可以通过社会思潮预测机制的建立和运行得到有效增强。科学引领社会思潮特别强调，要主动引导和带领社会思潮朝着社会主义核心价值观的方向前进，引领者必须具有较强的主动性才能起到引领的作用。而引领者引领社会思潮的主动性不能是盲目的和非理性的，必须建立在科学和理性的分析基础上。因此，要着力促使引领者能够主动利用社会思潮的发展规律对社会思潮进行引领，从而在引领过程中避免因对社会思潮发展规律认识的滞后性而产生的被动性和消极性。

（3）增强社会思潮引领的针对性。

社会思潮的预测机制可以增强社会思潮引领的针对性。我们在对社会思潮进行引领时必须清楚社会思潮发展过程中可能出现的问题及其产生的影响，以及这种思潮可能带来的政治、经济、文化后果，才能有的放矢地进行引领。例如，在新儒学发展到一定程度后，出现了自办私塾教育孩子的现象。通过对这种现象出现的原因及影响的分析，以及对这种情况数量的统计，预测这种现象会对下一代的教育产生什么样的影响，对我们的义务教育制度产生怎样的冲击。最终，通过对社会思潮影响及后果的预测，进而增强思潮引领的针对性。

2. 预测机制的主要方法

（1）调查研究的方法。

预测时必须深入实地进行调查研究，掌握不同阶层、职业、年龄、文化程度的人们的思想活动。调查研究时可采用抽样调查的方法，也可以采用访谈、座谈会等方式，以第一手材料了解公民思想活动的发展趋势。抽样调查时应当注意样本的数量和样本具有的代表性，在做民意调查时应充分认识到民意具有一定局限性。①

（2）数据分析方法。

应当对以往受不同社会思潮影响的领域、人数、文化程度、年龄等进行量化的数据分析，运用科学的统计及分析软件对有关数据进行分析，总结出各种社会思潮发展的深度和广度、影响大小、扩展趋势等数量关系和发展变化的规律，进而更加精准地预测未来社会思潮的走向。当然，用以分析的数据必须真实可靠。也可通过实际的调研，以问卷调查的方式获得相应的数据。采用的分析方法必须科学、适当，才能得出客观有效的结论。由于我国社会已经进入大数据时代，边疆民族地区电视、手机、电脑的拥有量不断增多，互联网日益普及，这也使得可以用作预测分析的数据迅速增长，数据涉及的领域不断扩大，

① 迈克尔·G. 罗斯金. 政治学与生活［M］. 北京：中国人民大学出版社，2014.

这也使得数据分析的结果更加客观。

（3）案例分析方法。

通过对已经发生的事件进行分析，总结社会思潮的运行规律，这就是社会思潮预测中的案例分析法。通过对个案的了解并结合调研与数据分析，将社会思潮运行中的点、线、面整体结合起来。案例分析法更加注重个案发生的背景、原因以及影响和后果的深层次分析和解读，通过案例，探究社会思潮发生、发展、变化和消亡的规律，以便于对社会思潮运行的整个过程做出全面而准确的预测。

（二）渗透和培养机制

1. 渗透和培养机制的作用

（1）渗透和培养机制是检验预测机制是否有效的标准。

渗透和培养可以分为一般性渗透、培养和特殊性渗透、培养，一般性渗透和培养是指利用媒体和学校教育对社会主义核心价值观进行常规的、日常的、长期的宣传和教育活动。如义务教务阶段的德育教育，根据预测机制所获的结果，可以不断调整一般性渗透、培养的方式和重点，又如这几年，中日关系中发生了包括钓鱼岛事件在内的一系列冲突，通过预测机制可预测到极端民族主义思潮有出现的可能性。这时，学校教育中应当加强学生有关中日近现代史的教育，了解中日关系的现状，使他们形成正确的历史观和民族观。特殊性渗透和培养机制是指根据预测机制所获得的结果，在落后、腐朽的社会思潮流行、泛滥的领域、人群、职业等特定范围内开展有针对性的宣传教育活动。如针对偏远山区的少数民族，由于经济和教育相对落后，市场经济观念缺乏，封建迷信容易盛行，应当重点普及科学知识，培养市场经济意识，同时加大打击邪教的力度。

（2）渗透和培养机制是社会主义核心价值观有效引领社会思潮的关键。

在实践中，我们能否通过各种媒体的宣传渗透，各种教育形式的培养使整个社会形成以社会主义核心价值观为主流的理想信念、道德规范和精神支柱，是我们用社会主义核心价值观有效引领社会思潮的关键所在。这一目标的实现是一个长期而复杂的过程。对于边疆民族地区来说，由于受到历史、文化、宗教以及经济发展程度的影响，有的还受到国外社会思潮的影响，因此，边疆民族地区社会思潮的渗透和培养更为长期、复杂和艰巨。

（3）渗透和培养机制是评估和监管机制的基础。

只有实现了以日常和常规的方式将社会主义核心价值观注入普通民众思想中，社会思潮的评估和监管才有意义。因为评估正是为了检验渗透和培养机制的效果，而社会主义核心价值观的有效渗透和良好培养的良性循环机制的形成，也要求我们要对各种社会思潮的运行状况进行及时有效的动态监管。

2. 建立渗透和培养机制的主要方法

（1）立法、司法与行政的正确导向。

法律和政策总是以一定的价值观作为指导的，而这种价值观则代表了某种社会思潮的本质和追求。因此，立法、司法和行政实现法律和政策中所追求的价值观的过程，就是渗透和培养某种社会思潮所代表的价值观的过程。例如，2013 年我国新修订的《消费者权益保护法》中就加大了不良商家欺诈侵害消费者权益的赔偿数额，规定应赔偿消费者购买商品或接受服务价款的三倍（旧法规定的是两倍），这体现了市场经济倡导的诚信观念，而诚信本身也是社会主义核心价值观的重要内容。同时，我国司法改革中所提倡的“让公民在每个个案中感受到公平正义”则体现了司法对公平正义的追求，通过司法个案促进社会公平观念的养成。现阶段，我国行政机关在行政决策中也更加注重民众的参与权，如重大决策时广泛采用了听证程序。通过听证的广泛使用使行政机关行政决策的民主性得到提高，政府与普通民众的关系更加和谐。从以上三个实例可以看出，立法的倡导，加上司法与行政的践行是社会思潮渗透和培养的基本内容。

（2）树立榜样与常规教育相结合。

榜样的力量在于以直观和具体的案例达到教育的目的。所以，可以在常规教育中贯穿对先进榜样的宣传和学习活动。由于榜样本身往往都是普通人，因此更能得到社会公众的认同。以榜样的力量实现对社会主义核心价值观的渗透和培养，过程自然且令人自觉地信服，例如，对焦裕禄、孔繁森、杨善洲等榜样的学习就起到了这样的作用。通过树立榜样，可以使抽象的思想观念、价值观转化为具体而生动的事例和人物，以此实现社会主义核心价值观的引领作用。在国民教育的整个过程中，将社会主义核心价值观融入其中，社会主义核心价值观就可以潜移默化地成为普通公民从小就以之为道德的基本规范、日常行为的基本准则。

由于大众媒体的发展，很多时候树立榜样的任务是由媒体完成的。大众媒体发展到现在，娱乐化的趋势日益明显，常常成为“市场的奴隶”，对于正确价值观的引领作用时常被淡化。此时，大众媒体树立的榜样是否能够起到弘扬社会主义核心价值观的作用就变得十分重要，这就需要政府进行适当的引导和监管。

（3）通过大众传媒来渗透主流价值观。

随着信息传播技术的发展，媒体已经被称为除了立法、司法、行政以外的第四种力量，由此可见媒体在我们的社会生活中扮演着越来越重要的角色。包括报纸、电视、广播、手机、互联网等在内的大众传媒方式都具有渗透和培养社会主义核心价值观的功能。由于互联网具有交互、自由的特征，在所有的大众传媒中发挥着其他媒体无法比拟的作用。互联网的自由和交互性使得利用互联网的可以是社会各个阶层和各个领域的公民，改变了传统主流媒体（报纸、电视）受众的局限性，同时，由于互联网的交互性使得传播者和受众之间的界限日益模糊，并且，两者之间的互动使得社会思潮在传播过程中往往出现难以预料的变化。因此，利用互联网来实现社会主义核心价值观的渗透和培养应当充分考虑到互联网在信息、思想、观念传播中的特殊性。

对于边疆民族地区而言，由于互联网和手机的大量使用，使得身处边远山区的少数民族群众也有可能受到大众传媒的及时影响，包括民族问题和宗教问题在内的各种社会思潮往往会通过大众传媒进行传播，从而影响边疆民族地区社会思潮的发展趋势。结合我们党进行的群众路线教育活动，各级政府只有占领了边疆民族地区思想教育工作的主阵地，大众传媒才能起到渗透和培养社会主义核心价值观的作用，否则，包括极端民族主义、极端宗教主义等在内的不良思潮就会在边疆民族地区大行其道。

（4）发挥民间组织和社会团体的力量。

随着市场经济的发展和政府行政体制改革的深入，民间组织和社会团体成为我国社会发展中必不可少的力量。原有的民间组织应当继续加强其在引领社会思潮中的重要作用，而新兴的民间组织和社会团体更应发挥其应有的作用。一些慈善组织，如中国青少年发展基金会，在扶贫济困实现社会公平与和谐方面就发挥了很好的作用，而很多协会、研究会在弘扬和传播社会主义核心价值观方面也功不可没。

对于边疆民族地区而言，许多民间组织和社会团体都与宗族、宗教和边疆民族地区特定的文化传统有关。如纳西族的东巴文研究会、傣族的傣语传习所等，这些民间组织和社会团体虽然与行政机关没有直接的隶属关系，但政府有关部门可以有意识地对其进行引导和培养，在传播本民族优秀文化的同时，也可以把社会主义核心价值观的传播作为自己的重要任务。如云南省红河哈尼族彝族自治州金平苗族瑶族傣族自治县勐拉乡的傣语传习所，在传承傣族语言文字的同时，也将爱乡、爱国等观念进行渗透和培养，得到了当地教育文化部门的大力支持，起到了引领社会思潮的作用。

（三）评估机制

1. 评估机制的作用

（1）正确认识社会思潮引领效果。

评估机制是社会思潮引领系统工程中的重要组成部分，只有运用客观的、历史的、科学的方法对社会思潮的产生、发展、影响、社会作用、影响目标进行评估，才能对社会思潮作出正确的认识和评价。

（2）实践社会主义核心价值观的需要。

对于社会思潮的评估应当按照实现社会主义核心价值观的目标设定相应的评估指标和评估体系。并依照其对社会思潮引领工作取得的成效进行总结，及时发现存在的问题，根据发现的问题对预测机制、渗透和培养机制进行相应的调整。这一过程本身就是实现社会主义核心价值体系的保证。

2. 评估的方法

（1）定性分析的方法。

主要采用系统分析法，也就是根据系统论的原理，使用整体分析和相关分析的方法对社会思潮引领工作进行分析和评估。①

（2）定量分析的方法。

通过调查问卷，对政府有关部门、学校、大众媒体的统计数字的分析，对社会思潮产生的社会影响、社会效果、接受程度等进行量化的分析，从而对社会思潮的引领工作作出科学和客观的评价。

（四）监管机制

1. 监管机制的作用

（1）实现社会思潮引领的合法化。

各种社会思潮的运行应当在法律规定的框架内进行，我国的《宪法》《刑法》《侵权责任法》中都规定了公民虽然有言论自由的权利，但在行使言论自由的权利时不能危害国家安全、公共安全，也不能损害其他公民的合法权益。现阶段我国流行的某些社会思潮在流行过程中会有违反法律的情况发生，如前些年我国有些地方出现了打砸日系车的情况，就是侵犯了其他公民合法的财产权。属于某些社会思潮影响的结果，应通过监管机制得到纠正，最终实现各种社会思潮在法治轨道上运行和发展。

（2）实现对社会矛盾的疏导及化解。

各种社会思潮流行的根源是社会各阶层、群体不同的利益诉求，而不同的利益诉求导致了社会矛盾和纠纷。如果不能及时对这些矛盾和纠纷进行疏导和化解，则社会思潮引领的目标最终将会落空。只有从根源上把各种产生社会思潮的基本矛盾处理好、把握住，才能使科学引领社会思潮的目的得到真正实现。

2. 监管的方法

（1）法律监管。

法律监管是社会思潮引领机制中不可缺少的重要内容，我国现有的法律对

---

① 李建华，等．多元文化时代的价值引领［M］．北京：人民出版社，2012.

社会思潮的合法运行采用了以《宪法》为基础，以《刑法》《侵权责任法》等法律为辅助的配套的监管体系。但我国现行的立法仍然落后于社会政治、经济和社会思潮发展的现状，如社会各界对“新闻法”的制定已经呼吁了多年，但迟迟未能出台。只有制定出“新闻法”，明确规定新闻机构及从业人员的权利及义务，还有相应的法律责任，才能使舆论传播实现真正的规范化、合法化。

（2）舆论引导。

所谓舆论引导主要是指在某些突发性事件发生之后，当某种社会思潮在社会中充斥、流行之时应当以正确的舆论进行引导。如某一矿难发生后，有人认为是私营业主违反安全管理的法律法规导致矿难，有人认为是政府监管不力才造成了矿难，此时应当及时做好舆论引导，避免片面、偏激思想的传播和盛行。而舆论引导的基础是及时将事实的真相公布于众。因此，保障公民的知情权是舆论引导的前提，在保障公民合法知情权的基础上，以社会主义核心价值观引导舆论，这才是监管机制的重要内容。

（3）动态监管。

由于社会思潮的运行是一个动态过程，随着社会政治、经济、文化的发展，以及某些突发性事件的发生，社会思潮会发生显著的变化。因此，对社会思潮运行的监管应当是一种动态的监管。这就需要把动态调查社会思潮的数据体系和工作系统尽快建立起来，从而保证我们能够做到对不同群体、不同阶层的价值取向状况和思想变化情况及时把握，及时作出积极反馈和准确反应，使我们的社会思潮引领工作，能够更有针对性地开展引导工作，并尽量做到适时、适度。① 要发挥社会主义核心价值体系的主导作用，抑制落后、消极社会思潮的任意滋长。

（4）加强基层民间组织及社会团体的引导和管理。

边疆民族地区社会思潮的传播和发展既具有社会思潮传播和发展的一般规律，由于边疆民族地区的民族成分和宗教信仰较复杂、地理位置较偏僻、经济发展相对落后等具体情况，又具有自身的特殊性。其中一个突出的现象是，边疆民族地区基层的民间组织及社会团体是影响社会思潮传播和发展的重要力量。因此，对社会思潮监管的重要方法是加强边疆民族地区基层民间组织和社会团体的引导和管理，特别是加强涉及宗教和民族的民间组织及社会团体的引导和管理。这种引导和管理不是限制公民的言论自由和宗教信仰自由，而是将其引导至法治化轨道，防止出现危害国家安全和社会公共安全的情况。

---

① 张锋．马克思主义引领中国当代社会思潮的路径和机制［J］．深圳大学学报，2010（5）：28－30.

第二节　调整科学引领边疆民族地区社会思潮的职能

科学引领边疆民族地区社会思潮，是一项庞大、复杂的社会系统工程。我们必须清楚地充分认识到，每一种社会思潮的发生、发展、传播、变化和消亡，都有一定的必然性和规律性。社会思潮的多样化要得到科学有效的引领，绝不能简单地用某种主流思潮取代多样化的社会思潮。尤其是在边疆民族地区，马克思主义的坚持和发展，根本上要靠马克思主义的科学理论张力及其社会实践影响力，才能够使自己的声势和实力在理论传播和社会实践的过程中得到不断壮大，从而在众多的社会思潮中，不断保证自己和自己的同盟军能够削弱和抵制各种错误思潮的影响，进而科学地引领当地的社会思潮。① 因此，在边疆民族地区，科学引领社会思潮的总目标是，要在多样化的社会思潮涌动中坚持和发展马克思主义的主导地位，尽最大努力在社会观念多样化交融中获得最大社会共识；并要进一步明确主导与共识的关系，确保在主导下扩大共识，以及以共识来赢得主导地位的持续巩固。当前在边疆民族地区，应该着力建立健全相关机制，充分发挥以下各项职能，更好地实现引领社会思潮的科学性要求。

一、维护职能

党的十八届四中全会明确提出："构建对维护群众利益具有重大作用的制度体系，建立健全社会矛盾预警机制、利益表达机制、协商沟通机制、救济救助机制，畅通群众利益协调、权益保障法律渠道。"② 从相应的思想支撑来看，就需要维护先进社会思潮的社会地位。在认真研究和熟悉马克思主义的基本立场、观点、方法的基础上，用各种事实来证明先进思潮的先进性。用社会主义核心价值体系引领边疆民族地区社会思潮，要辨析社会思潮中哪些是可以和社会主义核心价值体系相适应的无害思潮，哪些是落后的社会思潮，哪些是错误的社会思潮，并且揭示这些社会思潮和社会主义核心价值体系相适应的可能性、落后的原因，以及错误的本质。首先要特别强调理论创新，通过不断的理论创新丰富、发展社会主义核心价值体系的特色，包括时代性、民族性、实践性等，以便保障社会主义核心价值体系的说服力、凝聚力、号召力能够不断得到增强。其次要在宣传、教育和引导方面逐步加强。通过加强宣传、教育、引导，使社

---

① 王彩霞，等．论核心价值体系和社会文化思潮［J］．东方论坛，2011（2）：43－46.

② 中共中央关于全面推进依法治国若干重大问题的决定［R］．http：//cpc. people. com. cn/n/2014/1029/c64387－25927606. html.

会主义核心价值观转化为全社会的群体意识，成为边疆民族地区人民群众日常工作生活的内在成分。再次是要加强相关的制度建设，既要把社会主义核心价值体系的要求体现在制定和执行政策法规的过程中，更要在全社会价值目标的制度设计中强调社会主义核心价值体系的领导地位，并确保它的主导作用能够得到切实发挥。

二、保卫职能

要利用各种有力手段和方式严格把关传播内容。作为社会意识的一个重要组成部分，社会思潮不可避免地受到社会存在的方方面面的影响。当前，我国的社会变革正处在关键时期，面临着更为复杂的种种利益关系，新情况、新矛盾、新问题层出不穷，并不断地把价值重估和更新选择放在世人面前。① 社会思潮的多元化发展，把以往人们的单一思维模式快速改变，也使马克思主义指导思想地位受到强烈冲击。如今，一个十分重要的问题就是，如何有效坚持马克思主义对社会思潮的科学引领。因此，在舆论宣传工作中必须以马克思主义的有效坚持和创新为基础，充分发挥报纸、广播、电视、网络等新闻媒体的导向作用，营造积极健康向上的氛围，坚持正确的舆论导向。既要对各种媒介传播的社会思潮严格把关，也要努力提高人们的思想觉悟，使之能够分辨各种社会思潮的本质。既要加大舆论引导力度，大张旗鼓地坚持正面宣传，营造积极健康向上的社会氛围，又要认真、切实关注群众需求，深入细致地做好思想政治工作，保证广大人民群众的情绪能够及时得到恰当疏导，坚持把反映人民心声与体现党的主张高度统一起来，确保人民群众普遍关注的难点、热点等问题能够得到积极适时的回应。同时，既要保证主流思想舆论能够得到不断的发展和壮大，又要努力创新舆情收集、分析处理与研判的方法和机制，并尽快完善快速反应、应急协调和妥善处理突发事件新闻报道等工作的机制，确保引导舆论的主动权牢牢掌握在党和国家的手中。进一步改革新闻报道的方法方式，一方面是要切实改进新闻报道中的会议和领导活动内容，展现有新闻价值的、与百姓息息相关的内容；另一方面，要以“有利于保持社会稳定，有利于人民群众自我保护，有利于党和政府开展工作”（“三个有利于”）为基本原则，慎重处理好突发事件的新闻报道。特别是要尽快建立和完善突发事件的新闻发布制度，以及应急协调和快速反应的处理机制，并使归口管理和组织协调突发事件新闻报道工作得到不断加强，最终做到立足事实，正确引导舆论。

① 王芮，等．马克思主义引领社会思潮的路径探析——基于葛兰西文化领导权理论角度［J］．人民论坛，2013（11）：15－18．

三、扶助职能

找准引领着力点，大力宣传先进积极的社会思潮。利用社会思潮传播中各环节的不同作用，对社会思潮在社会中间层次的传播进行积极的扶助。核心观点能否受到社会中间层次的接受和拥护，决定了一种社会思潮能否形成与发展。中间层次的价值取向判断、文化水平高低、政治倾向还极大地影响着社会思潮在边疆民族地区的传播。通过引领中间层次的社会思潮达到引领当地社会思潮的根本目的，是实现与巩固马克思主义在边疆民族地区的社会思潮引领地位的着力点。

四、管制职能

采用各种有力手段坚决抵制错误思潮的侵蚀，是边疆民族地区引领社会思潮机制建设的重要方面。要进一步完善思想宣传工作的工作机制，不断强化思想宣传工作的政治意识和领导责任，确保党对思想宣传工作的领导权得到切实加强。要建立出版质量监督检查体系，加强哲学社会科学的成果发布管理，加强反邪教宣传教育等方面的相关工作，加强和改善对宗教学学科等专业的教学和科研机构的引导和管理，制定成立社团和社团年度检查制度，进一步建立健全思想宣传阵地的管理制度。全面加强网络信息管理系统建设，提高网络管理水平。①

五、服务职能

要重视传媒的重要作用，积极创造优良的环境，为边疆民族地区科学引领社会思潮提供强有力的保障。面对趋于多样化、立体化的新式传播媒介和传播方式，要善于借助网络这一新兴传媒的优势，扩大思想政治工作的影响力和感染力。首先，借助网络建立思想政治工作资料库。通过广泛深入的调查研究，准确洞察社会思潮的发展新动向，及时掌握人民群众的群体性心理变化和时代性思想状况，以便思想政治工作的针对性和前瞻性能够得到增强和提高。其次，借助网络扩大巩固思想政治工作的宣传阵地。利用建立网站、组织相关人员在有影响力的网站上发表高质量文章、积极参加影响力较大的网络论坛讨论等，既要旗帜鲜明地评判和抵制网络上一些错误、颓废、消极的言论，又要用健康、积极、正确的思想文化等方面的信息占领网络这个思想舆论阵地，使正确观点和积极主张能够在网络上得到有效宣传，进而不断扩大自身的宣传影响力，努

① 中共中央办公厅，国务院办公厅．关于进一步加强和改进新形势下高校宣传思想工作的意见［R］．2015－01－19.

力引导人们走向道德高尚、思想进步、政治坚定的高尚境界。最后，借助网络开辟思想政治宣传工作的互动平台。把各类聊天工具和网络信箱等功能运用在思想政治宣传工作中，从而丰富交流形式，冲破时间和空间的局限。

六、发展职能

在边疆民族地区，很多有关社会问题的思潮的出现及其造成的不良影响，和当地、当时的社会经济发展水平、发展状况有直接关系。针对这些问题，直接有效的方法是着力解决与发展相关的问题，不论是由于发展本身所带来的问题，还是由于没有足够的发展而存在的问题，都可以通过发展来得到解决。科学引领社会思潮的一个重要职能就是，通过宣传和传播先进的社会思潮，营造一个利于发展、善于发展的社会思潮氛围，团结全体人民充分利用集体的合力，在发展中解决问题，在发展中确立并持续巩固马克思主义的指导地位，巩固党在边疆民族地区的意识形态领导权，保证社会思潮能够得到科学有效的引领。

第三节　构建和完善边疆民族地区社会思潮引领体系

社会思潮的引领工作是一个系统工程，也需要用系统工程的思维和方法来解决相应的问题，最重要的就是要构建和完善边疆民族地区社会思潮的引领体系。可以通过推进公共文化服务体系和现代传媒体系的建设，进一步完善原有传播体系，开拓创新传播体系，促进大众传播、组织传播和人际传播的结合，尤其要重视组织传播，从考虑群众的接受方式出发，健全文化服务体系，推进文化惠民工程，调整服务管理体制，充分利用社会主义新农村建设、公共文化服务体系、基层民主政治建设等机制和平台，积极探索有效模式和新型引领方式。同时，要适当调整宣传、文化、教育、科普等直接关联社会思潮的机构职能，整合形成一个宏大的引领系统，构建起大宣传的格局，形成一个从宏观到微观、全面有效引领社会思潮的机制和体系，对边疆民族地区的社会思潮引领工作来说，这是尤为重要的。

一、开拓创新传播体系

从本研究对我国边疆民族地区信息传播状况的调查，以及对边疆民族地区社会思潮及其运行机制的详细分析，可以看出，构建和完善边疆民族地区社会思潮的引领体系必须先建立完善且适应时代要求的传播体系。必须在引领少数民族文化发展的大格局下建立边疆民族地区社会思潮的引领体系。到2020年，按照《国务院关于进一步繁荣发展少数民族文化事业的若干意见》（国发

〔2009〕29号）的战略部署和具体安排，我国各个边疆民族地区的文化基础设施都能够做到相对完备，基本建立起全国覆盖的公共文化服务体系，包括对各少数民族和边疆民族地区的全覆盖；而且，要保证边疆民族地区的各项主要指标都能够达到或接近全国的平均水平，从根本上解决好边疆民族地区人民群众开展文化活动难、听广播难、看影视难、看报难、读书难等问题。同时，也要更加有效地保护好、传承好、弘扬好各个少数民族的传统优秀文化。

（一）建设边疆民族地区公共文化服务体系

为进一步有效实现边疆民族地区各族群众基本文化权益的保障落实，我国强力实施推动了公共文化服务体系的建设工作。直至今日，虽然我国边疆民族地区公共文化服务体系建设已经取得重大成就，但由于公共文化服务人才短缺、公共文化基础设施建设滞后、民族特色和少数民族语言文字文化产品供给不足等原因，边疆民族地区公共文化服务水平与各族人民群众的需求之间还有较大差距。目前来看，边疆民族地区的公共文化服务体系的整体服务水平与国内其他地区相比，总体上是较低的。从这个真实具体的情况出发，我国在布局公共文化服务体系战略时，把边疆民族地区的公共文化服务体系建设目标确定为：全面深化边疆民族地区文化体制改革，加强保障少数民族群众的文化权利，加大供给民族特色和少数民族语言文字的文化产品和公共文化服务，使边疆民族地区的公共文化服务水平与绩效得到大力提升，使边疆民族地区公共文化服务的水平与国内其他地区的差距尽快有所缩小，使全国公共文化服务均等化的进程得到进一步加速。

边疆民族地区的公共文化服务体系建设，要从各个边疆民族地区的文化发展现状出发，围绕以下五个方面的重点内容来开展工作：一是要以财政支持的力度不断加大为基础条件，通过少数民族语言文字或少数民族特色的文化产品在互联网、广播电视、报刊、图书等领域的供给得到大量增加，使各个少数民族的现代文化传播力不断得到增强。二是要强力推动创新发展少数民族文化，使每个少数民族群众的公民文化权利在语言表达、舆论监督、文化教育、文化批评等各领域逐步得到有效保障。三是要积极推动公共文化服务决策逐步实现地方化、水平化、民主化，使当地在决策公共文化服务体系的建设时，能够充分发挥少数民族群众和文化相关部门的主导作用，使当地的公共服务体系使用效率最大化能够得到有力推动，使公共文化服务的使用者与决策者之间在各个环节上的距离尽快得到缩短。四是要根据当地对公共文化服务的实际需要，推进边疆民族地区公共文化服务体系建设投入方式改革，合理探索和安排常规项目在公共文化服务体系建设方面的投入模式，逐步使公共文化服务体系建设的相关财政经费统一掌握在文化部门手中，使项目投入的高效性得到基本保证，从而使公共文化服务体系建设大量用文化工程项目来推进的老方式逐步得到根本改变。五是要尽快把广电、文化、体育、旅游、新闻出版等有关部门及其职能整合为一个负责文化管理的大部门，形成新型的文化管理体制，使文化管理职能与边疆民族地区文化发展的需求及特点相适应。

（二）建设边疆民族地区现代传媒体系

作为边疆民族地区文化市场和公益性文化事业的重要组成部分，现代传媒体系在边疆民族地区，既要把丰富多样的少数民族语言文化产品提供给少数民族群众，发挥其在文化市场上的基本主体作用；又要把党和国家的声音传播给边疆民族地区的广大人民，承担起它在文化事业建设中引导社会舆论、宣传社会主义核心价值观、引领社会思潮的重大职能作用。

整体上来看，我国各边疆民族地区的现代传媒体系建设还是比较落后，与全国整体水平和发达地区都有一定的差距。但现代传媒的技术特征和国家经济实力的大幅提升使边疆民族地区现代传媒体系具备了实现跨越式发展的条件。因此，我们应当把我国边疆民族地区建设现代传媒体系的战略目标确定为：加大财政对传媒建设的投入力度，积极推进传媒体制改革，加快传媒相关技术创新，加快推动边疆民族地区的互联网、广播、电视、电影、新闻出版等文化事业的发展，并使之作为基础条件，支撑起边疆民族地区的跨越式发展。同时，还要注意把“加大供给”和“公益先导”作为边疆民族地区建设现代传媒体系的战略原则。相关部门也要及时做出相应的战略部署和措施安排。

在新闻出版事业领域，一方面是要保证一些非时政类的报刊数量能够得到适当增加，以便使少数民族语言文字的报刊供给得到保障。另一方面是要积极采取措施，切实促进少数民族语言文字出版事业。要在奖励优秀的少数民族语言文字著作、少数民族语言文字读物的数字化、优秀中文图书的翻译和出版等方面，给予财政补贴和税收减免。在财政投入和政策扶持上要对少数民族语言文字出版进行适当倾斜。

在广播电视事业方面，最主要的工作是要尽快增加少数民族语言的节目。在内容的生产和供给上做好三个方面的重点工作：一是积极推动边疆少数民族的广播电视事业和沿海发达地区的合作，学习东部地区丰富的创新经验和成功的市场经验，促进边疆民族地区广播电视节目的创新，尤其要注意增强少数民族语言节目的吸引力；二是以制播分离为原则，并在此基础上，加快节目制作和内容创作向社会资本开放的进程，进一步丰富少数民族语言节目的内容和形式；三是要在少数民族语言广播电视的汉语节目译制和民族语言节目制作等方面继续加大公共财政的支持力度。

在互联网领域，一方面是要继续依托和拓展国家的光纤通信网络工程项目，把相关的惠民工程实施好，使“计算机下乡”“宽带下乡”等项目能够深入惠及边疆民族地区最边远的民族同胞，使边疆民族地区的家庭宽带普及率和家庭计算机普及率都得到较大幅度的提升，使边疆民族地区的信息化建设，成为当地推进跨越式发展的重要条件。另一方面是要把市场的力量和公共财政的力量结合起来，形成良好的资金合力，培育和扶持一批少数民族语言文字的门户网站，使之成为边疆民族地区具有国际性、全国性影响的重点网站，抢占边疆民族地区网络舆情的制高点，增强边疆民族地区科学引领网络传播文化的能力。

二、探索新型引领方式

在社会经济、文化各方面飞速发展的时代背景下，边疆民族地区社会思潮引领工作也不断地面临着新情况、新问题。形形色色的思潮层出不穷，并且不断翻新花样，在一定程度上吸引了人们的眼球，挑逗了人们的胃口。引领社会思潮的老方式、老方法逐渐受到人们冷待，因此，迫切需要在方式方法上不断创新。目前来说，可以通过充分利用社会主义新农村建设、公共文化服务体系建设、基层民主政治建设等机制和平台，积极探索引领社会思潮的新方式、新方法、新形式。

（一）利用好社会主义新农村建设平台

针对农村文化事业底子薄、基础差、人才缺、资金少以及农村文化生活单调、基层文化建设滞后等情况，应采取切实有效的政策措施，促进社会主义新农村建设中的民族文化建设，加大边疆民族地区文化传承人的培养和文化工作队伍的支持力度，在保护、整理、发展、挖掘少数民族传统的物质文化和非物质文化方面，增加财力、物力和人力的投入。同时，严格按照社会主义新农村建设的“生产发展、生活宽裕、乡风文明、村容整洁、管理民主”等要求，扎实稳步地推进边疆民族地区的“三农”工作，使边疆民族地区农村的社会保障制度、公共服务制度和社会管理制度得到不断完善。要在党的领导下，积极推动社会管理体制创新，尤其要强调以“五位一体”社会制度（社会化和市场化协同、政府主导与公众参与结合、预防和应急并重的公共安全管理制度）为基准，继续保证以人为本的社会和谐环境的共建共享持续推进，尽快把政府的管理力量同社会的调节力量互动、政府的行政功能同社会的自治功能互补、政府的调控机制同社会的协调机制互联的社会管理网络建立起来，促进包括诉求表达机制、权益保障机制、利益协调机制、矛盾调处机制等在内的科学有效的社会管理机制的建立和健全。

党的十八届四中全会提出：“加强公民道德建设，弘扬中华优秀传统文化，增强法治的道德底蕴，强化规则意识，倡导契约精神，弘扬公序良俗。”[①] 体现在边疆民族地区，就是要使文明的社会风尚和健康的生活方式得到倡导和实践，进一步促使科学观念在边疆民族地区各族群众中牢固树立，直至把愚昧的旧思想、落后的旧观念彻底消除掉。具体到乡镇、村（社区）两级来看，需要继续通过马克思主义无神论和唯物论等方面宣传教育的强化，进一步帮助各族群众牢固树立起科学的世界观，从而在面对文明与愚昧、科学与迷信的选择时能够准确划清界限，从根本上把迷信、愚昧等落后思想赖以存在和蔓延的社会土壤铲除掉。[②] 这就需要我们进一步努力完善水电、道路、电信、广播、网络等基础设施建设，实现现代信息在边疆民族地区农村的普遍共享。同时，各有关部门要从占领农村思想阵地的政治高度来认识问题、推进工作，努力把基层文化阵地建设抓好、抓实，在群众性的文化活动中，不断推出健康向上、寓教于乐的文化产品，让边疆民族地区广大农民充分享受现代社会的文明成果，自觉抵御和消除不良文化思潮对农村的侵袭。首先要把农村的医疗保险、养老保险、最低生活保障等社会保障制度尽快建立健全起来，尤其要使之进一步成为法律法规。只有为农村群众充分提供了医疗保险、养老保险和最低生活保障等农村社会保障制度，才能使边疆民族地区农村的社会保障工作得到依法有序的推进、各种社会矛盾得到缓和或化解，保证广大农村实现社会稳定和经济增长等目标。其次要利用各种渠道来筹措农村统筹基金和养老基金。扎扎实实改善农村居民的生存状况，提高农村居民的生活水平，使城乡的发展更加协调。再次要对农村的统筹基金及养老基金进行有效的管理及使用，并进行全面的监督，切实发挥好基金的作用。

党的十八届四中全会明确指出：“建立健全社会组织参与社会事务、维护公共利益、救助困难群众、帮教特殊人群、预防违法犯罪的机制和制度化渠道。”[③] 加强对重点人群的文化关怀，减少社会矛盾发生的根源。要大力探索新途径、新办法来推进服务群众、贴近群众、引导群众的工作效果，以有效回应广大人民群众在新时期、新条件下的新期盼，在充分关注人们多方面的精神感受和需求的同时，针对民生工作和社会管理的重点领域，认真开展好社会保障、教育、就业、医疗、住房等社会普遍关注问题的舆论引导，加强未成年人、城乡困难群体、流动人口、新型经济社会组织等重点人群的人文关怀力度，帮助

---

① 中共中央关于全面推进依法治国若干重大问题的决定［R］. http://cpc.people.com.cn/n/2014/1029/c64387-25927606.html.

② 时应峰. 蚌埠市新农村建设中存在的问题与对策［J］. 乡镇经济，2007（7）：34-37.

③ 中共中央关于全面推进依法治国若干重大问题的决定［R］. http://cpc.people.com.cn/n/2014/1029/c64387-25927606.html.

他们在各种挫折和困难面前保持健康的心理状态，教育和引导人民群众逐步树立起正确的思想观念，理性地分析和正确地看待各种各样的社会矛盾和社会问题，大家一起共同努力自觉做到维护社会的和谐稳定。

（二）利用好公共文化服务体系平台

公共文化服务体系是满足人民群众精神需求的重要途径，也是繁荣社会主义文化、构建和谐社会的根本要求。公共文化服务体系平台主要包括：一是公共文化服务设施网络，这是从上到下、全面覆盖城乡的全国性的公共体系。包括：文化活动中心、青少年宫、博物馆、文化馆、影剧院、图书馆，省、市、县、乡镇各级文化站，村级的文化活动室，以及城市社区的文化活动中心等文化服务设施。二是着眼于为特定的对象提供公共文化服务所建立起来的文化平台，这类平台的服务对象主要是基层和农村群众。比如，农村文化科技“三下乡”、农村巡回放映电影、农家书屋工程、春节送戏下乡、流动舞台车工程等等。公共文化服务平台受众面广、影响力强，因此要重视加强公共文化服务平台建设，充分利用公共文化服务平台，在满足人民群众文化需求的过程中，大力宣传弘扬社会主义核心价值观，充分发挥公共文化服务平台对社会思潮的引导作用。

边疆民族地区由于历史、地理等因素的制约，边疆民族地区特别是一些边远山区，人们的思想观念、生产方式、生活方式、风俗习惯等仍处于相对封闭和落后状态，对新的思想观念、生产生活方式，以及各种外来的文化、事物，一开始总会存在着一种由来已久的自觉不自觉的隔膜、抵触和排斥。提供公共服务的部门和机构就要努力促进民族文化事业繁荣发展，紧密结合“民族团结示范村”抓好农家书屋建设、农村电影放映、农村文化信息资源共享、农村广播电视基础设施建设、乡镇综合文化站和基层文化阵地建设等五大工程，切实加强边疆民族地区（尤其是边境地区）的文化基础设施建设，打造一批具有民族特色的文化产品。尤其在公共文化体系的建设中，要引导群众积极、主动地参与到公共文化建设中来，通过群众的参与来提高政府对社会思潮动向的掌控，有针对性地提供边疆少数民族群众容易接受的、系统的公共文化产品，宣传社会主义核心价值观，从而影响群众、凝聚群众。

1. 充分发掘已有条件

要依托当地各乡镇综合文化站、村文化室和社区文化中心等，对广大人民群众进行教育，提高其素质；通过它们组织丰富多彩的文化活动对广大群众进行社会主义、爱国主义、社会主义核心价值体系的教育。

2. 健全文化服务体系

统筹城乡文化发展，健全文化服务体系。整合政府、企业、文艺院团的力量，建设高端与普惠兼备、多层次多种类的公共文化服务体系。一是努力使公共文化资源的供给更加丰富。在公共文化服务的供给方式上，可以充分发挥公共文化服务本身所具有的特殊性，采用政府采购、市场购买等方式，提供具有鲜明时代精神、浓郁地方文化特色、当地人民群众喜欢的戏剧、影视、娱乐节目等文艺产品。二是充分利用好现有的设施体系。边疆民族地区的经济社会发展情况，决定了边疆民族地区在公共文化服务设施方面存在总量不足、质量不高、结构不优、运行不顺等情况。在充分利用现有设施，除了包括文化馆、图书馆等外，还要利用各类文艺院团的演出小分队组织丰富多彩的群众文化活动，并充分利用流动设施开展文化服务，如图书借阅车、文艺大蓬车等。三是促进公共文化资源整合和共建共享。可以通过提供设施、赞助活动、资助项目、兴办实体等形式，整合市场和社会的文化资源，使文化活动的凝聚力和吸引力得到增强，引导和鼓励社会力量参与公共文化服务，打破文化、广电、新闻之间的行政壁垒，加大跨地区、跨部门、跨领域、跨系统的文化服务主体间的交流合作。

3. 考虑群众接受方式

在群众接受方式方面，应考虑以下几种情况：第一，充分利用边疆民族地区民族文化的特点，借助互联网在传递信息方面的快捷性与方便性，充分利用各种文化传播的中介条件，高度重视广播、电视、电影、报纸、杂志、图书等大众文化传播媒介在少数民族传统文化同外来文化的交流中所发挥的不同作用；第二，利用文化产品具有社会属性的特点，把社会的“主流意识形态产品”借助公共文化服务体系转化为当地人民群众容易接受的文化形式和传播形式，增强主流意识形态在社会上的亲和力、渗透力。

4. 推进文化惠民工程

文化要惠民，基层政府就要做到对文化设施的充分利用。首先要研究当地情况、立足地方优势、了解百姓意愿，做到常规工作常规抓，重点工作重点抓，做到实实在在为基层群众的文化生活做点实事、真事。让文化惠民工程适应边疆民族地区人民群众多方面、多层次、多样化的文化需求，拓宽服务领域，创新服务方式，提高服务质量。如云南省较好地运用了万里边疆文化长廊、文化下乡、全国文化信息资源共享工程、广播电视“村村通”工程、电影“2131”工程、云南省边疆“解五难”和“农家书屋”等工程；定点服务与流动服务相结合，鼓励具备条件的州、县图书馆采用通信、网站等现代服务方式，多渠道向基层配送文化资源。继续开展服务基层、服务农民的“双服务”活动，推动公共文化服务向边疆民族地区延伸。

5. 调整服务管理体制

在公共文化服务管理体制方面：第一，针对公共文化服务项目，在那些行业门槛比较低、规模和社会影响相对较小的领域，政府可以支持和鼓励社会组织和民营企业参与进来，积极探索公私合作或合营、特许经营、委托服务等服务形式；第二，对那些服务门槛较高、具有规模经济特征的公共文化服务项目，要加强公共文化部门之间的竞争，可以考虑引入市场机制；第三，对那些公益性的公共文化产品，也可以考虑采用市场化的方法，不断提高公共文化服务的供应水平和供给能力，不断满足人民群众日益增长的公共文化需求，要努力采取社会化的方式来实现公共文化服务的管理运作和资源配置，并给予财税扶持、项目补贴、资金奖励、政府购买等各种优惠。

（三）利用好基层民主政治建设平台

在新的社会发展格局下，我国表现出多种社会阶层同时并存的状态，作为工人阶级的先锋队，中国共产党必须继续保持先进性的性质本色，继续坚持改革开放，全心全意依靠工人阶级，带领全国人民如期建成小康社会。要在巩固人民民主专政、坚持党的领导的前提下，正确处理好党的领导、人民当家做主、依法治国三者的有机统一关系，积极推进社会主义政治制度的自我发展、自我创新，不断完善人民代表大会制度、中国共产党领导的多党合作和政治协商制度、民族区域自治制度、“一国两制”、基层群众自治制度等五个方面内容的“五位一体政治制度”①。其中，要圆满实现中国共产党对社会主义事业的高效有序领导，就要既坚持民主集中制原则，改进政党和人大、政府等方面的权力制衡关系，又要坚决维护共产党的工人阶级先锋队性质。中国共产党领导下的多党合作和政治协商制度，是我们国家的基本政治制度。民主集中制，是党和国家的根本组织原则和组织制度，是党内外各种关系得以科学、正确、高效、有序地处理的政治准则。广大人民群众可以通过多种合法的政治参与途径来充分表达自己的意愿，通过满足不同利益群体的合理需求，求同存异，使村级管理更加科学，保证整个边疆民族地区社会利益的统一和稳定，进而促进整个社会的统一和稳定。

党的十八届四中全会提出，要“强化法律在维护群众权益、化解社会矛盾中的权威地位，引导和支持人们理性表达诉求、依法维护权益，解决好群众最关心最直接最现实的利益问题”②。这要求我们，既要按照“依法建制，以制治村，民主管理，民主监督”的原则，以继续加强党的领导为基础，进一步规范

① 程恩富．创新马克思思潮价值取向［J］．人民论坛，2014（4）：25－27.

② 中共中央关于全面推进依法治国若干重大问题的决定［R］．http：//cpc.people.com.cn/n/2014/1029/c64387－25927606.html.

建章立制，大力推进农村基层民主法制建设，充分利用法律工作者以案说法、新闻媒体报道、骨干人员培训等途径和形式进行广泛的法制宣传，下大力气、花深功夫，切实抓好边疆民族地区的农村普法教育，尽快提高边疆民族地区农民的法律素质，进而能够尽快增强农民依法办事、依法监督、依法参与村务管理等方面的基本法律能力，保证村民自治能够真正得到严格实行。以促使农民愿意积极、主动地参与到村务管理中去，充分发挥群众的积极性和主动性，实现自我教育，进而使法律法规赋予他们的民主权利能够得到真实、全面、有效的行使和表达，使村务管理工作规范的制定更切合实际并具有很强的操作性。同时，要以"深入推进社会治安综合治理，健全落实领导责任制"为抓手，把日常性的社会管理与阶段性的集中整治结合起来，继续加强动员全社会力量积极参与综合治理，建立健全村规民约，使新农村建设尽快走上规范化、制度化、法治化的轨道，强化村民的自我服务、自我管理等功能，以积极开展各类群众性的评比活动来鞭策后进、激励先进，使村民自治组织的积极作用得到充分发挥，形成"共创共建、齐抓共管"的良好局面，加大查处和打击农村违纪违法案件的力度，切实维护边疆民族地区农村社会经济稳定。干部要进行自我约束，在解决农村的难点、热点问题时，可以以建立健全村务大事民主决策制度为突破口，逐项推进边疆民族地区的村民自治，并使之成为当地群众信赖、信服的基础性权威力量。

三、整合形成大引领系统

引领社会思潮的社会系统构成有它自身的生成特性，又具有更为强烈的人为构建性。从我们国家的情况来看，充分利用多种宣传工具和载体，是我们党进行意识形态宣传的基本经验。① 目前来说，引领社会思潮有关的机构，除各种间接相关的机构外，诸如宣传、文化、教育、科普等直接关系社会思潮的机构，它们的相关职能需要得到适当调整，整合形成一个宏大的引领系统，构建起大宣传的格局。以至于形成从宏观到微观全面有效的引领社会思潮的机制和体系。这对边疆民族地区来说尤为重要。因为，边疆民族地区社会经济文化等方面发展的整体水平都不高、引领社会思潮的体制机制不完善，文化产业、文化事业、宣传教育等有关思想政治工作的整体实力都有待提高。从引领社会思潮的工作来看，提升文化软实力、掌握话语权的任务很显然是非常迫切的。这也更强烈地表明，社会思潮引领工作的各项资源都有待整合，而且必须整合。

2013 年 8 月 19 日，在全国宣传思想工作会议上，习近平总书记发表重要讲

---

① 张美君．90 年来中国共产党意识形态宣传的基本经验［J］．广西社会科学，2011（6）：13 - 16.

话指出："做好宣传思想工作必须全党动手。各级党委要负起政治责任和领导责任，加强对宣传思想领域重大问题的分析研判和重大战略性任务的统筹指导，不断提高领导宣传思想工作能力和水平。……要树立大宣传的工作理念，动员各条战线各个部门一起来做，把宣传思想工作同各个领域的行政管理、行业管理、社会管理更加紧密地结合起来。"① 习近平总书记的讲话深刻阐述了大宣传的工作理念，这是具有全局观念、系统思维和宽广视野的战略指引，是传统宣传工作的重大突破，体现了合力推进社会思潮引领工作的战略思维，应当成为当前一个阶段做好新形势下社会思潮引领工作的基本遵循。大宣传工作理念的提出，要求我们要深入领会、认真落实、努力践行，不断开创社会思潮引领工作的新局面。

社会思潮引领工作是党的一项极端重要工作，只有全党参与，才能形成推进社会思潮引领工作的强大合力，这需要得到充分的认识。各级党委都要树立社会思潮引领工作的整体思维，全力抓好社会思潮引领工作，牢牢掌握意识形态工作的主动权。在热点问题、敏感问题、重大问题上，主要负责人要亲自部署、亲自检查、亲自过问，切实负起政治责任和领导责任，把好关，控好度。在检查考核上要体现各级党委的主体责任。各级党组织直到基层单位和职能部门，要层层落实责任，一抓到底，不留死角。当然，各归口部门更需要增强政治意识和大局意识，要敢于担当，牵头抓紧抓好社会思潮引领工作，尤其要找准社会思潮引领工作的切入点和着力点，充分发挥自身在引导舆论工作中的重要作用，做到守土尽职、守土有责、守土负责。要坚持全方位合力抓社会思潮引领工作，积极探索同部署、同行动、同检查、同考核的社会思潮引领工作机制，努力形成齐抓共管的良好局面，实现社会思潮引领工作与各项工作有机结合、社会思潮的引领工作全覆盖，全力动员各种力量积极参与到引领社会思潮的工作中来，使各条战线、各部门、各单位都不能作旁观者置身事外，自觉把社会思潮引领工作融入各项工作的全过程。② 在移动互联时代的新兴媒体、新兴手段、新兴信息流等新态势下，社会思潮引领工作所需的系统甚至还要扩大到机构和人员之外的非人系统，从而使整个社会系统都成为社会思潮引领工作系统。

① 习近平．胸怀大局把握大势着眼大事　努力把宣传思想工作做得更好［N］．人民日报，2013－08－21（1）．

② 廖桂雄．践行大宣传工作理念的几点思考［J］．冶金企业文化，2014（5）：37－38．

第五章 科学引领边疆民族地区社会思潮的方法探索

科学引领边疆民族地区社会思潮的机制框架确立后，还需要从引领工作的有效性出发，对科学引领边疆民族地区社会思潮的方法做一些原则性的探索。首先必须考虑的是，要针对边疆特点，加强民族教育，以马克思主义民族国家理论引领边疆民族地区社会思潮；重视文化建设，充分发挥边疆民族地区文化建设的社会思潮引领功能；优化民族党建，突出党的建设对边疆民族地区社会思潮的引领。既要强调领导干部带头学习，又要注意宣传教育形式的多样化，充分发挥大众传媒的导向作用，加强对青少年的教育，做好马克思主义民族国家理论的宣传，做好民族政策、民族法律法规、民族知识和相关理论的普及，广泛开展好民族精神、时代精神和民族团结进步教育，巩固爱国主义、国家认同和民族团结的历史成果，巩固团结统一的思想基础。针对信教群众，要尊重宗教信仰自由，细心落实宗教政策，团结广大信众共筑“中国梦”。针对边疆民族地区文化建设相对落后的状况，既要强调文化建设要紧跟时代性、倡导多样性和包容性，积极出版、发行适合边疆民族地区的优秀出版物，又要注意到核心价值观是决定文化性质和方向的最深层要素；从而做到既要加强执政党自身的文化建设，坚持党对宣传思想工作的绝对领导，又要努力寻求社会共识，营造积极健康的思想舆论氛围。更为直接有效的是，要适应党的历史方位的变化适时推进边疆民族地区党建创新，积极探索边疆民族地区包容、灵活、有效的意识形态工作方法，进一步加强党对社会舆论的主导能力、对先进文化的引领能力、对民族宗教的管控能力。其次是要继续巩固好原有的宣传工作阵地，全面做好农村教育培训工作，强化大众传媒的宏观管理，创新宣传方式，提升引领效果，突出重点内容，着力推进马克思主义的理论创新，推进“中国梦”的理论阐释和思想实践，以社会主义核心价值观等共同理想追求和马克思主义最新成果引领边疆民族地区社会思潮。要继续面向边疆民族地区农村广大党员干部开展信仰教育，面向边疆民族地区农村广大青少年开展理想教育，面向边疆民族地区农村广大农民群众开展文化教育。既要大力发展少数民族广播影视事业，又要坚持党的领导，增强媒介自律性，不断提高公众对官方信息的信任程度，提高正确引导舆论的能力和水平。同时要注意把握媒介传播的规律特征，创新宣传方式，发挥宣传机构的职能作用，提升引领效果。再次是要在新的时代背景下，对宣传工作做出必要的策略调整。可以通过加强普法工作与科普工作，以法治思想引领社会思潮，以科学文化和法治建设为载体，立足问题导向，注重有效引领，促进马克思主义宣传；以“用科学引领社会思潮”为策略，实现“用马克思主义引领社会思潮”的目的。同时，要积极推进内容、形式、载体、提供方式、传播手段、管理体制、发展模式、人才发展体制机制等方面的文化创新，以创新掌握意识形态主动权。最后还要特别强调战略战术上的主动性，把积极培育主流思潮放在比被动应对各种思潮的挑战更为重要的地位。要把握时代脉搏，做好社会实验，培育主流思潮。目前，文化创新和生态文明是处于时代发展前沿，与马克思主义中国化最新成果紧密连接的重要内容，有必要引导它们成为当地的主流社会思潮，使之成为引领社会思潮的主要内容和基本方向。这对边疆民族地区来说，是最为适当的战略选择。可以通过切实推进“五位一体”建设，整合形成社会思潮的大引领系统，使生态文明思想内化于心，外化于行，造就“生态公民”，成就“生态社会”，逐步把生态文明培育成为边疆民族地区的主流社会思潮，达到用生态文明引领边疆民族地区社会思潮的目的。

第一节　针对边疆特点

从总体区域来看，边疆民族地区是很有特点的；从具体地区来看，各个边疆民族地区的特点更为突出。边疆民族地区社会思潮的特点也同样非常具有个别化特征，各个地方的具体情况千差万别。要做到科学引领边疆民族地区社会思潮，确实需要根据不同地区的具体情况采取因地制宜的对策，但同时也可以针对整个边疆民族地区社会思潮的特点，考虑设计一些可以在多数地区、多数情况下适用的原则性安排。目前边疆民族地区基于地缘关系和历史渊源，面临境外渗透、宗教信仰、民族团结、边防巩固等方面的压力，需要进一步加强民族教育，以马克思主义民族国家理论引领社会思潮。一方面，既要强调领导干部带头学习，又要注意宣传教育形式的多样化，充分发挥大众传媒的导向作用，加强青少年教育，做好马克思主义民族国家理论的教育，做好民族知识、民族理论、民族政策、民族法律法规教育，巩固团结统一的思想基础；另一方面，既要广泛开展民族精神、时代精神和民族团结进步教育，巩固爱国主义、国家认同和民族团结的历史成果，又要尊重宗教信仰自由，依靠和团结广大信众，细心落实宗教政策，团结广大信众共筑“中国梦”。针对边疆民族地区文化建设相对落后的状况，既要强调文化建设要紧跟时代性、倡导多样性和包容性，积极出版、发行适合边疆民族地区的优秀出版物，又要注意到核心价值观是决定文化性质和方向的最深层要素。从而做到既要加强执政党自身的文化建设，坚持党对宣传思想工作的绝对领导，又要努力寻求社会共识，营造积极健康的思想舆论氛围，充分发挥边疆民族地区文化建设的社会思潮引领功能。更为直接有效的是，通过优化边疆民族地区党的建设，加强社会思潮的引领，就是要适应党的历史方位的变化适时推进边疆民族地区党建创新，即坚定理想信念，推进马克思主义的信仰建设；夯实组织根基，推进标准规范的党支部阵地建设；优化班子配备，推进忠诚可靠的党员干部队伍建设。同时，要积极探索边疆民族地区包容、灵活、有效的意识形态工作方法，以便进一步加强党对社会舆论的主导能力、对先进文化的引领能力、对民族宗教的管控能力。

一、加强民族教育，以马克思主义民族国家理论引领社会思潮

作为组成马克思主义理论的重要部分之一，马克思主义对民族问题和民族现象的基本立场、基本观点、基本方法和总的看法，就构成了马克思主义民族理论的核心内容，并因此理所当然地成为指导马克思主义政党认识民族现象、制定民族工作纲领和政策、解决民族问题的思想武器。加强民族教育，以马克思主义民族理论引领社会思潮，就是要通过教育、宣传等形式和途径，使马克思主义民族观的基本内涵能够正确地被民众所认识，进而使基本的马克思主义民族理论和民族政策能够被广大人民群众理解和掌握，使人民群众对于民族以及民族问题的模糊认识得到澄清，从而帮助边疆民族地区的各族人民群众进一步把正确的民族观树立起来，正确认识自己身边的民族现象和民族问题，并做出恰当的处理和应对。

边疆民族地区，历来是我国分裂与反分裂、渗透与反渗透、争夺与反争夺的前沿阵地，马克思主义民族理论教育作为统一思想、鼓舞人心、凝聚力量、动员群众的强有力工具，加强其宣传教育，在引导各族干部群众正确认识和对待民族问题、客观对待民族差异、增加民族理解，树立“团结稳定是福，分裂动乱是祸”“民族团结高于天，社会稳定百姓安”和“三个离不开”思想方面，具有迫切而现实的意义。

（一）做好民族知识、民族理论、民族政策、民族法律法规教育

坚持不懈地在边疆民族地区开展基本的马克思主义民族知识、民族理论教育，以及宣传和普及我们国家的民族法律、法规、政策，是引领边疆民族地区

社会思潮的重要举措。

1. 领导干部要带头学习

中共十六届中央政治局2004年10月21日第16次集体学习的主要内容，就是马克思主义的民族理论和民族政策。时任总书记的胡锦涛同志强调，“不仅要教育群众，更要教育干部；不仅要教育少数民族干部，更要教育汉族干部；不仅要教育一般干部，更要教育领导干部”①。事隔十年，对作为“关键少数”的领导干部来说，深入系统地学习和把握马克思主义民族理论、民族知识、民族法律法规、民族政策的精神实质，学会在观察和处理民族问题时，能够正确运用马克思主义的立场、观点和方法，不断提高处理民族问题的能力，依然是不可代替的一项重要学习任务。对新提拔到领导岗位的干部，要进行有关民族理论和民族政策的培训，以更好地适应工作的需要。

2. 加强对青少年的教育

作为祖国和民族的未来，以及民族关系的未来主体，坚持和加强面向各族青少年的宣传教育，是一项不可或缺的工作任务。要千方百计地保证党的民族理论和民族政策方面的有关教育内容进教材、进课堂、进学校，要在各族青少年的思想观念中牢牢树立起“四个认同”“四个维护”“三个离不开”等最基本的民族关系观念，从而使民族观、人生观等正确观念从小就树立在各民族青少年的心中，使心连心、同呼吸、共命运等光荣传统在我国的各民族中都能够代代相传，确保我国民族关系的永久和谐。

3. 发挥大众传媒的导向作用

大众传媒在一个国家或地区的民族关系观念形成中，具有重大的导向性影响作用。因此，一方面是必须把党的民族理论、民族政策、民族法律法规和相关的民族常识等贯穿在教育和培训出版、新闻媒体等行业从业人员的学习中，并要得到持续地坚持和加强；另一方面是要加强管理和引导好出版物、广播影视作品和互联网信息，防止那些有损民族团结、伤害民族感情的内容出现，鼓励相关单位和人员，更多地把党的民族政策宣传出去，更多地把有利于民族团结的好作品推广出去，共同营造民族团结和谐的思想文化氛围。

4. 注意宣传教育形式多样化

我们要结合“七五普法”（《中央宣传部、司法部关于在公民中开展法制宣传教育的第七个五年规划》）教育，把《中华人民共和国民族区域自治法》纳入“七五普法”教育，利用边疆民族地区少数民族的各种节庆活动（如藏历年、羌历年、傣历新年等），与各相关部门协作，采取组织知识竞赛、印发、张

① 胡锦涛．做好新形势下的民族工作［N］．人民日报，2004-10-23（1）．

贴等形式，进行主题鲜明的宣传活动，把党的民族理论、民族政策、民族区域自治法律法规作为各级政府及公务员教育培训的重要内容。同时，紧紧围绕中央关于加强民族团结宣传教育的要求，印发民族团结的宣传提纲；通过举办座谈会，专题讲座，送法进校、进社区、进工厂、进村寨等形式组织广大干部群众学习；通过组织以“我爱我的祖国”等为主题的演讲、歌咏大赛，让广大群众亲身感受到党的民族政策的优越性。

（二）广泛开展民族精神、时代精神和民族团结进步教育

科学引领边疆民族地区社会思潮最直接、最重要的内容，就是要认真开展好民族团结进步教育，使以改革创新为核心的时代精神在边疆民族地区得到广泛宣传，使以爱国主义为核心的民族精神得以家喻户晓。因为我国边疆民族地区的民族关系往往与多样性的民族利益密切联系在一起，处理得不好就会使边疆民族地区的社会稳定遭到危害。很多地方的民族关系往往同时是当地至关重要的政治关系，而不仅仅是最基本的社会关系。这给我们的民族相关工作提出了很高要求，需要处理好方方面面的关系，才能够全面维护好社会稳定、祖国统一和民族团结的大好局面。不但要处理好实行区域自治地区区域内的主体民族与非主体民族之间的关系，以及实行区域自治的民族与不实行区域自治的其他民族之间的关系；还要处理好一个少数民族与其他少数民族之间的关系，以及处理好少数民族与汉族之间的关系等。[①] 这需要以科学有效地引领好边疆民族地区社会思潮为重要支持基础。

1. 爱国主义和国家认同

一个国家的民族觉悟和民族意识，通常都会集中反映为爱国主义。爱国主义是中华各族人民的共同精神支柱，在我们国家的历史上，从来都是国家政权赖以动员和鼓舞全国人民一起团结奋斗的重要旗帜，在抵御外来侵略、维护祖国统一、推动社会进步、促进民族团结等重大社会活动中，发挥着不可替代的重要作用。[②] 同时，爱国主义也是一个民族赖以生存和发展的灵魂所在。在多民族国家，每一个社会成员都同时拥有不同的身份和认同，一个人的民族认同与他的民族身份相对应，而他的国家认同则与他的公民身份相对应。在多层次的民族关系中，民族认同还可以是分层次的，就我们国家的实际情况而言，既有高层的中华民族认同，又有基层的个体民族认同。在边疆民族地区，部分群众基层的个体民族认同有高于和优先于中华民族认同和国家认同的可能性。因此，爱国主义教育要理直气壮、旗帜鲜明、大张旗鼓地全面进行，使之在边疆

① 康菊花，张小楠．边疆多边疆民族地区思想政治工作功能的思考［J］．学校党建与思想教育，2010（6）：30.

② 叶缤．爱国主义是民族团结教育的核心内容［J］．新疆社会科学，2007（4）：71.

民族地区得到广大人民群众的普遍认同。

2. 民族团结进步教育

民族团结进步教育包括一系列丰富的内容和一套完整的体系。在我国，民族团结教育是以促进民族团结为主旨、针对全体公民开展的一项教育内容，由党和国家主导，由国家机关、企业事业单位、城乡基层组织、社区、其他组织和社会团体等分工配合组织实施。核心内容是爱国主义教育，包括树立民族意识、普及民族团结常识、学习民族理论、增强维护民族团结责任、掌握民族政策、履行维护民族团结义务等各方面的教育。① 从宏观方面看，民族团结教育包括马克思主义的历史观、文化观、宗教观、民族观、国家观；从中观方面看，民族团结教育包括不分裂中华民族的专门教育和集体主义、社会主义、爱国主义的教育；从微观方面看，民族团结教育包括民族区域自治制度和相关的国家法律、法规的教育，以及党的民族理论、民族政策和宗教政策的教育。可见，民族团结教育是一项庞大、复杂的系统工程。

同时，要特别强化一个意识，就是要在边疆民族地区的民族团结进步教育中，让当地的各族群众知道，也要让全国人民注意到：没有边疆民族地区的现代化，就没有全国的现代化；没有边疆民族地区的小康社会，就没有全国的全面小康社会；没有边疆民族地区的稳定，也就没有全国的稳定。同时，要大力营造维护民族团结的社会氛围。党和政府的有关部门要通过多种形式、多种载体（如广播、电视、网络、报纸、宣传橱窗、图片展览等），对边疆民族地区群众进行民族团结宣传教育活动，使各族干部群众明辨是非，旗帜鲜明地反对民族分裂、维护祖国统一、维护民族团结。

（三）细心落实宗教政策，团结广大信众共筑“中国梦”

一般而言，宗教问题通常都会表现出群众性、民族性、国际性、复杂性、长期性等重要特点。边疆民族地区的宗教问题，又特别由于其特殊的地缘因素和区位条件，而更加突出地表现出国际性、民族性影响。相比之下，在边疆民族地区，主要属于意识形态层面的宗教问题，它的发生背景和问题内容，往往都要比同一地区的民族问题更为深刻、更为复杂，也因此而具有更大的影响力和更强的挑战性。所以，细心落实宗教政策，依靠和团结广大信教群众，是边疆民族地区引领社会思潮的又一重要举措。

1. 全面准确地贯彻落实宗教信仰自由政策

一般而言，宗教和谐包括两个方面的含义，但人们往往只注意到其中的一

① 谭玉林．我国民族团结教育理论与实践研究［D］．北京：中央民族大学管理学院，2011.

个方面，就是政府通过公共行政管理和法律法规引导等方式，在当地存在的各种不同的宗教之间，促成相互之间的尊重和包容，增进彼此之间的理解和交流，促成并维护当地的各种宗教文化多元并存、宗教活动和合共生的社会和谐局面。实际上，宗教和谐还有另一个方面的重要含义，就是创造合适的社会条件，使宗教在促进社会和谐方面的积极作用得到充分发挥，使宗教规范道德的功能用于社会矛盾的化解，从而创造、促进和维护社会和谐。[①] 但要充分认识到，宗教和谐功能的发挥是以宗教信仰自由为前提的。可以说，宗教信仰自由是维护宗教和谐关系的基础性条件。因此，在边疆民族地区，全面、正确、细心地贯彻落实好宗教信仰自由政策，就是实现宗教和谐的应有之义。同时，基于当前境内外敌对势力利用宗教对我国进行的渗透活动已经出现组织化、系统化、精细化的趋势，我们既要保障信教群众信仰宗教的权利，同时也要警惕宗教渗透的危险，尤其要警惕带有政治意图的宗教诉求，力求做到"四个必须"，即"必须坚持中国化方向，必须提高宗教工作法治化水平，必须辩证看待宗教的社会作用，必须重视发挥宗教界人士作用"[②]。

2. 团结和依靠广大信教群众做好宗教管理工作

要真正实现伟大复兴"中国梦"，全面实现人民幸福、国家富强、民族振兴、天下安康等全国各族人民的共同理想追求，必须凝聚重要力量、弘扬中国精神、坚持中国道路。边疆民族地区的广大宗教信众也是我们实现"中国梦"必须依靠和团结的重要力量。我国边疆民族地区信教群众多，宗教类型复杂，各宗教之间教义不尽相同，但共同的追求都是"真、善、美"；广大信教群众虽然信仰不同，但共同的目标都是中华民族的伟大复兴。实现"中国梦"，需要我们国家的各宗教之间、各宗教内部之间、各寺观教堂之间、教职人员与信教群众之间、信教群众和不信教群众之间紧密团结，尊重彼此之间的差异，增进彼此之间的共识，心往一处想，劲往一处使，用共同的智慧和力量汇集成实现伟大"中国梦"的强大力量。

二、充分发挥边疆民族地区文化建设的社会思潮引领功能

边疆民族地区是我国大多数的少数民族人口聚集居住的地区，由于特殊的区位条件和地缘关系，这里往往成为民族主义思潮等各种社会思潮和文化思想相互碰撞、彼此交融的集中地带。冷战以后，尤其是在全球化浪潮的推动下，

---

① 肖宪．从民族团结走向民族融合——对云南建设"民族团结进步示范区"的几点思考［J］．思想战线，2012（4）：45.

② 张峰．习近平中央统战工作会议重要讲话的8个创新性亮点［N/OL］．http：//news. xinhuanet. com/2015－06/06/c_ 1115532817. htm.

西方敌对势力千方百计地用各种各样的方式加紧对我们国家的文化渗透，企图把“西化”“分化”我国的突破口放在边疆民族地区，从而使我国边疆民族地区成为境外势力渗透的敏感区域和前沿地带。这对我国的文化安全等国家安全构成了严重威胁。

当代人类社会的发展，不仅是经济的发展，而且是社会的全面进步。没有文化建设的发展，就谈不上经济社会的全面、协调和可持续发展；没有文化建设的发展，就没有人的各项基本素质的全面提高，也就没有人的全面发展。以文化建设新成就、理论创造新成果、思想文化新活动等凝聚奋斗力量、引领前进方向，向来是中国共产党始终高度重视的工作方法，并由此团结和带领全国各族人民不断推动党和人民的事业向前发展。

（一）加强执政党自身文化建设

文化是一种竞争力，它春风化雨、润物无声，具有一种无形的力量。而社会思潮作为一种社会存在，深刻影响着文化艺术创作、生产、消费等活动。社会思潮是一种精神性活动，其引领工作不能通过行政力量强制推进，只能来自民众发自内心的认同与追随。党的主流意识形态和科学世界观、方法论，不仅构筑着全体党员的精神世界，而且引导着优秀的传统文化和健康的大众文化，成为全民奋斗的共同思想基础。党的意识形态认同需要扎根于社会的文化需要之中，从群众出发，推动文化繁荣发展，让人民群众享有健康丰富的精神文化生活。

努力使人民群众日益增长的精神文化需要获得满足，是我们国家进行文化建设的目的和任务。这就要求文化建设在确保主旋律得到弘扬、先进文化的前进方向必须得到坚持的基础上，积极倡导文化形态的多样性，使人民群众的文化需求得到丰富多彩的实现，使文化建设目标上的人民性、内容上的先进性、形式上的丰富性等协同并进。在组织运行方式上，要以为人民服务为根本宗旨，坚持政府主导与市场动作相结合，充分依靠人民群众，尽快构建起覆盖全社会的公共文化服务体系。在产品创作生产上，要以促进人的全面发展、满足人民群众不断增长的精神文化需要为根本目的，以促进文化服务和文化产品的供给能力提高为根本途径，强调贴近生活、贴近基层、贴近群众，努力适应大众心理需求和审美情趣，注重传统艺术与现代艺术、通俗艺术和高雅艺术的融合发展，不断增强文化产品的表现力和感染力，把发展文化产业和发展文化事业的关系平衡好，开展更加丰富多彩的文化活动。让边疆民族地区的人民群众既能享受到充实多彩的业余文化生活，又能够在文化熏陶中接受主流意识形态的价值取向，形成全社会共同的理想信念和道德规范。

1. 文化建设要紧跟时代性

民族文化都有离不开所处历史时代的价值，并受整个时代文化价值的影响和约束，这就是民族文化的时代性。要对民族文化资源进行认真清理，通过文化产品、文化服务赋予民族文化崭新的文化特质，同时，有针对性地对文化建设的薄弱环节进行补充，把握利用好传播载体和宣传的时、度、效，增强思想文化的针对性、时效性和吸引力、感染力，让人民爱听、爱看，产生共鸣，传播正能量。

2. 文化建设要倡导多样性、包容性

我国的文化建设提倡在突出主旋律的基础上倡导多种文化共同发展，文化多样性发展不只是文化内容的多样性，还有文化传播手段、文化表现形式、文化建设形式的多样性。要运用多种文化形式表现主流价值观，积极生产更多的优秀文艺作品，组织不同形式的文化活动。只有这样才能满足不同的文化需求。

3. 社会主义核心价值观是决定文化性质和方向的最深层次要素

社会主义核心价值体系赢得全国各族人民的广泛认同和践行，是文化领导权掌握在作为执政党的中国共产党手中的基本标志。代表和凝聚着社会主义先进文化精髓和发展方向的社会主义核心价值体系，是我们国家在新的历史时期一以贯之的兴国之魂，中国特色社会主义在新时代的发展选择和前途命运是由社会主义核心价值体系决定的。根据有关研究，执政党文化领导权的确立是广大群众普遍信奉并自觉服从的结果，而不是自上而下的所谓“文化操纵”的单方面成长的过程。社会主义核心价值体系的导向功能，在很长一段时间内，不能减弱，只能加强，要想方设法保证社会主义核心价值体系在边疆民族地区繁杂多样的社会思潮中发挥引领作用。

4. 出版和发行适合边疆民族地区的优秀出版物

一个文化得以繁荣发展的一个重要标志是：不断有大批的优秀作品能够被创作出来、生产出来。优秀的文化作品是无愧于人民、无愧于时代、无愧于历史的，是经得起检验和考验的。这也是当前我们国家开展文化建设所面临的新情况、新任务、新要求。我国在文化建设中要充分运用边疆少数民族的文化特色，加强边疆民族地区的文化资源挖掘，整理和出版一些反映本地区改革开放、经济社会发展的优秀出版物，同时，用多种少数民族语言翻译出版一批宣传党的方针政策和少数民族群众急需的优秀出版物。在出版载体方面，要根据不同民族文化选用不同的载体。

（二）坚持党对宣传思想工作的绝对领导

文化传播的社会功能主要表现为政治功能、经济功能和教化功能。文化传播具有强烈的阶级性和意识形态性，它总是为一定的政治服务，或者总是带有一定的政治倾向。执政党的影响力和凝聚力是需要通过适当的方式表达出来的。宣传思想工作作为传播先进文化的重要路径应主要用于党的理想、信念、核心价值以及世界观、方法论的传播，党的各个阶段的路线、方针、政策和新的执政理念的传播。要始终坚持党管意识形态，始终坚持党管思想宣传工作。在边疆民族地区，加强党对宣传思想工作的领导，必须把意识形态工作的领导权、管理权、话语权牢牢掌握在忠于党、忠于人民、忠于马克思主义的人手里。党要管好阵地、管好导向、管好队伍，加强主流思想舆论宣传，不断增强引领边疆民族地区社会思潮的能力和水平。

（三）寻求社会共识，营造积极健康的思想舆论氛围

随着改革开放的深化，我们国家的利益关系、社会结构、经济体制等方面都发生了深刻变化，本土与外来、先进与落后、传统与现代等因素相互交织、相互影响，使得我国进入了社会思潮多元多样、交流融合、互相碰撞的时期。多元化的社会思潮如果得不到有效引导，任凭各种思潮在社会上随意传播、流行，必然会混乱文化思想领域的秩序，进而影响社会的和谐稳定。在新时代、新发展、新形势背景下如何对思想文化阵地进行掌控，是当前文化建设面临的一个重要问题。即在加强党对思想文化的领导权的过程中要加强主流思想舆论宣传，牢牢把握意识形态的领导权，不断增强引领社会思潮的能力和水平，是党的意识形态工作的必然要求。

舆论阵地是一个平台，哪种意识形态控制了这个平台，就会在思想观念的交锋中居于强势地位，并利用这种强势地位调控、引领其他社会思潮。江泽民同志的讲话曾经指出："舆论导向正确，是党和人民之福；舆论导向错误，是党和人民之祸。"① 正确的舆论引导，利国利民。通过正确的舆论导向、文化辐射、价值评价等，既统一思想又尊重差异，既引导民众又服务民众，把主流意识形态的基本内容与人民群众的利益需求有机地统一起来，增强核心价值体系的引领力量。因此，党对文化宣传阵地的领导和管理，必须不折不扣地得到坚持，才能有效引导人民群众，尤其是广大文化工作者要自觉主动践行时代主旋律，确保边疆民族地区的新闻舆论有正确的导向。

三、优化边疆民族地区党的建设，加强对社会思潮的引领

党的十八大报告指出了我们党的建设中存在的一些不足，归纳起来，主要是在理想信念、道德诚信、宗旨意识、执政能力、基层组织作用发挥、腐败问题以及"四风"等方面存在突出的问题和不足，集中表现为：一些党员干部理

① 江泽民．论社会主义精神文明建设［M］．北京：中央文献出版社，1999.

想信念不坚定、宗旨意识不强，一些党员干部道德缺失、失范，德能不匹、德位不匹，不讲诚信、缺乏公信，对党对人民扮演“双面人”的角色；一些地区和领域消极腐败、塌方式腐败严重，懈怠、散漫、漂浮、渎职、失职、不作为的现象普遍存在，“四风”方面存在的问题较为突出；一些基层党组织战斗堡垒作用发挥不强、组织涣散、软弱无力；等等。上述突出问题，在我国边疆民族地区党的建设中也是普遍存在的，而这些问题归根结底，是党风问题。习近平总书记在2014年6月30日中央政治局第十六次集体学习时的讲话中强调：“中国特色社会主义最本质的特征就是坚持中国共产党的领导，中国的事情要办好首先中国共产党的事情要办好。”“党的作风，就是党的形象，关系人心向背，关系党的生死存亡。”① 事关中国特色社会主义事业的成败。党的作风建设，是共产党人的历史使命、时代担当、神圣职责和政治自觉。党的作风建设永远在路上，只有进行时，没有完成时，须臾不能放松，时刻必须警觉。当前，我国边疆民族地区党的建设，首要的任务就是必须突出抓好党的作风建设，这是解决党内各种顽疾杂症的根本所在，是加强党的执政能力建设、先进性和纯洁性建设的有力抓手，是提升党员领导干部素质能力和执政水平的重要前提，是保持党同人民群众血肉联系的核心之举，是营造风清气正的党风政风、凝聚振奋团结的党心民心的强力推手。打铁还需自身硬，只有党风正，才能民心聚。人民群众的满意度是检验党风的唯一标准。优化边疆民族地区党的建设，加强对社会思潮的引领，关键就是加强党的作风建设，核心就是扎实开展好群众教育实践活动，坚决破除党内存在的不良积弊，有力涤荡“四风”顽疾沉疴，密切保持党同人民群众的血肉联系，真正做到造福群众、植根群众。同时，还必须适应新时期、新形势下党的历史方位的新变化，针对边疆实际和特点，适时推进边疆民族地区党的建设创新，大力探索边疆民族地区包容、灵活、有效的意识形态工作方法，进而科学引领边疆民族地区的社会思潮。

（一）适应党的历史方位的变化适时推进边疆民族地区党建创新

一般而言，政党都有一个历史方位问题，这是历史发展的必然。中国共产党的历史方位，就是在全人类的历史发展、中国的社会发展以及执政党的自身发展历史进程中的坐标定位和发展走向。党的历史方位的变化，要求党必须适应时代的发展，根据历史发展的规律，在执政理念、执政方式和领导方式等党

---

① 新华网．习近平在中共中央政治局第十六次集体学习时发表讲话［N/OL］．http：//news. xinhuanet. com/video/2014－06/30/c_ 126691978. htm，2014－06－30/2017－02－16.

的建设的重大问题上实行与新形势、新任务相适应的一系列的调整和转变。[①]在新时期、新形势下，我们党所处的历史方位也发生了深刻变化。从国际国内来看，正如党的十八大报告中所指出的，当前，党情、国情、世情都已经发生，也正在发生着深刻的变化；使我们国家全方位地面临着前所未有的挑战，同时也面临着前所未有的难得发展机遇。[②] 我国长期处于社会主义初级阶段的基本国情没有变，这一基本国情是我国当前的最大国情，尽管我国的改革已经到了深水区，经济增长也进入了换挡区，但是我们推进改革、开创中国特色社会主义伟大事业、实现中华民族伟大复兴"中国梦"仍然要牢牢立足于社会主义初级阶段这一最大实际，不能脱离这个最大实际，这一点是毋庸置疑的。从党的建设来看，新时期、新形势下，我们党面临诸多严峻复杂的考验和挑战，包括治党执政兴国、执政能力不足、发展市场经济、消极腐败堕落、全面深化改革、精神松弛懈怠、扩大对外开放、抵御外部环境、保持发展稳定、脱离群众路线，以及理想信念动摇等。因此，我们必须认真结合边疆民族地区的实际，适时推进边疆民族地区党的建设创新，不断提高边疆民族地区党建科学化水平。

就我国边疆民族地区的特殊情况而言，应着重从以下几方面来推进党的建设创新。

1. 坚定理想信念，推进马克思主义的信仰建设

信服和尊崇某种主义、学说、理论，并以之为自己行事为人的行动准则，这就是一种信仰。对一个民族和国家来说，信仰是实现振兴、不断发展的精神动力；对一个政党来说，信仰是鼓舞和凝聚全体成员的精神旗帜；对一个人来说，信仰是他的精神支柱。[③] 党的十八大报告指出："对马克思主义的信仰，对社会主义和共产主义的信念，是共产党人的政治灵魂，是共产党人经受任何考验的精神支柱。"[④] 当前，我国边疆民族地区广大党员干部对马克思主义的信仰是坚定的，是忠诚于党和人民的，然而，也还存在一部分党员干部，对马克思主义的信仰不坚定，对社会主义和共产主义的信念动摇，宗旨意识淡薄，宗教意识强烈，特权思想严重，家族观念浓厚，品行败坏、道德失范，与党和人民群众貌合神离、离心离德，远离共产党人的精神家园，甚至走散迷失，等等。要知道：信仰一旦缺失，民心一旦丧失，就很难再挽回了，这是极端危险的！

---

① 尹刚．党的历史方位的变化与知识分子党员的作用［N］．吉林日报，2009－05－23（7）．

② 参见党的十八大报告。

③ 哈斯．把信仰建设作为党的建设的制高点［J］．实践：思想理论版，2012（8）：48－49.

④ 胡锦涛．坚定不移沿着中国特色社会主义道路前进　为全面建成小康社会而奋斗［M］．北京：人民出版社，2012.

值得我们深思和反思！因此，推进边疆民族地区党的建设创新，当务之急是要不断推进马克思主义的信仰建设，着重加强共产党员，特别是加强少数民族共产党员的教育引导和党性锻炼，从而使社会主义和共产主义的理想信念能够在广大党员中得到坚定，中国特色社会主义道路能够得到广大党员的有效坚持，已经成功开创并正在胜利前进的中国特色社会主义伟大事业能够得到广大党员的坚守，中华民族伟大复兴“中国梦”的精神追求能够得到实现。同时，大力推广和普及马克思主义信仰的最新理论成果，积极引导广大人民群众与党同心同德，齐心合力谋发展、谋幸福。大力推进以共产主义、爱国主义等为主题的党员和全民信仰教育示范基地建设，占领马克思主义的信仰阵地；大力塑造先进典型，充分发挥榜样的力量，在弘扬中华民族伟大精神的活动中积极探索采用群众喜闻乐见的各种形式，使广大党员群众对马克思主义的信仰追求不断地被唤起，吸引广大党员群众始终信任党、永远跟党走，共同为建设美丽家园，实现美好“中国梦”而不懈奋斗。

2. 夯实组织根基，推进标准规范的党支部阵地建设

党的十八大报告指出：“党的基层组织是团结带领群众贯彻党的理论和路线方针政策、落实党的任务的战斗堡垒。”① 基础不牢，地动山摇。党的基层组织是党执政的基础，是党的事业的根基，要夯实组织根基，筑牢战斗堡垒，基层党组织阵地建设是关键。在我国边疆民族地区，党的基层组织在筑牢战斗堡垒、推动当地发展、服务人民群众、凝聚党心、民心和促进社会和谐等方面发挥了重要作用，取得了显著成效。然而，我们也看到：一方面，有的边疆民族地区，特别是“老、少、边、穷”的山区、牧区的农村，那里宗教氛围异常浓厚，封建残余思想异常活跃。这些地方的部分党员干部，而且是当地“硕果仅存”的党员干部，思维涣散、状态低迷，缺乏紧迫感和责任感，难以坚定政治立场，难以坚守理想信念，难以抵制异端邪教，难以树立道德示范，难以凝聚党心民心；另一方面，有的边疆民族地区还存在一些基层党组织力量薄弱、党组织带头人软弱、党员“后继乏人”等问题，难以有效发挥战斗堡垒作用。究其原因，是没有抓好基层党组织的阵地建设，特别是没有抓好标准规范的党支部阵地建设，导致原本属于我们的阵地被“蚕食”、被“抢占”了。由于我国边疆民族地区的特殊情况，加强基层党组织建设，尤其是推进集政治活动、经济服务、科技教育、文化娱乐、医疗卫生、综治维稳等为一体的、标准规范的基层党支部阵地建设是极端重要的，应该高度重视。基层党支部是党员的家，是党组织的阵地，要使之像“楔子”一样牢牢地嵌入边疆民族地区，真正发挥好战

① 胡锦涛．坚定不移沿着中国特色社会主义道路前进 为全面建成小康社会而奋斗［M］．北京：人民出版社，2012.

斗堡垒作用。

3. 优化班子配备，推进忠诚可靠的党员干部队伍建设

“政治路线确定之后，干部就是决定的因素。”① 党的事业，根基在基层组织，关键在干部队伍。党的十八大报告指出：“坚持和发展中国特色社会主义，关键在于建设一支政治坚定、能力过硬、作风优良、奋发有为的执政骨干队伍。”② 同时，要“优化领导班子配备和干部队伍结构，注重从基层一线培养选拔干部，拓宽社会优秀人才进入党政干部队伍渠道”③。总的来说，我国边疆民族地区党员干部队伍建设状况是好的。多年来，边疆民族地区通过大力实施各类人才培养工程，特别是针对少数民族党员干部的培养力度不断加大，进一步推进党员干部队伍，特别是少数民族党员干部队伍的革命化、专业化、现代化和年轻化，进而着力使其为边疆民族地区的经济社会发展做出了重大贡献。然而，我们不可否认的是，我国边疆民族地区的党员干部队伍建设还面临一些困境，还存在一些问题，诸如，有一些边远地区“家族势力”较为强大，干部“异地交流”制度长期难以得到有效落实；有一些地区十分普遍地存在着党员干部家庭两地分居的现象，或者导致十分困难的家庭关系，或者形成大量党员干部人员流失；有一些地区基层党员干部待遇普遍偏低的问题特别突出，且长期未能够得到积极有效的实际解决，给当地的党员干部带来极大的心理压力和较大的家庭矛盾，难以发挥党员的先锋模范作用等。一个地区如果长期大量存在这些问题，将难以相对稳定地保持干部队伍和领导班子的人员结构，需要积极采取措施予以解决，特别是要加大教育培训和人才培养的力度，从整体上提升边疆民族地区党员干部的素质。对于一些地理位置特殊的边疆民族地区，要适当采取一些特殊政策，不断优化班子配备，大力推进忠诚可靠的党员干部队伍建设。诸如，扩大干部队伍编制，壮大干部队伍；优化结构，调整多民族党员干部的配备比例，把党性强、业务精、政治上忠诚可靠的部分少数民族党员干部破格提拔进党的领导班子；提高党员干部素质，特别是要加大教育培训和人才培养的力度，从整体上提升边疆民族地区党员干部的素质；本着“严是爱，宽是害”的原则，加大对少数民族党员干部的有效监督管理，对于违纪违规的少数民族党员干部，要确保有一定的震慑力，逐步实现“从轻发落”向“零容忍”的过渡，既杜绝隐患，又最大限度地关心、关怀和关爱党员干部。同时，还要特别对那些口头上拥护党、私下里却与分裂分子和暴力恐怖分子关系暧昧、

① 毛泽东．毛泽东选集：第二卷［M］．北京：人民出版社，1991：6.

② 胡锦涛．坚定不移沿着中国特色社会主义道路前进　为全面建成小康社会而奋斗［M］．北京：人民出版社，2012.

③ 同上。

同情和支持的“两面人”进行严惩，决不姑息，将其从党内彻底清除，纯洁党的干部队伍。

（二）探索边疆民族地区灵活、兼容和高效的意识形态工作方法

在我国，边疆民族地区典型的特殊情况之一，就是存在多种民族聚居、多种宗教信仰并存、多种社会思潮碰撞的普遍现象。这种情况要求我们党必须积极探索符合边疆民族地区的实际情况，具有各地特色的，包容、灵活、有效的意识形态工作方法，科学引领边疆民族地区的社会思潮。

1. 加强执政党对社会舆论的主导能力

“在一个社会中，就某个特定的社会问题或社会事件，社会公众中的多数人通过一定的方式公开表达和传播他们的看法，这些看法会对社会产生直接或间接的影响，其中，相对来说具有一致性并能够持续较长一段时间的意见、信念和态度的总和就可以称之为社会舆论。一般来说，良好的社会心声和正确的社会舆论，会自下而上地得到广泛传递，并能够形成自上而下的沟通，最终可以转化成为一种积极的社会心态，从而可以凝聚人心”①，促进社会的良性发展；反之，则会带来社会危害。“转型期中国的舆论环境发生了重大变化，公众的社会情绪、社会态度的直接表达，使社会舆论变得越来越多元和复杂。”② 在新的历史时期，我国边疆民族地区面临着新的形势。对引领边疆民族地区社会思潮和社会价值取向等工作来说，提高党对以手机互联网为代表的各类新兴媒体的公共管理水平和主导各种社会媒体的舆论管控能力，具有极端重要的作用。一般来说，一个社会的舆论导向是由一个国家的执政党所主导的社会舆论的方向来决定的。当前，我们党主导社会舆论的能力迫切需要得到不断加强，基本途径和方式方法主要有：①讲策略、讲方法。做边疆民族地区的群众思想工作，目的是促使社会主义核心价值观得到更加有效的培育和践行，从而把党心、民心更加有力地凝聚在一起，这就要求要细致入微地着眼于让少数民族群众对社会主义核心价值观能听懂、会回应，能明白、会理解，能记住、会讲清，能传开、会做好，讲解要深入浅出，要注重宣讲人员的亲和力和宣讲信息的针对性。②对党员干部来说，就是要着眼于坚定党员干部的政治立场和理想信念，把正确的世界观、价值观和人生观在党员领导干部的心中真正树立起来，使他们对无神论、唯物论和马克思主义的信仰更加坚定，这就需要要加大教育培训的力度，努力做好新时期党员领导干部的教育培训工作。③对全体人民群众来说，

① 陈运普，陈江燕．新时期党对社会舆论引导的对策研究［J］．湖北社会科学，2012（7）：190－192.

② 骆正林．转型期社会舆论的形成与传播特征［J］．现代传播（中国传媒大学学报），2011（11）：47－52.

要着眼于把一个更加广泛的共同理想信念在人们的心目中构建起来，就是要把中华民族伟大复兴“中国梦”的理想信念竖立起来，就需要长期坚持不懈地、深入具体地向广大党员和人民群众进行宣讲和宣传。

2. 加强执政党对先进文化的引领能力

党的十八大报告指出，我们国家要全面深化改革和扩大对外开放，实现全面建成小康社会，必须注重增强国家的文化软实力，“必须推动社会主义文化大发展大繁荣”，“发挥文化引领风尚、教育人民、服务社会、推动发展的作用”①。当前，我们面临着激烈的文化领域竞争，建设先进的社会主义文化，增强国家文化软实力，必须坚持文化面向世界、面向未来、面向现代化和为社会主义、为人民、为民族服务的发展方向，推动科学化、大众化、民族化的社会主义文化事业大发展、大飞跃、大繁荣。要加强党对先进文化的引领能力，就必须努力提升我国的文化软实力，就需要把文化体制的各项改革进一步深化并落实下去，使文化大发展、大繁荣的步伐得到切实加快，使先进文化的潜在力量得到培育和壮大。同时，还要着眼于确保意识形态工作的话语权、领导权和管理权牢牢把握在我们党手中，把意识形态领域的主导地位牢牢巩固在党的领导之下，充分发挥好党在边疆民族地区思想政治工作中的导向作用、文化支撑作用、精神激励作用和思想引领作用，进而进一步树立各族人民的理论自信，积极传播中华文化，巩固和坚持中国道路，弘扬和传播中国精神，凝聚和增强中国力量。就边疆民族地区而言，巩固党的舆论主导作用，显得极端重要和尤为迫切。首先要做好以先进文化科学引领社会思潮的工作，需要特别加强研究和宣讲少数民族的历史和文化，尤其要讲清楚少数民族历史文化和汉族历史文化共融为中华民族共同历史文化的事实。其次要在全社会开展好马克思主义新闻观的教育培训工作，努力把能够体现民族精神和时代特点的文化氛围营造起来，进一步做好建设网络文化和引领现代文化的相关工作，确保文化体制改革工作受到足够的重视。再次要坚持推动政治家积极主动地监管媒体、主办媒体的工作，确保党管媒体的原则坚定不移地得到秉承而决不动摇，使各种渠道和媒体的积极作用充分发挥出来，并能够牢牢把握住正确导向，从而在边疆民族地区，保证意识形态工作的管理权、话语权、领导权和法治权牢牢掌握在党手中，使意识形态领域的主体地位牢牢巩固在党手中。最后要针对边疆民族地区的实际情况，努力建设传播先进文化的信息中心，既要把党的主张宣传好，又要办出各地的民族特色，传播兵团文化、军旅文化、西域文化、红色文化、中原文化等特色文化，坚持以弘扬社会正气、弘扬中华文化、构建共同理想、疏

---

① 胡锦涛．坚定不移沿着中国特色社会主义道路前进 为全面建成小康社会而奋斗［M］．北京：人民出版社，2012.

导公众情绪、树立正确价值取向为主，强化中华文化和中华民族在56个民族中的认同感，培育和建设好中华民族共同的精神家园。

3. 加强执政党对民族宗教的管控能力

我国边疆民族地区普遍具有多民族、多宗教的特征。宗教问题是实现边疆民族地区科学、和谐、跨越发展，维护经济社会繁荣稳定和长治久安必然面临的重要问题。民族宗教工作事关边疆民族地区的团结稳定、和谐发展和长治久安，加强党对民族宗教的管控能力，最大限度发挥民族宗教的积极因素，有效引导民族宗教与边疆民族地区经济社会发展相适应，对科学引领边疆民族地区社会思潮具有极端重要的意义。这一点我们任何时候都必须高度警醒，不容忽视。边疆民族地区加强党对民族宗教的管控，就是要切实做好宗教界、宗教团体和宗教神职人员的管理工作，使其与中国特色社会主义伟大事业相适应，并与之一路相随、同向而行；同时，要做好意识形态领域的宗教思想和道德观念的正确引导，尤其是正确引导人民群众对宗教礼仪和民族风俗的认知和区分；要加大对宗教文化的正确导向，加强基层组织专职文化宣传干部队伍建设；要对极端宗教组织假借宗教思想文化名义进行“极端宗教思想传销”和“极端宗教文化传销”活动给予严厉打击，并大力弘扬宣传唯物论，破除有神论，用科学的方法来揭穿极端宗教的“伪宗教观”思想和欺骗性谎言，要加强对境内外“三股势力”的抵御能力和严惩震慑力度，绝不能迟疑，也绝不能手软。

第二节　巩固引领阵地

科学引领边疆民族地区社会思潮的工作是近几年社会发展的新要求，也是我们国家正在探索推进的新部署。相关工作有具体的工作机构和相应的渠道、途径。这些经受了时间和事实检验的工作，当然是我们推进边疆民族地区社会思潮引领工作的基础，有必要继续巩固好以这些途径和载体为框架的阵地。要继续面向边疆民族地区广大农村党员干部开展信仰教育，面向边疆民族地区广大农村青少年开展理想教育，面向边疆民族地区广大农民群众开展文化教育，全面做好农村教育培训工作。既要大力发展少数民族广播影视事业，又要坚持党的领导，增强媒体的自律性，不断提高人民群众对官方信息的信任程度，提高正确引导舆论的能力和水平，强化对大众传媒的宏观管理。同时要注意把握媒介传播的规律特征，创新宣传方式，发挥宣传机构的职能作用，提升引领效果。

一、全面做好农村教育培训工作

长期以来，农村教育作为我国教育体系中的一个重要组成部分，受到学术界和全社会的热切关注。党和国家历来高度重视农村教育，始终坚持把国家基础设施建设和社会事业发展的重点放在农村，先后出台一系列相关农村教育政策，促进农村教育改革，不断推进农村教育的跨越式发展。农村教育是为农村现代化发展服务的教育①，在坚持服务“三农”，大力推进素质教育，全面建设小康社会中具有基础性、先导性、全局性的重要作用。当前，我国边疆民族地区农村教育基础还十分薄弱，农村教育仍然是边疆民族地区教育的“短板”，农村教育的“短板”负效应仍将长期影响和制约边疆民族地区教育事业的发展。从某种意义上来说，正是由于农村教育的“短板”，造成了我国边疆民族地区多元价值观、各种非主流社会思潮交织存在且激荡碰撞的复杂局面，甚至会影响执政党的政治威信，削弱执政党的价值认同，争夺执政党的思想阵地，动摇执政党的信仰基础，使边疆民族地区的和谐稳定环境受到严重破坏。因此，全面做好边疆民族地区的农村教育培训工作，对于巩固执政党的执政地位和执政基础，引领社会思潮，凝聚社会共识，推动边疆民族地区经济繁荣发展、社会和谐稳定、民族团结进步和边疆长治久安具有十分重要的现实意义。

（一）面向边疆民族地区广大农村党员干部开展信仰教育

信仰作为人的精神状态，是人的精神支柱，对于我国执政党和执政党组织里的每一分子来说，信仰是马克思主义的红色基因，是凝聚党心、锤炼党性、鼓舞斗志的精神旗帜和思想灯塔。“三农”问题是我们全党工作的重中之重，农村是我们党密切联系群众的前沿，农村党员干部是我们党在农村工作中的先锋。做好农村工作，关键在党、在人，也关键要靠党员、靠干部。党员干部的信仰状况直接影响着我们党在农村广大人民群众中的执政地位和执政威信。特别是在我国边疆民族地区，广大党员干部能否坚定对马克思主义的信仰，坚定对社会主义和共产主义的信念，直接关乎我们党在边疆民族地区的执政根基。然而，我们也应清醒地看到，在我国边疆民族地区，尤其是地处边远、贫困山区和牧区的农村，还存在一些党员干部对马克思主义的信仰不坚定，对社会主义和共产主义的信念动摇，宗旨意识淡薄、为民意识淡化，虽然身在农村，心却不在农村，对群众没有了感情，对服务群众没有了热情，与党和人民群众貌合神离，浮于表面工作，忙于个人“致富”，沉于安逸享受，思想涣散、精神低迷，既不读书也不学习，更不能带动广大群众读书学习，村级文化学习活动场所长期闲置，难以发挥应有的作用。值得警惕的是，我们党在农村的马克思主义信仰阵地正在慢慢地被其他信仰和社会思潮“蚕食”和抢夺。因此，面向边疆民族地区农村的广大党员干部深入开展信仰教育，势在必行、刻不容缓，

---

① 张乐天．重新解读农村教育［J］．教育发展研究，2003，23（11）：19－22．

必须引起我们的高度重视。

信仰铸就生命灵魂。面向边疆民族地区农村的党员干部深入开展信仰教育，就是要在农村广大党员干部中深入开展对马克思主义的信仰教育，对社会主义和共产主义的信念教育，不断推进马克思主义的大众化和民族化，不断唤起广大党员干部对马克思主义的信仰追求，不断寻回广大党员干部的信仰支柱，不断巩固我们党在农村的马克思主义信仰阵地，使得广大党员干部与党同心同德，齐心合力带领各族人民群众始终认同党、信任党、追随党，共同维护民族团结，共同建设美丽家园，共同创造美好未来。

（二）面向边疆民族地区广大农村青少年开展理想教育

理想作为人的一种精神现象，寄托着人们改造客观世界和主观世界的精神追求，是实现美好愿望的力量源泉、精神动力和生活希望，是人们的世界观、人生观和价值观在奋斗目标上的集中体现和真实反映。青少年就像早晨八九点钟的太阳，最富有梦想，最充满朝气。青少年是民族的希望，是祖国的未来，是党和人民事业发展的生力军，而我国边疆民族地区的青少年更是承载着推动民族进步、建设美好家乡、报效伟大祖国的希望和重任。对青少年给予高度的关怀、足够的重视、充分的信任，把祖国的未来和殷切期望寄予青少年一代，始终是我们党开展青少年工作的基本态度和基本情怀。习近平总书记寄语广大青少年："历史和现实都告诉我们，青年一代有理想、有担当，国家就有前途，民族就有希望，实现我们的发展目标就有源源不断的强大力量……中国梦是我们的，更是你们青年一代的。中华民族伟大复兴终将在广大青年的接力奋斗中变为现实。"[①] 就广大的青少年而言，他们的身体结构、心理素质、思想道德、智力体系正处于初步成型、积累上升和成长发展阶段，这样的阶段导致其存在着思想懵懂、心理叛逆，文化的失衡、偏见、误读和盲从等忧患。[②] 当前，我国边疆民族地区的农村信仰复杂化、文化多元化、思潮多样化，各种所谓的"主义"和价值观充斥包围着广大青少年，消解他们的奋斗意志，动摇他们的远大理想，影响他们世界观、人生观和价值观的正确形成。因此，面向边疆民族地区农村的广大青少年深入开展理想教育，是开创边疆民族地区美好未来的希望所在，我们使命在身，责无旁贷。

理想指引人生方向。面向边疆民族地区农村的青少年深入开展理想教育，就是要在农村广大青少年中深入开展对思想道德理念、正确价值观念、中华优

---

① 习近平．在同各界优秀青年代表座谈时的讲话［N］．人民日报，2013－05－05（2）．

② 李凤玉．多元文化背景下的青少年思想道德发展理路［J］．百色学院学报，2008，21（5）：62－65．

秀传统文化和民族文化的教育，指引广大青少年从小树立建设家乡、振兴民族、报效祖国的远大理想，特别是要引导广大青少年从小树立实现中华民族伟大复兴“中国梦”的远大理想，并立志为之奋斗不懈。习近平总书记对广大青少年寄予了殷切期望，并深情勉励青年一代要牢固树立“中国梦”这一远大理想，要牢固确立始终坚持中国特色社会主义这一正确道路的人生信念。我们要始终牢记习近平总书记的殷切寄语，面向边疆民族地区广大青少年深入开展爱国主义、集体主义、社会主义教育，鼓励广大青少年做新时代的“四有”新人，积极投身于社会主义现代化建设、实现中华民族伟“中国梦”的伟大事业中去，培养他们形成甘于奉献的思想品质和自强不息的意志品格，支持他们在奋斗中实现自己的人生理想和个人梦想。

（三）面向边疆民族地区广大农民群众开展文化教育

文化作为人的精神生活，总是“潜移默化”“润物细无声”地融入民族的血脉、生命力、创造力和凝聚力之中，带给人们以理想、信念的支撑。习近平总书记指出：文化即“人化”，文化事业即养人心智、育人情操的事业。人，本质上是文化的人而不是“物化”的人；是能动的、全面的人，而不是僵化的、“单向度”的人。[①] 文化教育本身，是人的精神层面的教育，能够培养人的心智、培育人的情操、塑造人的人格、坚定人的信念，能够充分发挥文化引领风尚、教育人民、服务社会和推动发展的作用。随着我们国家的文化建设项目和公共文化工程在农村的全面铺开，公共财政的相关投入力度也在不断加大，我国边疆民族地区广大农村的公共文化服务体系得到迅速的发展和完善，农民群众日常精神文化生活不断丰富，广大农民群众更加享受文化事业发展带来的惠民成果。然而，我们也看到在我国一些农村地区，特别是边疆民族地区的农村，相当一部分农民的文化素质和文化素养十分低下，他们极度渴望通过文化教育来提升自身的科学文化水平；与之相反，还有一部分农民是生活富裕了，精神却空虚了，极易受到扭曲价值观和不良社会思潮的影响，而沉湎于不健康的文化生活之中，难以自拔。因此，面向边疆民族地区的广大农民群众深入开展文化教育，切实发挥文化教育的教化、引领、凝聚和认同功能，意义重大，影响深远。

文化培育人格情操。面向边疆民族地区的农民群众深入开展文化教育，就是要在农村广大农民群众中深入开展社会主义先进文化、现代文化和民族文化的教育以及少数民族群众的“双语”教育，特别是要通过广大民族同胞和农民群众喜闻乐见的各种形式，深入开展“三个离不开”“四个认同”“五观”和

① 习近平．之江新语［M］．杭州：浙江人民出版社，2007.

"六个好"教育以及党领导人民的奋斗史、创业史、改革开放史、地区历史、民族发展史、宗教演变史的教育，帮助广大农民群众的道德文化修养和科学文化素质得到较大提升，使他们的宗教观、民族观、文化观、价值观等方面的思想观念得到调整和归正，使他们能够真正认同中华文化和社会主义核心价值体系，真正做推动民族团结进步和建设中国特色社会主义伟大事业的新型农民。

二、强化对大众传媒的宏观管理

经过改革开放30多年的发展和国家对外开放的不断扩大，我国边疆民族地区已经处在全新的历史方位。边疆民族地区经济发展水平、城市化水平、教育科技文化发展水平整体上还落后于国内其他地区，与东部发达地区相比，发展差距更为突出。与此同时，边疆民族地区已经由改革开放初期对外开放的后方转变为内陆边境全方位对外开放的前沿地带。国际政治、文化环境的巨变使我国边疆民族地区受到外部动荡和不安因素影响的程度加深，随着我国与周边国家经济联系日益紧密，一些跨境民族在民族文化认同和民族文化创新发展方面受境外因素的影响较多。这些因素使得少数民族文化发展问题实际上更为复杂。

党的十八大要求"构建和发展现代传播体系，提高传播能力"。按照中央的精神，边疆民族地区的大众传播事业要加强宏观管理和资源整合力度，强化对大众传媒的宏观管理，以正确的政治立场和原则，保障社会思潮发展的正确方向。同时要顺应新媒体发展的时代趋势，加强主流媒体和新兴媒体建设，在促进广播、电视、报纸三大传统媒体发展的基础上努力发展新媒体，努力促进传统媒体和新媒体的融合，适应边疆民族地区的社会思潮状况和群众的媒介接触习惯。要全面掌握新闻和舆论的话语权和传播的主动权，形成积极主动的传播态势，形成舆论引导新格局。

（一）提高正确引导舆论的能力和水平

在经济社会快速发展的支持下，大众传媒得到了巨大发展，其中尤其以快速成长的各类新兴媒体为最，给我们的社会思潮引领工作带来巨大的机遇和挑战。2014年8月18日，《关于推动传统媒体和新兴媒体融合发展的指导意见》（以下简称《意见》）由中央全面深化改革领导小组第四次会议审议通过。《意见》强调要在进一步把握正确的舆论导向上下功夫，不断提高舆论的引导水平和能力，持续改进新闻宣传工作方法，要全面坚守包括互联网等新兴媒体在内的思想文化传播阵地的舆论主导权，高度重视和努力做好热点问题的舆论引导工作。要切实增强紧迫感，积极推动边疆民族地区各类媒体的融合发展，尽快建立健全科学有效的媒体管理体制和适应各类媒体融合发展的机制，加速高效融合的进程，加快构建起一体化的组织结构。要尊重并熟练把握网络传播的客观规律，加快高水平的人才队伍建设，适时创新平台终端，积极拓展传播渠道，升级和重构工作流程，充分发挥新兴媒体的信息传播功能和积极作用，全面提升新闻采编、生产、宣传的工作绩效，尽快把“宣传思维”转变为“服务思维”和“对话思维”，及时改进和积极创新网上宣传等途径和方式、方法，尤其注意在新兴媒体上营造官方与公众平等、直接沟通的氛围，全面提升文化工作的公共服务水平。在边疆民族地区，尤其要注意继续做好各级政府新闻发言人的制度建设，努力提高发言人能力，加强新闻发布的平台和机制等方面的建设，下大功夫做好新闻发布、信息公开、政策解释、回应热点等难点工作，使广大人民群众对新闻发布的针对性和时效性的满意度得到较大提高，增强及时、正确、有效地引导当地公众舆论的能力。

对主流媒体而言，最主要的要求就是要继续改进新闻宣传的方式、方法，持续提升引导舆论的能力和水平。在边疆民族地区，尤其要全面、及时、有效地科学研判新闻宣传工作所面临的新情况、新环境、新问题，充分认识各类媒体多元发展的新趋势，准确把握新闻舆论的新变化，努力增强和尽力保证新闻宣传工作的主动性、实效性和针对性，保持对边疆民族地区社会思潮的科学引领效果。

（二）坚持党的领导，增强媒体自律性

党管媒体是我们国家的一项基本原则，必须不可动摇地得到长期坚持。要保证正确的政治方向能够在大众媒体中得到有效坚持，就要使大众媒体在各自的战略谋划、影响、人才、思路创新、品牌培育、市场拓展上，都要自觉、主动地坚持党的领导。同时，党的思想宣传工作，既要强调重视以改革创新的精神适时推进各类媒体的融合发展，积极创新体制和机制，促进新兴媒体的科学发展，使党的思想宣传工作得到与时俱进的拓宽；也要着眼于行业发展要求和市场经营需求，切实抓好工作作风建设和人才队伍建设，把专业技术人才、经营管理人才和领军人才都建设好，努力建设一支符合时代要求、适应能力强，具备较高政治素质的强大、可靠的思想宣传工作队伍。

（三）大力发展边疆少数民族广播影视事业

一般来说，边疆民族地区人民群众更喜好媒介的娱乐功能。相应地，我们就应该发挥广播、影视寓教于乐，潜移默化的引导功能。要认真落实《国务院关于进一步繁荣发展少数民族文化事业的若干意见》，继续巩固农村电影放映工程和广播电视“村村通”工程等项目的建设成果，进一步扩大边疆民族地区的广播影视覆盖面，并持续保证足够的财政资金投入，适当补助对相关设施的维护，确保这些项目设施的安全和有效畅通。同时，要不断加强把现有的广播影视作品中以汉语和外语为载体的优秀作品译制成少数民族语言作品的工作，不

断提高用少数民族语言制作广播影视节目的能力，从而使边疆民族地区的电视台、广播电台的少数民族语言节目自办率得到逐步提高，也要持续改善边疆民族地区尤其是边远农牧区放映电影的基本条件，适当增加播放时间和及时更新内容。这样，使少数民族广播影视作品数量更加丰富、形式更加多样、内容更加新颖，使边疆民族地区各族群众的精神文化需要得到多样化、多方面、多层次的满足。①

（四）提高公众对官方信息的信任程度

据人民网舆情监测显示：我国目前的社会公信力明显下降，已导致了较普遍的信任危机，官方信息公众信任度减弱的实质是政府社会公信力的丧失。公众对官方信息“视而不见”“闻而不信”，政府与公众之间呈现出一堵难于逾越的“信任墙”。另据中科院社会学研究所2012年中国社会形势报告的调查显示：在受访的11个行业（单位）中，媒体行业的诚信度排在第六，形势也不容乐观。② 本课题组调查问卷也表明：对政府发布的信息认为有些不及时、有点不可信和不关心的人次百分比占到了29.59%，反而认为小道消息无风不起浪、通常都有来源和大多数是可信的人次百分比达到49.59%。因此，我们认为，政府出现信任危机的重大信号之一，就是官方信息的公众信任度在不断减弱。

“民众的承认是报刊赖以生存的条件，没有这种条件，报刊就会无可挽救地陷入绝境。”③ 这是马克思在他那个以报纸为主要传媒的时代就深刻关注到的重大现象。公众如何才能信任官方信息呢？功夫在台下，政府公信力是社会信任的基础，因此着力重构政府公信力，才能有效提高官方信息的公众信任度。

当前，我国正处在全面深化改革和全面推进依法治国的大背景下，重构政府公信力的根本举措是严格按照党的十八届四中全会《决定》确定的“坚持以公开为常态、不公开为例外原则”，切实依法谋划好、维护好、实现好人民群众的切身利益，具体路径是有效实现公民的知情权、参与权、表达权和监督权。

首先是知情权。知情权是公民依法享有其他各项权利的基本前提。在现实社会中，公众对政府信息信任度不高的一个重要原因就是政府信息不公开或者公开不充分。因此，凡是涉及人民群众切身利益的各项重大改革政策和立法，都要真诚地把人民群众当自己人，尊重人民群众的主人翁地位，通过多种途径

---

① 国务院关于进一步繁荣发展少数民族文化事业的若干意见（国发〔2009〕29号）[R]. 2009-07-05.

② 陈仁泽. 舆情监测显示民众对政府专家及媒体信任度低 [N]. 人民日报，2011-09-08 (07).

③ 马克思，恩格斯. 马克思恩格斯全集：第1卷 [M]. 北京：人民出版社，1995: 381.

尤其是官方媒体向全社会公开，让人民群众有充分了解和知悉的权利。

其次是参与权。依法参与国家事务和社会公共事务管理，是依法治国中公民具有的一项重要宪法权利。[①] 因此，在全面深化改革和依法治国过程中，要充分相信群众、依靠群众，努力创造各种条件和途径，尤其要充分发挥现代互联网的互动优势，使人民群众有机会、有能力参与到党和国家的各项重大改革发展决策中来，凝集人心、汇聚力量、群策群力，举全国人民之智慧发展社会主义事业。这样就既能够保证人民群众的参政议政权利得到真实、有效的实现，又能够使人民群众对政府的信任程度和全体人民群众的共同凝聚力得到增强。

再次是表达权。毛泽东同志曾经生动地指出："让人讲话，天不会塌下来，自己也不会垮台。不让人讲话呢？那就难免有一天要垮台。"[②] 如今，群众讲话的权利在法律上称之为表达权。[③] 因此，政府工作做得好不好，人民群众满不满意，应由人民群众来评价，人民群众依法有权对政府工作发表自己的意见和建议。不断的实践证明，政府依法公开行政，虚心倾听群众意见和建议，不断改进和完善工作方式和方法，是做好各项工作的有效途径。

最后是监督权。"一切有权力的人都容易滥用权力，这是万古不易的一条经验。有权力的人使用权力一直到遇有界限的地方方才休止。"[④] 因此必须把权力关进制度的笼子里，依法接受人民群众的监督。[⑤] 目前，层出不穷的形式主义、官僚主义、享乐主义和奢靡之风还没有从根本上得到解决，形形色色的腐败现象还比较突出，少数阶层与广大人民群众收入分配严重不公，等等，这些都是政府公信力下降的主要原因。因此，必须全面深化改革，大力推进依法治国，将权力置于法治的阳光下，全面接受人民群众的监督，提高政府失信成本，严惩各种腐败和"四风"问题。

宋代士人汪藻在《奏论诸将无功状》中写到："王者所以得天下者，以得

① 参见我国《宪法》第二条规定："中华人民共和国的一切权力属于人民。人民行使国家权力的机关是全国人民代表大会和地方各级人民代表大会。人民依照法律规定，通过各种途径和形式，管理国家事务，管理经济和文化事业，管理社会事务。"

② 毛泽东．在扩大的中央工作会议上的讲话 [N]．人民日报，1978－07－01.

③ 参见我国《宪法》第三十五条规定："中华人民共和国公民有言论、出版、集会、结社、游行、示威的自由。"

④ [法] 孟德斯鸠．论法的精神（上册）[M]．北京：商务印书馆，1982：154.

⑤ 参见我国《宪法》第二十七条第二款规定："一切国家机关和国家工作人员必须依靠人民的支持，经常保持同人民的密切联系，倾听人民的意见和建议，接受人民的监督，努力为人民服务。"第四十一条规定："中华人民共和国公民对于任何国家机关和国家工作人员，有提出批评和建议的权利；对于任何国家机关和国家工作人员的违法失职行为，有向有关国家机关提出申诉、控告或者检举的权利，但是不得捏造或者歪曲事实进行诬告陷害。对于公民的申诉、控告或者检举，有关国家机关必须查清事实，负责处理。任何人不得压制和打击报复。"

民也。得民者，以得其心也。”在现代法治社会中，权利是各种利益的法律表达。要通过全面深化改革和大力推进依法治国，实实在在地实现人民群众的知情权、参与权、表达权和监督权。人民群众的权利得到充分实现，其利益诉求自然得到满足，进而必将赢得人心，必将提高公众对官方信息的信任度。

三、创新宣传方式，提升引领效果

把握媒介传播与引领规律，创新宣传方式，充分利用电视、口传、手机、网络、报刊等传播手段和影视文艺等传媒形式，搞好影视节目和口传资料的创作，发挥宣传机构的职能，提升引领效果。

宣传思想工作是我们党的政治优势、看家法宝和思想武器，是党的全部工作中极端重要的组成部分，我们党历来高度重视这一项重要工作。在2013年8月19日的全国宣传思想工作会议上，习近平总书记从党和国家事业发展的战略全局出发发表了重要讲话，科学诠释和深刻阐述了一系列与思想宣传工作有关的现实问题和重大理论。总书记的讲话明确指出，我们党宣传思想工作必须坚持遵循的重要方针是，坚持团结稳定鼓劲、正面宣传为主；宣传思想工作就是要巩固马克思主义在意识形态领域的指导地位，牢固树立马克思主义的崇高信仰，进而巩固全党全国各族人民的共同思想基础。同时，习近平总书记还明确提出了认真做好党的宣传思想工作的创新等方面的工作要求，特别强调：“宣传思想工作创新，重点要抓好理念创新、手段创新、基层工作创新……把创新的重心放在基层一线。”① 习近平总书记关于宣传思想工作创新的这一重要论述是党关于宣传思想工作理论创新的新论断、新观点、新成果，对于新时期新形势下边疆民族地区创新宣传方式，创造性地做好宣传思想工作具有根本性、战略性和全局性的重要意义。

（一）把握媒介传播的规律特征，创新宣传方式

近年来，随着移动互联网络技术的迅猛发展，以自媒体、移动媒体为代表的新兴媒体的传播方式也不断增加，并迅速抢占传统媒体的阵地，形成了传统媒体与新兴媒体交错、交融发展的格局，党的宣传思想工作面临着新兴媒体带来的机遇与挑战。概括来说，我国新兴媒体总体发展势头迅猛，运行态势良好。但是，我们也看到，在其发展进程中也不可避免地存在着诸多问题，这些存在的问题需要我们加以认真研究并予以有效解决。特别是，我们对网络信息时代新兴媒体传播规律、传播特征的研究还不够深入，要像传统媒体那样，建立起

---

① 习近平．胸怀大局把握大势着眼大事　努力把宣传思想工作做得更好［N］．人民日报，2013-08-21（1）．

一套完整有效的监管体系，全面实现对新兴媒体传播、运行和媒介空间治理的法治化管理。同时，对于传统媒体转型发展、新兴媒体与传统媒体融合发展等问题，我们依然处于探索阶段，需要进一步解放思想、开拓创新、改进思维方式，以新时期新形势下做好宣传思想工作的新认识开创工作的新局面。

当前，我国边疆民族地区党的宣传思想工作也同样面临着新兴媒体带来的机遇与挑战，特别是在“老、少、边、穷”山区、牧区的广大农村地区，那里是传统主流媒体距离较远、影响薄弱的地方，但却是新兴媒体“先声夺人”抢占媒介信息传播领域，传播速度较快、覆盖范围较广的地方，这不仅对党的传统主流媒体形成了强烈的冲击，也给边疆民族地区开展宣传思想工作、巩固党在主流意识形态领域的主导地位、有效引导地区多元社会思潮和现代媒体舆论带来了严峻的挑战。因此，对于我国边疆民族地区来说，首先，要从思想上进行彻底地转变，大胆解放思想、改进思维方式，既要有忧患意识，努力认清传统媒体正面临的重大变革和激烈竞争的形势，又要有乐观精神，准确把握传统媒体与现代媒体的洗牌整合和图存求新的机遇，敢于先行一步、走深一步、化危为机，以高度的责任感和使命感，推进传统媒体的创新发展以及传统媒体与新兴媒体的融合发展。其次，要因地制宜，结合边疆民族地区的实际，认真研究现代多元传播媒介以及社交关系传播、全民化传播、移动化传播的规律和特征，找出顺应现代媒体发展潮流的新兴媒体的生态链，积极培育和培植党的主流媒介在新媒体生态链中的核心环节和节点，着力打造一批党的新型主流传播媒体，通过多种媒体，诸如网络客户端、即时通信工具、自媒体、社交媒体、数字化平台等多元化的移动传媒，传播党和国家的声音，使党的传播媒介能够占领现代媒体传播空间的制高点，并能够牢牢地居于主导地位。再次，要认真学习和借鉴中东部发达地区推进传统媒体与新兴媒体融合发展，开展宣传思想工作的成功经验，并结合边疆民族地区的特点，积极开展宣传方式创新和手段创新，要充分利用电视、口传、手机、网络、报刊等传播手段和影视文艺等传媒形式，搞好影视节目和口传资料的创作，大胆探索一些广大党员干部和少数民族群众喜闻乐见、易于接受、乐于接受的新举措、新办法，让党的声音传得更远、传得更响，让广大党员干部和群众听得懂、记得牢、传得广、用得上、做得好。最后，要深入开展宣传思想基层工作创新，特别是在当前新媒体迅猛发展的时代潮流下，做好宣传思想的基层工作创新显得尤为迫切和极端重要，宣传思想工作要真正深得民心，走进基层、走进群众的心窝里，就要“接地气”，畅通媒介信息传播的各种渠道，搭建好党和政府面向数量庞大的网络媒体用户，开展宣传思想工作的、多元化的新型移动传播平台，让基层群众乐于接受、真心认可我们党的宣传思想工作。

（二）发挥宣传机构的职能作用，提升引领效果

习近平总书记在全国宣传思想工作会议上的重要讲话特别突出地强调，“宣传思想部门承担着十分重要的职责，必须守土有责、守土负责、守土尽责”①。所谓“守土”，就是要固守党在互联网络空间、媒介传播领域的主阵地，就是要固守党在意识形态领域的主阵地，对于这一“主阵地”的守卫，各级各部门的宣传机构责无旁贷、义不容辞、责任重大，宣传思想工作者更要有守有为、敢于担当、开拓创新，而能否做好新时期新形势下的宣传思想工作，主要取决于各级宣传思想部门工作是否强有力。因此，就我国边疆民族地区而言，一是要继续加强建设好思想宣传相关部门的工作队伍和领导班子，配齐配强边疆民族地区各级宣传思想部门的党员干部和工作人员，要强化实践能力，尤其是宣传思想部门领导干部的理论学习特别需要得到加强，要帮助他们都能够真正成为熟练掌握现代传媒技术，熟悉宣传思想工作政策理论的行家里手；二是要充分发挥边疆民族地区各级各部门宣传机构的职能作用，特别是要大力提升宣传机构驾驭新兴媒体的能力和水平，充分发挥党的主流媒介，诸如新闻网站、微博、微信、客户端等的引领示范作用和主力军作用，当好宣传队、传播好声音，不断提升宣传思想工作对社会思潮的引领效果；三是要发挥宣传部门理论研究的指导作用，特别是要发挥好党校、行政学院、社会科学院等机构的“思想库”作用，加大对宣传思想领域新问题、新情况的研究力度，共同用力帮助，使宣传思想工作各级各部门相关工作人员的领导能力和业务水平得到不断提高；四是促使“大宣传”的思想工作理念得到广泛认可并尽快树立起来，统筹兼顾传统主流媒体和现代新兴媒体融合发展，广泛形成传统主流媒体与新兴主流媒体深度融合发展、宣传思想部门与各条战线各个领域共同开展宣传思想工作的强大合力，有效引导边疆民族地区多元社会思潮和现代媒体舆论，巩固边疆民族地区党在媒体传播空间和主流意识形态领域的主阵地和主导地位。

第三节　突出引领重点

科学引领边疆民族地区社会思潮，重点是使马克思主义中国化的最新成果成为居于引领地位的思潮或思想。用社会主义核心价值观引领边疆民族地区社会思潮，是这方面工作的最突出表现。其实质，就是要想方设法地让社会主义核心价值观实实在在地落地边疆民族地区，实现中华民族伟大复兴的“中国梦”，用

① 习近平．胸怀大局把握大势着眼大事　努力把宣传思想工作做得更好［N］．人民日报，2013－08－21（1）．

“中国梦”、中国精神引领边疆民族地区社会思潮，实现边疆民族地区文化繁荣，发挥文化软实力的作用，推动边疆民族地区政治、经济、文化、社会共同发展。

一、着力推进马克思主义的理论创新，以马克思主义最新成果引领边疆民族地区社会思潮

（一）以理论创新推动马克思主义大众化

马克思主义大众化是中国特色社会主义理论创新的基本立场和理论基石。大众化是一种变革，要求理论创新要能够解决或解答人民群众在生产生活等社会实践中遇到的困难和产生的疑问，要能够积极反映广大群众的需要和诉求。推进理论创新，增强理论工作的吸引力、感召力、说服力。

继马列主义、毛泽东思想等马克思主义理论的几个阶段性成果之后，作为马克思主义中国化、时代化重要成果的中国特色社会主义理论，在改革开放以来，与时俱进地经过邓小平理论、“三个代表”重要思想和科学发展观而得到了长足发展。党的十八大召开以来，习近平总书记的系列重要讲话使中国特色社会主义理论在许多方面都有创新。我们要用创新的理论成果引领边疆民族地区社会思潮。

马克思主义的大众化、通俗化、形象化，既要有能够打动人心、贴近生活的实际内容，又要积极探索开发各种群众喜闻乐见的形式，让边疆民族地区的广大群众能够在现实生活中感受到它的实实在在，对马克思主义产生认同感。要大力推进理论创新，不断凸显时代特色、民族特色等中国化的马克思主义所具有的鲜活特色，使之更适合中国社会的发展需求，解决社会现实问题，引领社会思潮的发展方向。

（二）传播社会正能量引领社会思潮发展

弘扬主旋律，传播正能量。加强和推进文化建设，充分激发文化的支撑力和凝聚力，发挥文化软实力的重要作用。正确、科学地引导边疆民族地区社会思潮的主要途径，就是要努力促进社会主义先进文化的大发展、大繁荣；同时，社会主义先进文化的大发展、大繁荣，也是我们国家推动经济社会发展的重要引擎。要坚持弘扬主旋律，持续加强对主旋律的宣传和教育，努力营造主流舆论的积极健康导向，直至引领形成全社会的认知共识。文化建设要传播正能量，坚持展示团结稳定、昂扬向上的社会主流意识，要以正面引导和正面宣传为主，形成文化多元、主流明显的社会文化现象，用主流思潮引领社会发展。

提高正面宣传的质量和水平。充分发挥新闻媒体对大众的影响力和号召力，把社会主义核心价值观贯穿到每一篇稿件、每一块版面、每一个节目之中，不断巩固壮大积极健康向上的主流思想舆论。要把各种科学引导网上舆论的合力

集聚起来，用正面、积极、权威的声音有效占领网络宣传和传播的阵地，引导网上舆论环境进入良性循环状态。注重发挥新型传媒如短信平台、户外广告、电子显示屏、公交移动电视等媒介的作用，推出一批内涵丰富、形式新颖、格调高雅的公益广告，传播正风正气，传递社会的正能量。要发挥文化产品育人、化人的重要功能，发掘一批群众喜闻乐见的优秀文化产品，用优秀文化产品吸引群众，才能进一步达到宣传群众、教育群众的工作目的。还要努力使各种先进典型的示范导向作用充分发挥出来，重视利用“用身边事教育身边人”的独特效果，尽量把发生和存在在群众身边的践行核心价值观的先进模范、典型人物挖掘出来，让全社会形成崇德向善、奋发向上的强大正能量。

在价值取向越来越纷繁复杂的边疆民族地区，我们要站稳主流意识形态的脚跟，就必须在众声喧哗中弘扬好主旋律、凸显出中国精神，必须在交锋交融中传播好正能量、彰显出主流价值，使我们的理论自信、道路自信、制度自信、文化自信不断深入边疆民族地区广大人民群众的头脑。

（三）旗帜鲜明地批判各种消极有害因素

从我做起，从现在做起，要旗帜鲜明地批评各种社会思潮中的消极有害因素。人的成长和发展，需要表扬和鼓励，一个国家也需要正能量的传播，负面因素传播太多不利于社会的发展。现在社会网络发达，微信流行，打开网络和微信，到处是负面的新闻和案例，有些与事实大致相符，有些离真相相差甚远，甚至是假的，严重影响人们的认知和判断，而网络的特殊性，又给管理带来了难度，很多事情人们不知真相，不知什么是真相，不知到哪里去找真相。假新闻、假事件充斥网络，助涨偏激冲动和情绪化舆论，使网络成为谣言的发源地、聚散地和传播的主要途径。

目前，我国的网民总量已经成为世界之最。在互联网上，每个公民都可以较随意地使用微信、微博、BBS、博客、发帖等相对自由的手段和途径，按照自己的好恶和意愿传播信息、发表意见，甚至网络监管稍有松懈，准许制约和核实审定略有缺位，就会使网络发言显得无度自由、极度公开，很多网民甚至以为无需考虑如此传播的社会效果和法律后果。① 网络上有段子：打开电视，人们幸福，社会和谐，到处莺歌燕舞，一片祥和；打开电脑，官员腐败，道德堕落，民不聊生，仿佛世界末日。两个渠道分离严重。随着互联网、手机的广泛使用和普及，网络和手机成为人们宣泄情绪的重要渠道，也成了少数人煽动群众的重要工具，网络上杂音、噪音时有出现，出现了专业的网络写手和网络

① 沈世纬．用社会主义核心价值观引领社会思潮［J］．青年记者，2014（6）：44－47.

推手，利用微信、微博炒作敏感话题，对社会产生严重的负面影响。这些现象都使网络传播在客观上具有极大的主观随意性。要取得边疆民族地区新兴传播途径中社会思潮的引领地位，就一定要想方设法做好对新兴传媒的有效监管和良好引导。

二、加快完善社会主义核心价值体系，用社会主义核心价值观引领边疆民族地区社会思潮

一个社会有什么样的价值观，有什么样的精神面貌，这是文化的性质和方向决定的，是一个国家的精神状态。《关于培育和践行社会主义核心价值观的意见》明确指出："社会主义核心价值观是社会主义核心价值体系的内核，体现社会主义核心价值体系的根本性质和基本特征，反映社会主义核心价值体系的丰富内涵和实践要求，是社会主义核心价值体系的高度凝练和集中表达。"① 进而也明确要求我们要把"加强社会主义核心价值体系建设，培育和践行社会主义核心价值观"② 作为我国当前正在强力推进的文化建设的主要任务。在边疆民族地区积极培育和践行社会主义核心价值观，并使之与少数民族的风俗习惯相结合，让社会主义核心价值观落地边疆民族地区，成为引领边疆民族地区的主要社会思潮，凝聚力量，形成社会共识，达成全民认同。同时尊重差异，包容多样，努力将边疆民族地区的民俗习惯和价值倾向引领和吸收到社会主义核心价值体系中来，最起码的工作态度是能做到包容边疆民族地区朴素的价值倾向和民俗习惯中一切有益的价值观。

（一）突出教育重点，强化社会主义核心价值观的教育引导功能

1. 必须坚持马克思主义的指导地位

马克思主义的价值观、人生观、世界观，为我们国家培育和践行社会主义核心价值观提供了基本的立场、观点、方法，理所当然地成为我国社会主义核心价值观的思想基础、理论基础和基本原则。价值观是世界观的重要组成部分。马克思主义价值观认为，价值是人在社会活动中存在意义的重要观念因素。每个社会、每个组织、每一个人都会自觉不自觉地从自身的需要、利益和价值观出发，评价事物、看待社会，从而都会自觉不自觉地拥有自己的价值观。但对马克思主义者而言，马克思主义解决的是举什么旗、走什么路的根本问题，马克思主义的世界观依然是也必须一直是马克思主义者评价和判断一切事物的根本标准。否则就不能算是马克思主义者。

---

① 关于培育和践行社会主义核心价值观的意见（中办发〔2013〕24 号）［R］. 2013-12-23.

② 同上。

要用社会主义核心价值观引领边疆民族地区社会思潮，首要的基础工作就是必须积极培育和践行社会主义核心价值观。更进一步来看，最基础的工作和原则就是要坚持马克思主义的指导地位，自觉有效地积极使用马克思主义引领社会先进文化，用马克思主义引领边疆民族地区的社会意识形态。具体深入地看，就是要在培育和践行社会主义核心价值观的进程中，自觉把马克思主义中国化、大众化的理论成果应用进去，当前，要特别认真学习习近平总书记系列重要讲话精神，尤其是关于文化建设的部分，注意在边疆民族地区的社会建设中适时恰当地应用社会治理理论。传统文化是我们民族的“根”和“魂”，在传播正能量、弘扬主旋律的进程中，要自觉把核心价值观有机地同民族传统文化相结合。同时，要清醒地认识到，马克思主义是社会主义核心价值观的灵魂所在，是社会主义核心价值体系的指导思想，所以，必须坚持社会主义核心价值体系和核心价值观的马克思主义立场、观点、方法。

当然，强调坚持马克思主义的指导地位，并不是要排斥其他各种主义的存在，而是允许其他社会思潮的广泛存在，包容多元文化与主流文化。但必须旗帜鲜明地在意识形态领域坚持马克思主义的一元化指导地位，并且只能加强，而绝不允许任何的动摇。同时，还要注意马克思主义与时代特征相一致、与我们国家的国情实际相结合，从而保证马克思主义理论创新能够得到不断推进，并及时推进边疆民族地区的马克思主义时代化、中国化、大众化、普及化，努力使马克思主义正确的人生观、世界观、道德观、价值观，普遍扎根于边疆民族地区广大人民群众的心中。①

2. 处理好核心价值观与其他价值观的关系

在边疆民族地区，用社会主义核心价值观引领社会思潮，形成社会认同，需要处理好多样化的其他价值观与社会主义核心价值观之间的关系，才能进一步做到凝聚社会力量，促进社会发展。在引领社会思潮的工作中，社会主义核心价值观的主导作用必须得到坚持和强调，但不是一枝独秀，更不是不允许其他价值观的存在，也不是要简单地排斥社会上的其他价值观。边疆民族地区，社会多样化，价值观也多元，但不能平起平坐，等同视之，一定要突出社会主义核心价值观的主体地位；在这个基础上，要为其他价值观的生存和发展留下空间，为其他价值观的存续提供可能，也就是说，其他价值观要能够得到基本的包容。但社会主义核心价值观的主导地位在多元化的价值观实践中，绝不是也绝不允许受到否定。要在坚持弘扬主旋律的原则下，尊重差异，包容发展，保证社会主义核心价值观对其他价值观的积极有效引领。在全社会形成培育和

---

① 姜艳生．用中国特色社会主义核心价值观引领多元化价值观［J］．前进，2008（5）：25－26.

践行社会主义核心价值观的风气，最大限度地形成社会思想共识，引导社会接受并自觉践行社会主义核心价值观，从而在边疆民族地区培育并合力而成团结和睦、奋发向上、积极进取的精神正能量。中国文化一直强调“和而不同”，在“和”的基础上，包容差异，包容不同，在社会主义核心价值观的基础上包容其他价值观、包容其他思想，求同存异，共同发展。

（二）做好社会主义核心价值观的大众化、通俗化、具体化建设

1. 用社会主义核心价值观引领边疆民族地区社会思潮的主渠道

党和政府的宣传是用核心价值观引领社会思潮最有效的途径和方法，要特别重视以正确的舆论引导人。通过发文、研讨、办会、组织宣讲团、网络等等形式，推动实践以科学的理论武装人；并以多样化的方式宣传核心价值观，以优秀的作品鼓舞人。特别要结合边疆民族地区的风俗习惯，把核心价值观贯彻到边疆民族地区人们的生产生活中，用边疆民族地区人们喜闻乐见的、具体的、通俗的语言和表达，以高尚的精神塑造人，使之达成社会共识。同时，要加强对大众传媒的监管，引导其提高社会责任感和使命意识，更好地发挥大众传媒传播主流文化的基本功能，用主流价值观宣传引领社会意识形态。

青少年是祖国的未来，要从青少年抓起，努力使青少年成长为社会主义核心价值观的坚定信仰者、努力践行者和积极传播者。在国民教育体系中，要以核心价值观进教科书的方式，根据不同阶段学生的认知水平，把核心价值观融入教材、课堂教学、管理育人的全过程，要在青少年自身的思想品德修养中实现社会主义核心价值观的内化。要实现社会主义核心价值观的外化，需要向广大学生灌输核心价值观，重复讲述而形成共识，并因行为重复而强化为习惯，进而成为青少年自觉的行动准则和行为规范。

各种传媒要发挥传播社会主流价值观的主渠道作用，保证传媒信息的真实可信，传播正能量，以正面宣传为主，用核心价值观教育人民、感染人民、引导人民，形成社会共识。要大力宣传报道核心价值观，需要充分利用网络、广播、电视、电台、杂志、报纸等多种载体，同时促使媒体人自觉培育践行社会主义核心价值观，坚持正面报道为基本导向，在日常的宣传报道、行文写作、舆论监督和热点引导中，把核心价值观贯穿其中，牢牢把握正确舆论导向。

2. 用社会主义核心价值观引领边疆民族地区社会思潮的主要方法

有效引导社会舆论的基本前提，就在于要能够牢牢把握正确的思想舆论导向。提高理论的说服力和感召力，推动理论宣传工作进一步贴近实际、贴近生活、贴近群众。随着教育的普及特别是信息网络文化日新月异的发展，人民群众的知识层次、理论水准、判断能力普遍提高。这就要求我们顺应时势，不断提高理论的说服力和感召力。落实“三贴近”原则，推动当代中国马克思主义

大众化，是增强理论说服力和感召力的根本途径。

社会主义核心价值体系离开了实践，就会是无本之木、无源之水，离开群众实际需要的思想建设，注定无效，必定流于空谈。要想形成社会思想共识，必须以人为本，从实际出发，切实解决民生问题，凸显人文关怀，奠定群众基础，久久为功，常抓不懈。“社会主义核心价值观，是熔铸在亿万人民群众思想和行动中的价值观念、价值取向和价值标准。它只有通过实践尤其是给人民群众带来实际利益，才能被广大人民群众真正接受；同时，还要通过长期、反复的实践锻炼和养成，才能逐步变为广大人民群众内心的道德律令和行为准则。”① 用正面的声音和先进的文化占领阵地。社会主义核心价值观，要通过宣传、培育、践行，使之逐步体现在人民群众的社会生活实践中，要靠千千万万普通群众的遵守和实践，成为亿万人民群众自觉的生活行为，逐步长期渗透浸染才能够成为人民群众内心的道德律令和行为准则，才能够逐渐体现在人民群众的价值观念、价值取向和行为规范中。

增强社会主义核心价值观宣传教育的亲和力，需要有宣传媒体全联动。新闻媒体要用事实说话，用典型说话，才能赢得人民群众的信任，才有进一步实现主流舆论全覆盖的可能性，进而才有可能促使边疆民族地区广大干部群众自觉践行社会主义核心价值观。同时，新闻媒体要和宣传工作部门密切配合，培育大众话语，积极引导大众思想，沟通民族文化桥梁，用大众化的时代的话语，共同唱响社会主义核心价值观这一主旋律，以使边疆民族地区社会思潮能够实际地得到社会主义核心价值观的有效引领。

增强社会主义核心价值观宣传教育的渗透力。由于边疆民族地区经济落后，文化多元，在经济全球化过程中，我们要树立世界眼光，警惕西方发达国家凭借经济、科技优势，对我国输出价值观和文化产品，对边疆民族地区进行蚕食和渗透。我们常说文化是软实力，就要注重社会主义核心价值观是否得到弘扬。社会主义核心价值观宣传教育要“可敬”“可学”。从边疆民族地区来看，就是要在人们的生产生活和日常行为中把核心价值观渗透进去，并使之贯穿在弘扬民族文化的整个过程中，逐步把人们的精神文化需求引导向对社会主义核心价值观的认可和看齐，让人们懂得，社会主义核心价值观不仅具有能够带来国家兴旺的伟力，还具有激发人们的激情、增进个人的幸福、培养高尚情操的魅力。

增强社会主义核心价值观宣传教育的吸引力。各级各类宣传部门、新闻媒体义不容辞的社会责任之一，就是要始终坚持正面宣传为主、团结稳定鼓劲为主的基本方针，把社会主义核心价值观宣传好、宣传到位。宣传部门、新闻媒

---

① 杨茜．我国公益性文化发展研究［D］．保定：河北大学，2008.

体要围绕中心，服务大局，贯彻落实、落小、落细的要求，找准新闻报道与时代的对接点，抓住主流舆论与百姓的共鸣点，通过宣传工作、新闻报道，宣传科学理论，传播先进文化，塑造美好心灵，弘扬社会正气，给人们以积极向上的力量，坚决抵制腐朽、低俗等不良风气。针对不同的民族，宣传方式要不同且多样，注重接地气、贴民心，积极探索和创新人民群众喜闻乐见的新方式，要结合事实，在各领域的宣传报道之中把核心价值观宣传渗透和体现进去，努力做到通俗易懂、润物无声、潜移默化。

（三）推进社会主义核心价值体系的目标化、系统化、品牌化

1. 社会主义核心价值体系的目标化建设

“社会主义核心价值体系从四个方面进行概括，涉及社会主义的共同理想、社会主义荣辱观、民族精神和时代精神、马克思主义的指导地位等方面。社会主义核心价值体系是社会主义核心价值观的基础，社会主义核心价值观是社会主义核心价值体系的概括和总结。”① 二者内在一致，都是时代精神的具体体现和民族精神的实际要求，并且都是社会主义意识形态的本质要求，都使社会主义先进文化的前进方向在价值层面上得到有效表达。

马克思主义创立并发展了一百多年，“必然形成自身的核心价值体系和核心价值观，社会主义核心价值观是我们在几十年的社会主义发展实践的基础上总结和培育起来的”②。作为马克思主义价值观与时俱进的最新成果，社会主义核心价值观是社会主义现代化建设与马克思主义的时代化、中国化、大众化相结合的产物，马克思主义仍然是社会主义核心价值观的必要指导。社会主义核心价值观要在国家层面上得到有效培育和践行，坚持马克思主义的指导地位就是最关键最有效的抓手，必须得到长期的坚持。

“在中国特色社会主义建设中不断总结发展而得出的社会主义核心价值观，根植于几十年的改革开放成功实践，是适应社会发展要求的，是我们的共同理想，是我们民族精神和时代精神的写照，是中国人民对国家富强文明的美好愿望，是中国人民对国家、社会、个人关系的价值追求，党在领导人民建设社会主义的过程中，经过艰辛探索，几十年的努力，探索了中国特色社会主义道路，带领人民为实现中华民族的伟大复兴而不断奋斗。”③

---

① 王克群，许立根．推进文化改革发展的新部署——学习党的十七届六中全会精神［N］．西藏发展论坛，2011－12－15.

② 雷慧．国内关于提炼社会主义核心价值观研究综述［J］．理论观察，2012（5）：14－15.

③ 张秀吉．构建社会主义核心价值体系探析［J］．东岳论丛，2011，32（2）：131－133.

民族文化最集中、最本质的体现就在于民族精神。一个民族赖以生存和发展的精神支柱也是民族精神。“我们国家以爱国主义为核心的民族精神和以改革创新精神为核心的时代精神，是社会主义核心价值体系不可缺少的构建部分。”① 同时，我们的传统文化中有很多优秀的思想，其中有很多价值观与社会主义核心价值观是相同相通的。可以认为，中华民族优秀传统文化在社会主义核心价值观中得到较好的凝练和继承。中华民族的优秀民族精神只有得到大力弘扬，才能使中华民族以昂扬向上的精神状态自立于世界民族之林。因此，社会核心价值体系建设的重要内容必不可少地要包括中华民族的优秀民族精神。

社会主义核心价值观涵盖国家、社会、个人等层面，社会主义核心价值体系也当然涉及社会生活的方方面面，尤其是在社会主义市场经济条件下，旗帜鲜明地指出了什么是我们应当提倡和坚持的，什么是我们应当抵制和反对的，从而在价值选择、价值取向、价值判断等方面为人们提供了基本的行为规范。通过践行社会主义核心价值观，外化为人们的自觉行动；通过大力宣传社会主义核心价值观，使之在文化陶冶、教育引导中得到全社会的培育和践行，逐渐“成为全体社会成员判断是非得失的价值准则，进而促使人们做出社会期待的道德选择，加上制度保障、实践养成等方式，使之可以内化为人们的精神追求。这就是社会主义核心价值体系建设的目标”②。

2. 社会主义核心价值体系的系统化建设

既是体系建设，就要考虑方方面面，考虑完整性，从不同角度、不同方面规划和阐述。“培育和践行社会主义核心价值观，以及建设社会主义核心价值体系，都要包括在社会主义核心价值体系的系统化建设里面。”③ 然后，社会主义核心价值观又在社会主义核心价值体系建设的基础上进一步被提炼出来，并且从三个方面以倡导的方式展开阐述社会主义核心价值观。三个层面的价值观也并不是最后形态，远没有终结，还将继续发展，就是还有一个不断发展和完善的过程。

从国家层面来看，“富强、民主、文明、和谐”的社会主义核心价值观的培育和倡导，是国家意志和国家理想的表达，是培育践行社会主义核心价值观的最高奋斗目标，就是要建构精神坐标和国家意志，以便有效维系民族团结、社会和谐，就是要求形成的共同思想基础有利于社会稳定、国家统一。不断地

---

① 吉爱明．社会主义核心价值体系的内涵及践行［J］．学海，2010（6）：14－17.

② 游洁．社会主义核心价值体系与价值观教育研究述评［J］．教育探索，2010，234（12）：126－127.

③ 张秀吉．构建社会主义核心价值体系探析［J］．东岳论丛，2011，32（2）：131－133.

丰富和发展社会主义核心价值体系，需要倡导和践行“富强、民主、文明、和谐”，需要继续用马克思主义指导社会生活的方方面面，也就是要使马克思主义的指导地位得到继续坚持。倡导“富强、民主、文明、和谐”，可以从经济、政治、文化、社会几方面多角度制定理想目标，凝聚人民群众的智慧和力量。

从社会层面来看，“自由、平等、公正、法治”的社会主义核心价值观的培育和倡导，就是要形成社会规范和社会秩序，就是要在实践上循序推进“自由、平等、公正、法治”，使之发扬光大，让每一个公民享受社会的“自由、平等、公正和法治”。人的自由、全面、充分的发展，是共产主义追求的终极目标。“自由、平等、公正、法治”，反映着现代社会人们的基本价值追求和精神要素，同时，也是社会主义社会的基本要求和基本属性。社会主义核心价值观在社会层面上的培育和践行，有利于弘扬正能量，确立主流价值导向引领社会思潮，引导社会走向自由、平等、公正和法治的局面。

从个人层面培育社会主义核心价值观，倡导“爱国、敬业、诚信、友善”，这是对公民个体道德规范和行为准则的基本要求，是一种底线思维。我们提倡基本的道德规范，确立公民的做人本分，就是在努力构建民间社会的底线伦理。“爱国守法，明礼诚信，团结友善，勤俭自强，敬业奉献”二十个字组成了我国公民的基本道德规范，这已经完全包含了“爱国、敬业、诚信、友善”等个人层面的社会主义核心价值观。因此，“可以说我国公民的基本道德准则和价值追求就是个人层面的社会主义核心价值观。个人层面的核心价值观，是公民基本道德规范的核心要求，涵盖了个人品德、家庭美德、职业道德、社会公德等各个方面”[①]，较好地继承和保留了中华传统文化，弘扬和认同了中华民族传统美德，体现了公民道德行为的本质属性和社会主义的价值追求。

3. 社会主义核心价值体系的品牌化建设

让社会主义核心价值观落地边疆民族地区，必须考虑边疆民族地区社会发展的状况，结合边疆民族地区民族文化、风俗习惯和精神生活情况，用社会主义核心价值观引领边疆民族地区社会思潮。我国边疆民族地区，民族众多，各民族都有着自己的文化传统和风俗习惯，用社会主义核心价值观引领社会思潮，必须考虑各民族多样化的价值观，建设以社会主义核心价值观为根本的和谐文化，包容多样性、创造性地开展具有边疆民族地区特色的精神文化建设。

榜样的力量是无穷的，领导干部要做群众的榜样。培育和践行社会主义核心价值观，领导干部必须先行先试。领导者，必须以身作则，为人表率。孔子说：“政者，正也，子帅以正，孰敢不正？”（《论语·颜渊》）“其身正，不令

---

① 苏娜. 新时期提出社会主义核心价值观的理性思考——对“三个倡导”的理解[J]. 吉林省社会主义学院学报，2013（1）：36－39.

而行，其身不正，虽令不从。”（《论语·子路》）领导干部要做社会主义核心价值观的模范践行者，全心全意为人民服务，而不是贪污腐败的先行者。

要按照社会主义核心价值观的基本要求，用社会主义核心价值观引领边疆民族地区社会思潮，深入挖掘边疆民族地区民族文化的优秀部分，传承传统文化和弘扬时代优秀文化，运用马克思主义的最新理论成果，把民族文化和社会主义文化相结合，多方面、多渠道、多路径打造民族文化，用社会主义核心价值观引领边疆民族地区社会思潮，发现、挖掘一批具有号召力、影响力、凝聚力的文化品牌，特别是群众喜闻乐见的文化品牌，让边疆民族地区人们参与到社会主义核心价值体系建设中来，建设边疆民族地区人民共有的精神家园。

三、推进“中国梦”的理论阐释和思想实践，以共同理想追求引领边疆民族地区社会思潮

（一）“中国梦”是中华民族共同的理想追求

每个民族都有自己的梦想，美国梦、韩国梦、中国梦……这个梦想凝结着民族的理想信念，是不同民族理想信念在不同历史阶段的表现。“中国梦”是中国人民共同的期盼和理想，就是要实现中华民族伟大复兴，是源远流长、根深蒂固、生生不息的中华文化的深刻内涵，是传承和张扬中华民族共同坚守的优秀文化和思想宝库，是中华民族强大生命力在社会主义建设时期的创新实践。“中国梦”是中华民族在近代一百多年以来，经历了苦难，渴望复兴历史的辉煌，是各民族人民群众共同的理想与追求，指明了全党全国各族人民共同的奋斗目标。

“中国梦”的本质是国家富强、民族振兴、人民幸福。“把国家、民族的价值追求与人民的价值追求统一起来，把党的历史使命与近代以来中华民族的伟大梦想统一起来，把中华民族共同坚守的理想信念与夺取中国特色社会主义新胜利的行动纲领统一起来，揭示了中国梦的丰富内涵。”① 中国古代曾经有过辉煌的历史和灿烂的文明，实现国家富强、民族振兴、人民幸福，是每一个中国人共同的愿望和期盼，所以，“中国梦”揭示了中华民族的历史命运，反映了近代以来一代又一代中国人的美好夙愿。可以说，“中国梦”是国家、民族、人民共同的价值选择。同时，“中国梦”还进一步揭示了当代中国的发展走向，就是要坚持走中国特色社会主义道路，弘扬具有几千年优秀文明的中国精神，凝聚全民族共同团结奋斗的中国力量。坚持走中国特色社会主义道路，弘扬传统文化，弘扬民族精神，全国人民一条心，共同努力，心往一处聚，劲往一处

① 秦国伟，等．“中国梦”与中国特色社会主义的关系研究［J］．安徽行政学院学报，2014（8）：34－36.

使，共同创造中华民族的美好未来。

（二）以“中国梦”共同理想追求引领边疆民族地区社会思潮

梦想不可能一夜成，蓝图不可能一蹴而就，真理道路不可能一帆风顺。空谈误国，实干兴邦。实现“中国梦”，最终要靠全体人民的辛勤劳动。实现“中国梦”任重道远，需要几代中国人弛而不息、锲而不舍、前仆后继的艰苦努力。

“中国梦”要靠56个民族共同奋斗来实现。客观上边疆民族地区经济、政治、文化发展相对落后，怎样才能不让少数民族和边疆民族地区掉队，促进少数民族和边疆民族地区经济社会又好又快发展，和其他地区一起实现“中国梦”？梦在心里，路在脚下。边疆民族地区各级领导干部要“牢固树立党的民族政策观念，增进对少数民族和边疆民族地区的感情，提高新形势下处理民族问题、做好民族工作的能力，推动民族团结，边疆繁荣稳定”①，“建立健全民族事务服务管理体系，切实保护好少数民族的各项合法权益，妥善处理涉及民族因素的矛盾和纠纷，严格区分矛盾的性质，坚持具体问题具体分析，是什么问题，就按什么问题处理。推进民族工作的法制化，推动民族自治地方法制建设，依法管理民族事务，保障民族自治地方有效行使自治权。追梦圆梦，进一步做好民族工作，把少数民族更好地调动和凝聚起来，坚定不移地走中国道路，弘扬伟大的中国精神，形成强大的中国力量，追寻发展梦，圆好团结梦，实现中国梦”②。

改革开放30多年来，社会主义制度在不断地探索、总结、创新中持续保持着自我实现、自我发展、自我完善，不断地增加了经济总量，不断地加强了综合国力，终于使全国人民的生活水平总体上得到了显著提高，实现了从温饱到小康的历史性飞跃，国家的国际地位也显著提升，社会更加和谐。用中华民族伟大复兴的“中国梦”引领边疆民族地区社会思潮，让全社会思想繁荣，文化多元，人心安宁、社会稳定。

第四节　讲究引领策略

思想政治宣传工作向来是我们党的重要优势，也是我们国家做好边疆民族地区各项工作的重要的基础性工作。在日新月异的社情发展变化条件下，传统的宣传工作思路受到了一定程度的限制，需要在新的时代背景下，适时对宣传

---

① 黄小希．中国梦要靠56个民族共同奋斗来实现——国家民委主任王正伟访谈录［J］．中国民族，2013（5）：4－5.

② 粟迎春，谢树青，高涛．中国共产党维护新疆稳定、反对民族分裂的战略思考及其历史性贡献［J］．新疆社科论坛，2011（2）：23－29.

工作做出必要的策略性调整，以保证科学引领边疆民族地区社会思潮的有效性。可以通过加强普法工作与科普工作，以科学文化和法治建设为载体，促进马克思主义宣传；以“用科学引领社会思潮”为策略，实现“用马克思主义引领社会思潮”的目的。具体而言，需要各级领导干部率先垂范做好普法工作，争当边疆民族地区社会思潮领航者；各思想理论宣传的有关单位都要做好普法工作，勇当边疆民族地区引领社会思潮的主力军；各级党政相关部门要加强普法工作领导，当好边疆民族地区社会思潮监管者，共同做好普法工作，以法治思想引领社会思潮。同时，要积极推进文化人才、文化形式、文化内容、文化载体、文化发展模式、文化提供方式、传播手段、文化管理体制、文化发展体制机制等方面的创新，以创新掌握意识形态主动权；立足于问题导向，注重有效引领，进一步提升科普工作的有效性，以科普促进马克思主义宣传。

一、加强普法工作，以法治思想引领社会思潮

“我国各少数民族主要居住在我国西北、西南、东北等边疆民族地区。这些地区交通闭塞，信息不灵，处于祖国边陲前沿，政治、经济、文化和社会发展较为落后，受境外各种社会思潮影响较大。因此，有针对性地加强和创新普法工作方式，以社会主义法治思想引领边疆民族地区社会思潮就显得十分重要和必要。”①

党的十八届四中全会《决定》提出：“坚持把全民普法和守法作为依法治国的长期基础性工作，深入开展法治宣传教育，引导全民自觉守法、遇事找法、解决问题靠法。坚持把领导干部带头学法、模范守法作为树立法治意识的关键，完善国家工作人员学法用法制度，把宪法法律列入党委（党组）中心组学习内容，列为党校、行政学院、干部学院、社会主义学院必修课。把法治教育纳入国民教育体系，从青少年抓起，在中小学设立法治知识课程。”②“健全普法宣传教育机制，各级党委和政府要加强对普法工作的领导，宣传、文化、教育部门和人民团体要在普法教育中发挥职能作用。实行国家机关‘谁执法谁普法’的普法责任制，建立法官、检察官、行政执法人员、律师等以案释法制度，加强普法讲师团、普法志愿者队伍建设。把法治教育纳入精神文明创建内容，开展群众性法治文化活动，健全媒体公益普法制度，加强新媒体新技术在普法中

① 阮兴文．创边疆民族地区法治思想引领社会思潮普法工作新方式［N］．云南经济日报，2014-11-04（A2）．

② 中共中央关于全面推进依法治国若干重大问题的决定［N］．人民日报，2014-10-29（01）．

的运用，提高普法实效。”① 这为依法开展全民普法宣传教育和社会主义法治文化建设指明了正确方向和提出了具体路径。

（一）各级领导干部率先垂范做好普法工作，争当边疆民族地区社会思潮的领航者

“实践证明，无论是在革命战争、民主革命还是改革开放和社会主义现代化建设的新时期，中国共产党始终是不可替代的核心领航者。中国共产党之所以能够长期领航执政，关键因素就在于自身有着在当时处于社会领先地位的先进思想和理念，并采取‘支部建在连上’的工作方式，并有效地使各级领导干部掌握好、运用好这一先进思想和理念，然后再由各级领导干部带头去宣传、弘扬和实践，从而调动广大人民群众的参与热情和积极性，最终实现并成为社会实践领域和思想领域的领航者。因此，面对边疆民族地区各种纷繁复杂的社会思潮，各级领导干部应坚定正确的政治立场，牢固树立社会主义法治理念，苦练自身本领，坚持干普法、学普法、会普法、善普法，努力使自己真正成为普法宣传教育工作的行家里手，争当边疆民族地区社会思潮的领航者。”②

“边疆民族地区各级领导干部应将普法宣传教育活动纳入自己的本职工作和日常生活，将普法宣传教育工作与宣传、落实党和国家的民族宗教政策紧密有机结合起来，将普法宣传教育工作寓于生态移民搬迁扶贫、游牧民定居、社会主义新农（牧）村建设等国家重大工程建设实践中。针对边疆民族地区普法经费紧张的实际，鼓励边疆民族地区各级领导干部特别是离退休老干部和少数民族领导干部发挥联系群众方便、通晓当地语言文字和掌握民族风俗习惯等优势，义务到边疆民族村寨、社区、学校、医院、企事业单位和公共场（馆）所等开展讲座、联欢、座谈、访谈等形式多样、生动活泼、喜闻乐见的普法宣传教育活动。使中国特色社会主义法治体系建设与党和国家的各项民族宗教政策深入实际、深入基层、深入群众、深入人心、家喻户晓”③，形成一种社会主义法治文化建设的自觉行动。

（二）各思想理论宣传单位应做好普法工作，勇当边疆民族地区社会思潮的主力军

“重视和加强新闻舆论宣传教育工作是我党的优良传统，也是我党的政治优势。新闻舆论宣传教育工作处在意识形态领域的前沿，对社会精神生活和人们

① 中共中央关于全面推进依法治国若干重大问题的决定［N］. 人民日报，2014-10-29（01）.

② 阮兴文. 创边疆民族地区法治思想引领社会思潮普法工作新方式［N］. 云南经济日报，2014-11-04（A2）.

③ 同上。

思想意识有着重大影响。做好新闻舆论宣传教育工作，关系党和国家工作全局，关系改革和经济社会发展大局，关系国家长治久安。”① 正如毛泽东同志所指出：“一张省报，对于全省工作，全体人民，有极大的组织、鼓舞、激励、批判、推动的作用。”② “目前，面对各种纷繁复杂的社会思潮，各理论宣传单位尤其是各类党刊党报应坚持正确的舆论导向，发挥各自的独特优势，认真厘清各种社会思潮，辨明各种理论是非，勇当边疆民族地区社会思潮的主力军，在普法宣传教育工作中，对中国特色社会主义法治道路和中国特色社会主义法治体系建设的指导思想、基本原则、基本内容、主要任务、具体措施和方法等做出权威阐释，并与党和国家的民族宗教政策宣传教育有机结合起来，准确指出中国特色社会主义法治体系建设与党和国家的民族宗教政策在本质内涵上是一致的，学习好、宣传好、践行好中国特色社会主义法治体系，就是学习好、宣传好、践行好党和国家的各项民族宗教政策，是实现边疆民族地区广大人民群众当家做主的有效途径。其中各类学校特别是高校，不仅是教授和传播文化知识的主阵地，同时也是各种社会思潮最活跃的地方，因此，学校也应肩负起普法宣传教育的历史使命，在文化知识教育中注重社会主义先进法律文化的教育与培育，使学校成为传递法治正能量的重要骨干力量。”③ 另外，普法宣传教育也要抓早、早抓，特别是要从中小学教育就抓起。

当前，随着以互联网、微博、微信等为代表的网络新媒体的涌现，④ “网络媒体从以前的‘边缘媒体’变身成为新闻舆论传播的主阵地，呈现出后来者居上态势，给报纸、广播、电视等传统新闻媒体带来了不小的挑战，同时也带来了巨大的机遇。互联网媒体的方便、快捷、海量及其不受时空限制的巨大优势，恰恰弥补了边疆民族地区山高路险、地广人稀、交通不便的普法宣传教育工作‘短板’。对此，各类党刊党报应解放思想，实事求是，敢于担当，大胆创新，

---

① 李从军．加强和改进新闻舆论工作［N］．人民日报，2011－11－11（05）．

② 毛泽东书信选集［M］．北京：人民出版社，1983：533．

③ 阮兴文．创边疆民族地区法治思想引领社会思潮普法工作新方式［N］．云南经济日报，2014－11－04（A2）．

④ 如截至2013年年底，中国网民规模达6.18亿，互联网普及率为45.8%；域名总数为1844万个，网站总数为320万个，网页数量为1500亿个；论坛/BBS的用户数量为1.2亿人，博客和个人空间用户数量为4.37亿人，社交网站用户数量为2.78亿人，网络文学用户数为2.74亿人，网络视频用户数量为4.28亿人，微博用户数量为2.81亿人，即时通信用户数量为5.32亿人；手机即时通信用户为4.31亿，手机微博用户达到1.96亿。截至2013年年底，中国提供互联网教育信息服务的网站有5820个，提供互联网新闻信息服务的网站有703个，提供互联网文化产品服务的网站有783个，提供互联网视听节目服务的网站有282个，提供互联网出版服务的网站有292个，提供互联网电子公告信息服务的网站有2010个。参见《2013年中国人权事业的进展》白皮书。

开门搞宣传，广交天下朋友”[①]，“不仅自己要开通网络与社会互动，还要与其他各种网络舆论场良性互动，进行对话与交流，既不能迎合网络舆论，也不能无视网络舆论，而是要在网络舆论与主流舆论之间找到‘最大公约数’，凝聚起最广泛的共识。”[②]“另外，各类党刊党报还应积极改变文风，创新普法宣传教育工作内容和方式，确实采取贴近实际、贴近基层、贴近生活、贴近群众的多样化普法宣传教育工作方式，尤其要挖掘民族习惯法等法律传统中的合理成分，从心理和思想上拉近与边疆民族地区各族人民群众的距离，真正实现普法宣传教育工作的思想性、生动性、通俗性和说理性。”[③]

（三）各级党政相关部门要加强普法工作领导，当好边疆民族地区社会思潮的监管者

“从古至今，意识形态的舆论宣传教育历来就是一场没有硝烟的战争。近年来，少数西方国家打着所谓‘民族、宗教、人权’等普适价值观，肆意干涉别国内政，企图颠覆别国政权，甚至利用极少数国家内部出现动荡的有利时机，‘实现’了他们所谓的‘民主选举’的自由价值观。正当他们欢呼西方意识形态取得伟大胜利的同时，当事国人民群众却处在永无止境的各种恐暴活动中而煌煌不可终止。在我国境内尤其是边疆民族地区，个人主义、新自由主义、历史虚无主义、狭隘民族主义、‘三股势力’和各种邪教等社会思潮丛生泛滥，对我国政治、司法、民族、宗教、人权、教育、新闻出版制度等无端攻击，不遗余力地歪曲党的历史、否定党成就、诋毁党形象，一直企图颠覆人民政权、推翻中国共产党的合法领导。如据中纪委驻中国社会科学院纪检组组长、院党组成员张英伟同志2014年6月10日在该院作辅导报告时指出，”[④]“社科院的意识形态存在‘四大问题’，包括‘穿上学术的隐身衣，制造烟幕’；‘利用互联网炮制跨国界的歪理’；‘每逢敏感时期，进行不法的勾连活动’；‘接受境外势力点对点的渗透’”[⑤]；等等。

“为了有效抵御意识形态中各种不良社会思潮‘糖衣炮弹’的攻击，打赢这场没有硝烟的战争，加强和改善各级宣传部门对普法宣传教育工作的领导迫

---

① 阮兴文．创边疆民族地区法治思想引领社会思潮普法工作新方式［N］．云南经济日报，2014－11－04（A2）．

② 马利．做好网上舆论工作的时代指引——深入学习贯彻习近平同志在全国宣传思想工作会议上的重要讲话精神［N］．人民日报，2013－11－27（07）．

③ 阮兴文．创边疆民族地区法治思想引领社会思潮普法工作新方式［N］．云南经济日报，2014－11－04（A2）．

④ 同上。

⑤ 盛卉．中纪委驻院纪检组长指出社科院存在受境外势力渗透问题［N/OL］．http：//politics. people. com. cn/n/html，2014－06－14.

在眉睫。首先是各级党委政府尤其是党的宣传监管部门，应加强自身建设，严格贯彻落实党的宣传纪律和政策，认真履行好普法宣传教育工作监管职责，对监管失职者严格依法依规问责。其次是各类党刊党报应建立起严格的‘防火墙’‘查毒网’‘杀毒网’等保障制度，始终坚持正确的社会主义法治宣传导向，特别是在大是大非问题上要立场坚定、旗帜鲜明、理直气壮，把好发文审查关，不给任何违反四项基本原则和党的基本理论、路线、方针、政策的不良社会思潮予任何生存空间。再次是其他各类新闻舆论宣传媒体也应严格遵守党的宣传政策和国家法律规定，加强行业自律，遵守行业操守和职业道德，积极传递社会主义法治的正能量，相互监督、共同进步。最后是要发动广大人民群众参与监督，打一场社会主义法治宣传教育和监督的人民战争，使社会主义法治理念始终牢牢占领着边疆民族地区社会思潮的主阵地。”①

二、推进文化创新，以创新掌握意识形态主动权

“创新是民族进步的灵魂，是国家兴旺发达的动力，是政党永葆生机的源泉。”实际上，创新也是文化建设的灵魂和生命。文化建设离开了持续的创新，就不会有持久的生命力。因此，我们的文化建设，要结合好历史传统与现实要求，既要把中华民族的优秀传统文化充分发掘出来，又要注意扬长避短，使有正面价值的传统文化精髓得到积极传播，使有高雅品位的传统艺术能够得到持续的积累；同时，要做好扬弃，把传统文化中的糟粕淘汰出局。我们在大力推进文化创新的时候，尤其要努力把党的执政理论、社会核心价值纳入到文化建设的全过程，积极发展健康向上、丰富多彩的网络文化生活，充分发挥文化对边疆民族地区群众的引导力和影响力，牢牢掌握意识形态主动权。

目前边疆民族地区的文化消费低，由于发展的原因，一些边疆民族地区的人民只是购买电视机，其他的文化产品基本没有，比如，报刊、图书（只有学生的教科书）。在文化活动内容和形式上缺乏创新，只是逢年过节时，唱唱歌、跳跳舞。只有创新文化的发展方式才能更好地满足边疆民族地区人民对文化的需求，在满足人民群众的文化需求中实现对社会思潮的引领。

（一）文化内容的创新

文化内容的创新是文化创新的核心所在。在扬弃传统文化基础上的文化内容的创新，就是要通过积极挖掘传统文化的现实价值，使优秀传统文化被新文化吸收而得到弘扬，同时也要借鉴其他国家、民族的优秀文化，创作一批形式

① 阮兴文．创边疆民族地区法治思想引领社会思潮普法工作新方式［N］．云南经济日报，2014－11－04（A2）．

多样、体现民族文化特点的优秀文化作品，服务和满足人民生活的实际需要。在公共文化服务体系方面，让公共文化产品更加具有鲜明的民族特色、充分体现时代精神、展现时代风貌、紧跟时代步伐。在文化内容创新中注重将法治文化吸收到文化创新中，中国共产党十八届四中全会中提出的建立法治政府、法治社会、守法公民的法治目标中，民主、公平、诚信、和谐都是其中的重要内容。文化建设中应当充分发挥法治的引领作用，立法中强调了科学立法与民主立法的问题，民主文化的建设随着我国立法进程中民主水平的提高而得到提升。通过司法机关公正地审理每个案件，使公平、正义的社会文化得以在全社会传播和养成。而法治政府的建成，守法公民的培养也需要以诚信为基础，因此，诚信文化的建设是依法治国的应有之意，文化内容的创新中诚信文化建设也是其中的重要内容。文化内容的创新中吸收法治的基本精神，如公平、正义，并将法治的基本要求，如民主、诚信纳入文化的重要内容，吸收了法治精神的文化创新才是一种健康且持久的创新，也才能充满活力和动力。

（二）文化形式的创新

文化本身就具有多种多样的生产方式和传承、传播形式，并且都处在不断的变化和发展过程中。可以包括许许多多的形式分类，如演唱、面授、口述、著书、办报、出刊、书写、图片、广播、电视、电话、电影、音像、互联网，从面对面、一对一到远距离、一对多，众多的文化形式在不断地发展变化，也需要在不断的创新中获得新的生命力和竞争力。从文化传播来看，开展健康有益的文化活动，也要积极采用和探索丰富多彩、老百姓喜闻乐见、能够寓教于乐的文化形式，才能够更好地吸引人民群众自觉自愿地参与其中，从而使他们主动接受教育，并得到真实有效的提高。

（三）文化载体的创新

许多文化本身并不是物质性的实存，从而需要有相应的载体把文化内容承载其中。文化载体的创新也就因此而具有特别的意义。要尽快把广泛覆盖、快捷传输的文化传播体系构建起来，使传播渠道得到较大拓展，传播手段不断丰富，从而能够使先进文化在先进传媒技术的支持下得到更广泛、有效的传播。同时，也要重视对传统的文化生产经营方式和文化传播模式的改造，既要从技术改造入手，广泛运用先进的技术手段，推进广播影视制作、图书报刊出版等方面的技术升级换代；又要积极拓展文化生产的方式和文化表现的形式，使之不断得到丰富，从而使文化产品的表现力得到增强，文化的生产效率和传播效果获得提高。

（四）传播手段的创新

充分利用高新科技的手段和平台，实现文化传播手段创新，促进文化产品的结构调整和技术升级。

（五）文化发展模式创新

在管理模式上，要创新政府与市场的作用，各行其道，各行其是。在文化建设的资金来源方面，除了政府的供给以外，还可以以创新投融资形式，广泛筹集文化建设资金。

（六）文化管理体制创新

创新文化管理体制，转变政府管理职能。文化管理体制改革应按照中央提出的“党委领导、政府监管、行业自律、企事业文化单位依法运行”的目标来进行。

（七）文化提供方式创新

当前，边疆民族地区人民群众的文化素质越来越高，兴趣爱好越来越广泛，文化需求越来越多。面对日益多元化文化需求的现实情况，要不断满足人民群众不断增长的文化需求，公共文化服务内容的创新就成为必然选择。同时，也要不断推动公共文化服务形式的创新，通过优秀的文化内容和喜闻乐见的形式来吸引人。当然，首先是提供的文化产品，既要具有时代精神，符合社会主义核心价值观，有利于人们的身心健康，还要以正面健康的文化内容为主；其次是要避免内容的过于单一、枯燥和乏味。以前我们采取的送书、送戏、送节目等形式要坚持，但更要创新，送什么样的书，节目如何编排，应该由群众说了算，发挥群众力量。

（八）文化人才发展体制机制创新

文化是靠人来创造的。在文化创新中，处在第一推动力地位的宝贵资源是文化人才，只有文化人才强才能有文化事业兴。要增强边疆民族地区文化的市场竞争力和整体实力，最终要体现在出精品、出人才、出效益上，这需要推动当地的文化创新才能够实现。当前，对边疆民族地区的文化发展而言，最重要的就是文化人才发展体制机制创新，由此才能够出人才、出成果、出效果。

总的来说，大力推进文化产品内容的创新与文化形式的创新，需要强调坚持与时俱进，既要积极推动文化管理体制、运行机制的创新，更要积极推动文化市场的创新，有效推动不同门类的艺术创作在市场需求导向下的相互融合，努力实现作品题材、品种、风格和载体的极大丰富，形成促进边疆民族地区发展的先进文化，通过与现代科技、与旅游的融合，建设边疆民族文化，使边疆民族地区的先进文化成为凝聚各族人民的巨大力量。

三、提升科普工作，以科普促进马克思主义宣传

科普工作的目的就在于普及科学知识、倡导科学方法、弘扬科学精神和传

播科学理论，全面提高广大人民群众的思想道德素质和科学文化水平，促进人的全面发展和经济社会的全面进步。因此，从某种意义上来说，科学理论的传播成效和公民科学文化素质的提升水平，很大程度取决于科普工作水平。由于长期以来，我国边疆民族地区经济社会发展进程较慢，教育科技文化发展水平较低，广大少数民族群众普遍处于相对落后和封闭的环境之中，受传统观念和封建思想的影响较大，大多信仰宗教，对科学思想、科学观念和科技知识自觉学习和接受的意识较为淡薄，对科学理论的理解能力参差不齐、差异较大，特别是科普工作难以覆盖的、地处“老、少、边、穷”山区和牧区农村的少数民族群众，他们接受和参与科普的方式、方法和渠道都较为单一，并且获取科普资源的手段也较为匮乏等。这些问题对于我国边疆民族地区科普工作的开展带来较大影响和制约，亟待加以分析研究并有效破解。

（一）注重有效引领，发挥科普促进马克思主义宣传的重要作用

科学技术普及工作的着力点在宣传普及教育，一方面要普及自然科学、社会科学知识，推广科学方法以及传播科学思想；另一方面也要倡导科学理念、弘扬科学精神、传播科学理论和科学文化。而归结起来，要做好宣传普及教育工作的要义在于正确的导向和引领，这也是我国边疆民族地区开展科普工作需要着重把握的一方面内容。在我国边疆民族地区开展宣传普及教育工作，要注重正确的导向和有效的引领，不仅要发挥好科普工作传播科学理论、科学思想和科学方法的重要作用，巩固好党在基层的科普阵地和思想舆论阵地，更要在实际工作中使科普促进马克思主义宣传的重要作用能够得到巧妙而充分的发挥，并用马克思主义中国化最新成果——中国特色社会主义理论武装广大党员干部和少数民族群众，引导边疆民族地区广大人民群众树立正确的世界观、人生观和价值观，使科学发展观深入人心并自觉成为人民群众思想和行动的指南，进而在边疆民族地区形成在新时期、新形势下、新的历史起点上的思想认同、价值认同、情感认同、心理认同和行为认同；通过不断完善边疆民族地区公民道德建设体系，深入开展民族的、群众性精神文明创建活动，增强边疆民族地区精神文明的感召力、先进文化的感染力和地区社会的凝聚力，提升边疆民族地区的现代文明程度和公众文明素质。

（二）立足问题导向，加强科普促进马克思主义宣传的准确性

长期以来，我国边疆民族地区始终高度重视科普工作，认真贯彻执行《中华人民共和国科学技术普及法》，认真贯彻落实《全民科学素质行动计划纲要》《国家中长期科学和技术发展规划纲要》和《中共中央国务院关于深化科技体制改革加快国家创新体系建设的意见》以及全国科技创新大会精神，取得了显著成效。但是，我们也看到，与国内其他地区相比，我国边疆民族地区公众的

科学素养状况并不乐观，突出表现为：一些地区不科学的观念、行为和方式还普遍存在，一些地区封建迷信活动盛行，一些地区极端宗教活动相当猖獗，一些地区借着各种幌子和旗号的“伪科学”思想广为流行等。我国边疆民族地区存在上述科普工作中不太乐观的现状较为普遍且长期存在，所以，我们提出要普及科学知识、倡导科学方法、弘扬科学精神和传播科学理论，提高人民群众的科学素养。那么为什么科普工作的有效性仍然不容乐观呢？究竟如何才能贯彻落实好十八大提出的科普工作目标任务呢？科普工作中存在的问题症结究竟在哪里？我们能开出哪些对症的“药方”？科普相关法律法规如何切实得到落实？等等。要回答这些问题，要解决这些问题，就要求我们必须正视这些问题，立足问题导向，系统地从问题出发加强科普对促进马克思主义宣传的准确性。同时，也不能停留在为了科普而开展“科普”工作，更不能把普及科学知识和普及哲学社会科学知识与马克思主义科学理论相脱节、相分离。

（三）提升科普能力，健全科普促进马克思主义宣传的体系建设

科普能力建设是推进我国边疆民族地区科技创新发展和科普工作进程的一项重大举措和战略任务，是衡量边疆民族地区提供科普产品和服务的综合能力评判指标体系，包括科普产品的投入、产出以及科普支撑和服务等。科普工作对宣传马克思主义的重要促进作用得到真正切实的充分发挥，要从科普组织、科普人员、科普经费、科普基础设施、科普传媒、科普活动等多个方面，把普及马克思主义科学理论的科普能力建设指标体系建立健全起来，清楚地分析这个策略的可行性和有效性，建立专门针对普及马克思主义科学理论的科普宣传教育指标体系和科普宣传教育网络，实行目标考核和责任监督，进而不断提升我国边疆民族地区科普能力建设水平和科普信息化建设水平，从而切实增强科普促进马克思主义宣传的针对性和实效性。

第五节　培育主流思潮

科学引领边疆民族地区社会思潮，还需要特别强调战略战术上的主动性，要把积极培育主流思潮放在比被动应对各种思潮的挑战更为重要的地位，突出预谋而动，把握时代脉搏，培育主流思潮。

从当前来看，处于时代发展前沿，与马克思主义中国化最新成果紧密连接的文化创新和生态文明等内容，将具有越来越大的影响力，有必要以它们为引领社会思潮的内容和方向，引导它们成为主流社会思潮。对边疆民族地区来说，相较而言，努力培育生态文明成为当地的主流社会思潮是最为适当的战略选择。

边疆民族地区的传统生态思想尽管不合宜冠以“生态文明思想”之名，但

它们的基本思想内涵却与当前处于人类文明发展最前沿的生态文明思想高度契合；可以通过切实推进“五位一体”建设，整合形成社会思潮的大引领系统，使生态文明思想内化于心，外化于行，造就“生态公民”，成就“生态社会”，逐步把生态文明培育成为边疆民族地区的主流社会思潮，达到用生态文明引领边疆民族地区社会思潮的目的，以应对边疆民族地区面临的多元文化并存、价值取向多样等社会思潮的挑战。

一、生态文明思想是当前处于人类文明发展最前沿的社会思潮

生态文明是人类文明发展至今的最高阶段。从历时性来看，它是继原始文明、农业文明、工业文明之后的人类文明新阶段；从共时性来看，它是和物质文明、精神文明、政治文明相对而言的人类文明新形态。[①] 而“生态文明”概念的形成，不仅仅因为它在时间上较后呈现就简单地指认它为经济社会发展到较高阶段的产物，因为它的呈现本身就是一个有实质内容的发展过程。可以认为，生态文明思想是马克思主义思想形态内容与时俱进的集中体现。党的十二大到十五大突出强调的是物质文明和精神文明，十六大提出了政治文明，十七大首次把“生态文明”写入报告，十八大确定“五位一体”总体布局。“生态文明”是马克思主义时代化、中国化、大众化的一项最新成果，这个结论在生态文明建设布局的形成和发展过程中得到了充分说明。在这个意义上，可以说，生态文明及其概念都是经济社会发展到较高阶段的产物。

作为一个随着时代发展而日渐完善的思想理论，生态文明思想是当前处于人类文明发展最前沿的社会思潮，必将保持新鲜的生命力跟人类社会一道发展，并且还要引领人类社会的发展方向。在边疆民族地区纷繁复杂的社会思潮涌动中，生态文明思想因其具有先进性、普适性和公众利益相关性，最应当也最有可能成为当地社会思潮的引领思想，以统领当地社会意识，协调当地社会利益。

二、边疆民族地区传统生态思想与生态文明思想高度契合

说生态文明及其概念都是经济社会发展到较高阶段的产物，但并不否认生态文明的胚胎形态及其概念的思想发端在时间和空间上的普遍分布。实际上，原始人类最早面临的基本问题就是人与自然的关系；同样的，各少数民族的古老先民在其“人类的童年”阶段就开始逐渐形成或多或少，或系统或零散的生态思想，并在各少数民族群体的延续活动中不断发展变迁，尽管基本上没有形成一定程度上的完备体系，不合宜也没必要给它们冠以“生态文明思想”之

① 包庆德．生态哲学前沿研究（专题讨论）［J］．哈尔滨工程大学学报，2014（1）：122.

名，但它们却蕴含着甚至是显示了生态文明思想的基本内涵。至少可以说，边疆民族地区传统生态思想与生态文明思想是高度契合的。

很多边疆少数民族把水看作生命之源，把土看作万物之本，把树看作栖身之所、衣食之源，把草看作牧业之基，把自己看作自然的一个组成部分；在他们的心目中，大自然是人类的亲密伙伴和亲人朋友，并且同人一样有自己的情感、意识和发展的权利。这些认识蕴含着人与自然密切相关等生态文明思想的种种观念，它体现在边疆民族地区的宗教文化方面，就是这些地区的原始宗教信仰、习俗禁忌、清规戒律中包含了很多敬畏自然、保护自然、热爱自然的生态思想。这些宗教信仰和原始观念里面有很多内容显然是非科学、不正确的认识，但其中包含的敬畏自然、保护自然、热爱自然的情感意识和思想观念，客观上减少了对自然环境的破坏。这样，边疆少数民族人民在生产生活中形成的与当地生态环境相伴生的语言传统、衣着服饰、生活方式、渔猎方式、价值观念、地域认同、思维方式、社会组织等，都有利于保持生物资源的多样性，起到保护生态环境的作用，以至于大多数边疆少数民族聚居地区都是自然资源丰富性和生态文化多样性较高的区域。就是在他们的物质生产生活方面，也能够逐渐形成一系列维护生态平衡、保护自然环境的措施和方法，并进一步养成与当地生态环境相适应的生产生活方式和风俗习惯，甚至进入到乡规民约，成为成文或不成文的习惯法，体现出环境友好、适度生产等最基本的生态文明思想。例如，南方少数民族在暖湿气候环境下的坝区稻作农业生产、半山梯田稻作生产、高山刀耕火种等生产方式，北方半干旱气候条件下的游牧生产，东北的渔猎经济等都与当地的生态环境相适合，并能够有效保护当地的生态环境。同时，边疆民族地区的人民主张节制，限制开发，淡化财富占有欲，他们的生活方式极为简单朴素，通常都只是朴素的衣物、简单的食物、简陋的住所，经济活动仅以维持人的基本需求为目的而停留在有限的较低水平；但他们很注重与自然环境的融合，注重在清淡的物质生活环境中享受丰富的精神文化生活。① 这些内容在漫长的历史进程中进一步成长为一个包含着以民族宗教、图腾崇拜为代表的生态精神文化，以居住聚落、经济类型为代表的生态物质文化，以村规民约、文化权利所代表的生态制度文化等完整内容的成熟的生态文化系统。这个系统包含了人与自然和谐的全部因素和充要条件，是与至今才被正式确认的生态文明思想相一致的。

各边疆民族地区的条件状况千差万别，但都是我们国家当前正在推进的生态文明建设的重要阵地，有些地方甚至是生态文明建设的上甘岭，需要给予特

---

① 白葆莉．中国少数民族生态伦理研究［D］．北京：中央民族大学，2007.

别关注。从今天的视角来看边疆少数民族的生态文化系统，里面显然具有不科学、非理性、简单性等缺陷和不足，但他们在开发和保护自然资源、加工和利用药材、食品等方面都积累了丰富的宝贵经验，培育了丰富多样的森林文化、野生动植物文化等生态文化和生态意识，养成了生态生活行为习惯。[①] 当前，边疆民族地区的生态文明建设工作，必须在生态文明思想理论的指导下，从当地各民族的生态文化等实际情况出发，找到他们的传统生态文化与合理开发、保护、利用自然资源的内在联系，边疆少数民族聚居地的生态文明建设更当如此，尤其需要深入发掘当地的群体行为模式、价值观念取向、生态环境思想等生产生活的生态文化内涵，避免边疆少数民族传统生态思想的流失，让尊重自然、敬畏自然、适度攫取等传统生态思想在马克思主义生态文明的思想浸润中重新焕发生命活力，这样，才能更加有效地找到最适合当地“五位一体”建设的途径和方法。

三、用生态文明引领边疆民族地区社会思潮的基本途径

同一直以来我们国家所重视的引领社会思潮的其他工作一样，用生态文明引领边疆民族地区社会思潮，也需要解决相应的机制、方法和途径等问题，包括加强全社会的生态文化建设，营造生态文明的良好氛围等，以统筹做好生态文明思想的内化与外化，实现生态文明的知行统一。

（一）切实推进“五位一体”建设

生态文明并不是一个孤立的文明形态，更不是一个单独的存在形式，是作为社会整体的一个方面而存在并呈现出来的。我们国家的顶层设计正是基于对这一本质特征的把握而做出了“五位一体”建设的部署，强调要把生态文明建设贯穿于经济建设、政治建设、文化建设、社会建设的各方面和全过程。

“五位一体”建设既然是国家的顶层设计，它的实施推进就必然要解决思想上统一认识的问题，在实施推进中不断强化全国上下、各个部门、不同人群在思想认识上的统一。因此，全国性的切实推进“五位一体”建设，必能在全国收到引领社会思潮的效果。各边疆民族地区切实推进“五位一体”建设，也必能保证用生态文明思想引领边疆民族地区社会思潮的成效。

（二）内化于心，塑造生态文明的思想

教化路径在生态文明的实现过程中扮演着重要的角色。[②] 同样的，用生态

---

① 安颖．论少数民族生态文化与自然资源保护的关系［J］．学术交流，2011（2）：198－200.

② 岳云强，祝杨军．论生态文明实现的思想教化路径［J］．前沿，2008（12）：158－160.

文明引领边疆民族地区社会思潮也存在严重的路径依赖，就是必须有相应的思想教化路径。生态文明思想同时包涵了生态认知和生态实践两个方面，是世界观、价值观高度统一的思想系统。实现生态文明的思想教化，就是要把“人与自然的辩证和谐关系”等生态文明思想纳入边疆民族地区各部门、各系统的思想道德教育工作中，既要从全人类的生态文明源泉中汲取营养，又要扬弃和整合当地各民族宝贵的传统生态文化资源，发挥其中有益方面的积极作用，并使它在生态文明建设的新形势下不断升华，从而将传统的文化和意识转化为适应生态文明建设新要求的生态文化和生态意识，创新出适合各边疆民族地区自身发展的绿色文化和生态思想。①

要充分利用好教学培训等宣传和普及生态文明思想的主要途径。首先是要通过设置有关生态文明的教育培训内容，将生态文明理念贯彻在教育培训的全过程，将生态文明思想渗透到每个教学环节，保证受众能获得必要的生态文明认知教育和道德教育，牢固树立起生态意识。无论是在专业课的知识教育中，还是在思想政治教育的课程安排中；无论是在自然科学的教育方面，还是在人文素养的教育方面，都有必要使教师的思想引导作用能够得以充分发挥出来，从而能够帮助学习者培养起生态文明的道德意识，并使他们对人类自己的生存环境认识、对生态文化的感受和认同等方面能够得到强化，进而使他们的生态道德水平以及与自然和谐相处的习惯和能力得到相应提高。

也要抓住公共传媒等媒介传播生态文明思想的每一次机会。通过宣传工作来凝聚人心于生态文明建设的共同事业，基本途径是要通过思想宣传为生态文明建设提供目标导向、价值导向、行为导向，从而引导人们自觉主动地去追求人与自然和谐相处的美好生活，树立起科学正确的生态观念，正确地看待人与自然的共生关系，培养起自觉履行生态环境保护责任的积极性，积极主动地正确处理好人与自身、人与他人、人与社会、人与自然等各方面的关系，平衡处理好物质需要和精神需要两者之间的矛盾关系，自觉协调好个人发展和社会需要之间的矛盾关系，使自己的社会实践活动符合生态文明建设的要求，并能够促进生态文明建设。这样的观念和实践，不论是公共的，还是个人的，都需要一个长期持续的精心培育，需要抓住每一次机会来传播生态文明思想。

（三）外化于行，成就生态文明的公民

生态文明是“知行合一”的社会生活实践，从它的存在本质来说，“行”是它更为重要的存在本质，并且要依赖于人类文明的最小成分，实现在一个一

---

① 李菁怡，周建．少数民族生态伦理价值与边疆民族地区生态文明建设［J］．大家，2010（2）：241－242.

个的“生态公民”身上。社会生活层面的生态文明实践是不可或缺的人类文明本质，实践和巩固生态文明思想也就当然离不开社会生活，并要以此为主要的坚守阵地。

恩格斯准确地把握了马克思的最重要贡献，并指出“马克思的整个世界观不是教义，而是方法。它提供的不是现成的教条，而是进一步研究的出发点和供这种研究使用的方法”①。从“人与自然关系”来看，同样的，社会生活的生态文明实践是围绕着环境优化而展开的，这也就是对“人与自然关系”问题的一种恰当处理方法。这绝不能够仅仅靠一些技术路线来实现，而是要创立一种包含新的、正确的、科学的生产生活方式和社会组织体制等在内的生态文明系统，才能从根本上予以解决。从生态系统观的角度来看，社会是由许许多多的生态子系统构成的。人与自然、人与自身、人与他人、人与社会之间的关系都要体现在生态子系统上，并且每个生态子系统都蕴含着和谐的生态关系，因为每个生态子系统都是系统功能与生态结构的统一。生态文明思想教育的目的，就是要使生态文明对自己的重要意义让每一位社会成员都能够深切感受到，从而使生态文明意识得以形成，使相互尊重的人伦关系和爱护自然的生态观念得以建立，使自己所在的生态子系统能够科学、合理、循环、高效地使用本系统内的有限资源并保持或提高该子系统的生态环境质量，使一个良性循环运行的环境保护与资源循环利用的生产生活体系得以在全社会形成。

要珍惜每一次养成生态文明行为习惯的机会。要在生态文明思想宣传教育工作中培养起生态共识、激发出生态责任的基础上，组织开展相关的社会实践活动，使公民有机会通过亲身体验来感受生态环境保护的意义，并反思自己以往不合理、不环保的行为习惯，从而使自身的生态意识能够内在地得到提高，并使持久的生态文明观能够得以真正树立。可以通过建立生态实践基地、举办生态环境保护行动、推动公民广泛参与绿色环保志愿者活动等途径，培养公民能够懂得善待自然、尊重生命、保护生态、适度消费，逐渐成长为一个理性的“生态人”。这样就可以使公民的良好生态文明行为习惯在潜移默化中培养起来，进而逐步做到随时随地都能够自觉注意保护生态环境，都能够自觉地履行自己作为生态道德主体的相应责任和义务，从而在社会生活实践中身体力行，切实把生态文明的生活方式作为自己的生活方式，积极主动地投身到维护生态平衡、改善生存环境的社会活动中去，并竭力推动整个社会逐渐营造起符合生态文明社会本质的生态关系。在此基础上，还要营造生态文明与生态道德教育的舆论环境，鼓励公民以自己的亲身言行去影响身边的每一个人，从而使保护

① 恩格斯.1895年3月11日致威纳尔·桑巴特［G］//马克思恩格斯全集：第39卷.北京：人民出版社，1974：406.

生态环境、崇尚生态文明的良好风气在全社会形成，使生态意识逐渐成为全社会的生态共识和生态行动。然后才能把一切有志于保护生态环境的各种社会资源整合在一起，发挥集群效应，进而逐渐动员起一切有利于生态文明建设的社会力量，最终从根本上发掘并解决隐藏在生态环境问题背后的种种根源性问题，形成人与自然和谐共生的生产生活方式，创新出适合自身发展的绿色生态文明。

结语

社会思潮运行机制复杂难辨是边疆民族地区社会思潮引领工作面临严峻挑战的关键原因。本书通过逐项分析把握边疆民族地区社会思潮与当地经济发展、教育培训、民族交融、宗教交流、科技普及、信息传播、边政法治、文化建设、党的建设等方面的相关关系，可以拨开边疆民族地区社会思潮运行机制的迷雾。但要实现对边疆民族地区社会思潮的有效引领，就必须以科学引领为目标，建立起完善、系统的引领机制，包括及时、有效的监测、反馈机制，长效、多元的渗透机制，持续、可行的纠正机制；并在实践中注意兼顾社会思潮传播、发展的全过程，以实现社会思潮引领机制的监测、教育、渗透、反馈、纠正等系统功能。在此基础上，整合好宣传、文化、教育、科普等相关机构的维护职能、保卫职能、扶助职能、管制职能、服务职能、发展职能，使其形成一个宏大的引领系统。然后，从社会思潮引领工作的有效性出发，针对边疆特点，巩固引领阵地，突出引领重点，注重引领策略，培育主流思潮，把握时代脉搏，对科学引领边疆民族地区社会思潮的方法做一些原则性的探索。

可以乐观地预期，通过加强民族教育，搞好科普工作，重视文化建设，优化民族党建，充分发挥边疆民族地区文化建设和党的建设对社会思潮的引领功能，积极探索边疆民族地区包容、灵活、有效的意识形态工作方法，进一步加强党对社会舆论的主导能力、对先进文化的引领能力、对民族宗教的管控能力，着力推进马克思主义的理论创新，推进“中国梦”的理论阐释和思想实践，以不断创新发展的马克思主义民族国家理论、社会主义核心价值观等共同理想追求，以及生态文明和创新文化等马克思主义最新成果引领边疆民族地区社会思潮，一定可以巩固爱国主义、国家认同和民族团结的历史成果，巩固团结统一的思想基础，从而团结起边疆民族地区广大人民群众共筑“中国梦”。

同时，我们注意到，有两个重要问题亟待深入研究：第一，我国当前的社会思潮状况。这项研究的难度不大，但意义重大。调研的工作量和费用支出非常大，在调研中还要按标准严格控制《调查问卷》的发放过程，以及需要做巨量的访谈。所以，需要以重点项目的资助额度立项，或分多个项目立项，才可能保证调研的质量。即便只调研边疆民族地区社会思潮的状况，也至少需要分为西南、西北、“内蒙古+东北”三个课题，才能做到有效调研。第二，科学引领（我国）社会思潮的机制和方法研究。本课题研究仅限于边疆民族地区，但在研究过程中，我们越来越觉得，在全国性的意义上来研究“科学引领社会思潮的机制和方法”是更为合适的。毕竟，我们国家在社会思潮引领工作方面的机制和方法都更强调统一部署。这种认识，在我们撰写完研究报告后，得到了进一步的确认。

另有一点说明：我们的研究方法能够科学地支撑我们的研究并得出有效结论，总体来看，我们的研究结果是真实可靠的。但有两方面的内容，其可靠性需持谨慎态度。一个方面的内容是，基于《调查问卷》数据统计分析而得的结论，其可靠性需要得到进一步确认，这是我们自己不能解决的问题。原因在于：出于调研费用限制，《调查问卷》的发放，我们课题组成员只亲自发放了一小部分，大多数问卷是委托在读大学生发放的，尽管我们明确并详细讲解了发放要求，但不能进行全程监控，因此我们不能保证《调查问卷》的实际发放情况能够完全满足我们设计的问卷抽样要求。我们一共发放了1500份《调查问卷》，回收的有效问卷仅为1230份，另有200多份回收的问卷因存在各种异常情况而不予采用。我们估计，问卷的实际发放有可能存在影响可靠性的偏差。另一个方面的内容是，各项有关“边疆民族地区社会思潮”的总体估计，不论基于数据分析，或是基于专家综合判断，这些估计都有可能存在一定程度的偏差。因为，“边疆民族地区”体量很大，分布很广，地区间差异非常大，很难得出一个总体或整体的判断；“社会思潮”也是很难把握的内容，这两者结合在一起，要想对它做出整体把握，对我们来说，几乎是不可能的。我们的研究未能找到能够反映我国“边疆民族地区社会思潮”整体情况的数据，我们也未能探索用现有数据进行有效表达的分析或组合，所以我们未能对“边疆民族地区社会思潮的基本情况”做出一个总体性或整体性的判断。但在研究和行文中，我们又不得不使用这个整体性的概念，讨论整体性的相关问题，并且只能基于我们的《调查问卷》做出基本分析，并以定性判断来初步把握我国“边疆民族地区社会思潮”的基本情况。因此，出于相关结论的可靠性考虑，就需要有足够的谨慎。尽管这个缺憾并不影响本书的完整性和有效性，但因为缺乏足够的前提依据，我们只能在总体上进行判断并做出定性的对策研究，使本研究成果的可用性受到一定削弱。此外，还有我们未能一一自查的错漏，还请专家、学者、读者原谅、斧正！谢谢！

参考文献

一、公文和国家领导人论著类

[1] 毛泽东．毛泽东选集：第二卷［M］．北京：人民出版社，1991.

[2] 毛泽东．在扩大的中央工作会议上的讲话［N］．人民日报，1978－07－01.

[3] 毛泽东书信选集［M］．北京：人民出版社，1983.

[4] 邓小平．邓小平文选：第三卷［C］．北京：人民出版社，1993.

[5] 江泽民．论社会主义精神文明建设［M］．北京：中央文献出版社，1999.

[6] 江泽民．在庆祝中华人民共和国成立四十周年大会上的讲话［R］．北京：人民出版社，1989－07－29.

[7] 胡锦涛．坚定不移走中国特色社会主义文化发展道路　努力建设社会主义文化强国［R］．求是，2012（1）：1－6.

[8] 胡锦涛．坚定不移沿着中国特色社会主义道路前进　为全面建成小康社会而奋斗［M］．北京：人民出版社，2012.

[9] 习近平．在全国宣传思想工作会议上的讲话［R］，2013－08－19.

[10] 习近平．习近平谈治国理政［M］．北京：外文出版社，2014.

[11] 习近平．在第十二届全国人民代表大会第一次会议上的讲话［M］．北京：人民出版社，2013.

[12] 习近平．在同各界优秀青年代表座谈时的讲话［N］．人民日报，2013－05－05（2）．

[13] 习近平在参加全国科普日活动时强调广泛普及食品与健康相关知识提高群众消费安全感和满意度［N］．人民日报，2012－09－16（1）．

[14] 习近平．胸怀大局把握大势着眼大事　努力把宣传思想工作做得更好［N］．人民日报，2013－08－21（1）．

[15] 习近平．把培育和弘扬社会主义核心价值观作为凝魂聚气强基固本的

基础工程［N］. 人民日报，2014－02－26（1）.

［16］习近平．之江新语［M］. 杭州：浙江人民出版社，2007.

［17］中共中央宣传部．习近平总书记系列重要讲话读本［M］. 北京：学习出版社，人民出版社，2014.

［18］中共中央关于全面推进依法治国若干重大问题的决定［R］. 2014－10－20（23）.

［19］中共中央关于全面深化改革若干重大问题的决定［R］. 2013－11－09（12）.

［20］中共中央关于加强和改进思想政治工作的若干意见（中发〔1999〕17号）［R］. 1999－09－29.

［21］中共中央办公厅．关于培育和践行社会主义核心价值观的意见［R］. 2013－12－23.

［22］中共中央组织部，中共中央宣传部，中共教育部党组．关于加强和改进高校青年教师思想政治工作的若干意见（教党［2013］12号）［R］. 2013－05－04.

［23］中共中央办公厅，国务院办公厅．关于进一步加强和改进新形势下高校宣传思想工作的意见［R］. 2015－01－19.

［24］国务院．关于进一步繁荣发展少数民族文化事业的若干意见（国发〔2009〕29号）［R］. 2009－07－05.

［25］国务院新闻办公室．2013年中国人权事业的进展（白皮书）［R］. 2014－05－26.

［26］国务院．全国生态环境建设规划（国发〔1998〕36号）［R］. 1998（29）.

［27］国家统计局．中华人民共和国2013年国民经济和社会发展统计公报［M］. 北京：中国统计出版社，2014.

［28］国务院新闻办公室．中国的民族政策与各民族共同繁荣发展（白皮书）［M］. 北京：人民出版社，2009：5.

［29］国家统计局．2010年第六次全国人口普查主要数据公报（第1号）［EB/OL］. http：//news. xinhuanet. com/politics/c/html，2011－04－28.

［30］盛卉．中纪委驻院纪检组长指出社科院存在受境外势力渗透问题［N/OL］. http：//politics. people. com. cn/n/html，2014－06－14.

［31］中共云南省委政策研究室．云南省公共文化服务体系建设调查［R］. 云南调研（5）.

［32］张福海．云南省新闻出版业如何转变发展方式［R］. 理论动态

(1856), 2010－7－10.

[33] 中共中央党校党建部课题组．新媒体与党的建设［R］．理论动态(1865), 2010－10－10.

[34] 怒江州宗教局．怒江州宗教信仰调查［R］．2006：7.

[35] 中华人民共和国宪法．

[36] 云南省少数民族语言文字工作条例．

[37] 少数民族权益保障条例．

[38] 民族民间传统文化保护条例．

[39] 全面推进依法行政实施纲要．

二、报纸类

[40] 马利．做好网上舆论工作的时代指引——深入学习贯彻习近平同志在全国宣传思想工作会议上的重要讲话精神［N］．人民日报，2013－11－27(07).

[41] 刘福州．略论社会思潮引领机制的构建［N］．光明日报，2007－12－29（11）.

[42] 雷振扬．坚定不移地坚持和完善民族区域自治制度［N］．光明日报，2014－07－01（07）.

[43] 王玉林．深化文化交流交融培育民族团结基因［N］．兵团日报，2014－07－03（4）.

[44] 尹刚．党的历史方位的变化与知识分子党员的作用［N］．吉林日报，2009－05－23（7）.

[45] 陈仁泽．舆情监测显示民众对政府专家及媒体信任度低［N］．人民日报，2011－09－08（07）.

[46] 李从军．加强和改进新闻舆论工作［N］．人民日报，2011－11－11(05).

[47] 阮兴文．创边疆民族地区法治思想引领社会思潮普法工作新方式［N］．云南经济日报，2014－11－04（A2）.

三、专著和文集类

[48] 马克思，恩格斯．马克思恩格斯全集：第1卷［M］．北京：人民出版社，1956.

[49] 马克思，恩格斯．马克思恩格斯全集：第2卷［M］．北京：人民出版社，1957.

［50］马克思，恩格斯．马克思恩格斯全集：第13卷［M］．北京：人民出版社，1998.

［51］马克思，恩格斯．马克思恩格斯选集．第2卷［M］．北京：人民出版社，1995.

［52］马克思，恩格斯．马克思恩格斯选集．第4卷［M］．北京：人民出版社，1995.

［53］恩格斯．1895年3月11日致威纳尔·桑巴特［G］//马克思恩格斯全集：第39卷．北京：人民出版社，1974：406.

［54］列宁．列宁全集．第31卷［M］．北京：人民出版社，1985.

［55］梅荣政．用马克思主义引领社会思潮［M］．武汉：武汉大学出版社，2008.

［56］马绍玺．在他者的视域中［M］．北京：社会科学出版社，2007.

［57］雅斯贝尔斯．什么是教育［M］．邹进，译．北京：生活·读书·新知三联书店，1991.

［58］梁启超．清代学术概论［M］．长沙：岳麓书社，1985.

［59］郭家骥．云南民族关系调查研究［M］．北京：中国社会科学出版社，2010.

［60］陈育宁．中华民族凝聚力的历史探索［M］．昆明：云南人民出版社，1994.

［61］马戎．民族社会学——社会学的族群关系研究［M］．北京：北京大学出版社，2004.

［62］费孝通．论人类学与文化自觉［M］．北京：华夏出版社，2004.

［63］江宜桦，李强．华人世界的现代国家结构［M］．台北：商周出版社，2003.

［64］高永久．民族社会学概论［M］．天津：南开大学出版社，2010.

［65］威尔伯·施拉姆．传播学概论［M］．陈亮，等，译．北京：新华出版社，1984.

［66］杨明品．当前农村广播影视公共服务建设的基本特征和主要任务［A］//中国公共文化发展服务报告（2007）［M］．北京：社会科学文献出版社，2008.

［67］王国祥．西双版纳雨林中的克木人［M］．昆明：云南教育出版社，2008.

［68］张文显．马克思主义法理学［M］．长春：吉林大学出版社，1993.

［69］张文显．法理学［M］．北京：高等教育出版社，2003.

［70］［法］孟德斯鸠．论法的精神（上册）［M］．北京：商务印书馆，1982.

［71］迈克尔·G. 罗斯金．政治学与生活［M］．北京：中国人民大学出版社，2014.

［72］李建华，等．多元文化时代的价值引领［M］．北京：人民出版社，2012.

［73］于憬之．高端决策参考：中国文化的力量［M］．北京：人民日报出版社，2011.

［74］韦正翔．大众化的马克思主义［M］．北京：中国社会科学出版社，2012.

［75］程恩富．文化经济学［M］．北京：中国经济出版社，1993.

［76］徐海波．意识形态与大众文化［M］．北京：人民出版社，2009.

［77］张宇丹．传播与民族发展——云南边疆民族地区信息传播与社会发展关系研究［M］．北京：新华出版社，2000.

［78］向洪，邓明，明昱．国情教育大词典［C］．成都：成都科技大学出版社，1990.

［79］周德仓，等．西藏自治区新闻传播发展报告［A］//郑保卫．中国边疆民族地区新闻传播发展报告［C］．北京：人民日报出版社，2011.

［80］韩强，等．新疆维吾尔自治区新闻传播发展报告［A］//郑保卫．中国边疆民族地区新闻传播发展报告［C］．北京：人民日报出版社，2011.

［81］高炜，等．内蒙古自治区新闻传播发展报告［A］//郑保卫．中国边疆民族地区新闻传播发展报告［C］．北京：人民日报出版社，2011.

［82］商娜红，等．广西壮族自治区新闻传播发展报告［A］//郑保卫．中国边疆民族地区新闻传播发展报告［C］．北京：人民日报出版社，2011.

四、学位论文

［83］马志敏．中国共产党云南民族工作研究［D］．北京：中央民族大学，2006.

［84］丁惠民．边地乡村能人地位的获得：云南勐海县坝散村的个案分析［D］．昆明：云南大学，2005.

［85］杨茜．我国公益性文化发展研究［D］．保定：河北大学，2008.

［86］白葆莉．中国少数民族生态伦理研究［D］．北京：中央民族大学，2007.

［87］谭玉林．我国民族团结教育理论与实践研究［D］．北京：中央民族大学管理学院，2011.

五、期刊论文

[88] 人民论坛“特别策划”组．2013十大思潮［J］．人民论坛，2014（04）：18－19.

[89] 张睿丽．当代民族主义思潮评析［J］．理论月刊，2007（7）：38－41.

[90] 何跃．地缘主义与跨界民族主义——以中国西南边疆为例［J］．学术探索，2008（06）：25－30.

[91] 杨金华．当代中国虚无主义思潮的多元透视［J］．马克思主义研究，2011（04）：117－123.

[92] 尹卫江．边疆高校学生恋爱行为的调查分析及教育策略——以思茅师范高等专科学校为例［J］．思茅师范高等专科学校学报，2008（06）：86－89.

[93] 赵曜．当代中国社会思潮透视［J］．中国特色社会主义研究，2002（01）：36－41.

[94] 时统君．多样化社会思潮与马克思主义信仰教育问题的思考［J］．社科纵横，2011（04）：7－9，16.

[95] 张永刚．全球化时代西南边疆少数民族作家的文化认同与文学表达［J］．文艺理论研究，2011（05）：127－132.

[96] 王天孜．多元文化主义与民族主义［J］．理论月刊，2008（03）：59－61.

[97] 李红专，陈勇．云南跨境边疆民族地区社会思潮引领问题分析［J］．云南行政学院学报，2013（05）：148－150.

[98] 何涛．弘扬孝文化促进和谐文化建设［J］．改革与开放，2009（18）：22－24.

[99] 陈丽华．当前社会思潮与舆论引导［J］．社会科学家，2009（1）：7－10.

[100] 吕俊彪．城市化与西南边疆民族地区的经济发展［J］．思想战线，2012（05）：18－22.

[101] 姚新勇．现实抑或理想纲领——关于“中华民族多元一体格局”说的思考［J］．民族艺术，2010（1）：15－19.

[102] 姚新勇．中国少数民族文学界的后殖民批评［J］．二十一世纪（香港），2008（4）：21－25.

[103] 鲍常勇．21世纪以来中国民族主义思潮的新动向及其对中国特色社会主义的影响［J］．河南社会科学，2009（06）：184－186.

[104] 姚新勇."族裔民族主义"思潮与中国多族群文学的立场选择 [J]. 贵州民族学院学报（哲学社会科学版），2011（6）：55-60.

[105] 杨志强.从"苗"到"苗族"——论近代民族集团形成的"他者性"问题 [J]. 西南民族大学学报（人文社科版），2010（06）：1-7.

[106] 王毅.90年代以来中国民族主义思潮对大学生民族意识的影响及教育对策 [J]. 学校党建与思想教育，2013（12）：90-92.

[107] 孟成才，刘沐尧.抓住机遇发展对外广播宣传 [J]. 今日民族，2012（8）：23-26.

[108] 李小辉，罗春梅.马克思恩格斯关于宗教与教育基本关系的探析 [J]. 沧州师范学院学报，2013，29（1）：8-12.

[109] 冯国峰.论信仰教育 [J]. 内蒙古师范大学学报，2009，22（1）：69-71.

[110] 吕红霞.信仰教育及其价值论析 [J]. 社会科学辑刊，2008（4）：22-24.

[111] 田浩，邓莉.马克思主义教育是一种特殊的信仰教育 [J]. 湘潮，2009（11）：20-21.

[112] 李科，林伯海.理想信念教育视域下的"中国梦"教育探析 [J]. 思想教育研究，2013（11）：47-50.

[113] 孟建伟.教育与文化——关于文化教育的哲学思考 [J]. 教育研究，2013（3）：4-11.

[114] 王炳权.论影响社会思潮发生发展的主要因素 [J]. 学校党建与思想教育，2010（17）：4-6.

[115] 刘康龙，宋瑞玉.毛泽东对文化教育的辩证认识 [J]. 洛阳理工学院学报（社会科学版），2014，29（1）：74-78.

[116] 何星亮.中国历史上民族融合的特点和类型 [J]. 中南民族大学学报（人文社会科学版），2010（2）：35.

[117] 管彦波.中国古代史上的民族融合问题（下） [J]. 历史教学，2001（9）：35-36.

[118] 邱正文.宗教道德的社会功能二重性分析 [J]. 湖南师范大学社会科学学报，2011（4）：46.

[119] 王希恩.民族认同与民族意识 [J]. 民族研究，1995（6）：18.

[120] 马品彦.宗教极端主义的本质与危害 [J]. 新疆社会科学，2008（6）：64.

[121] 李育全.边疆民族地区邪教的成因及对安全稳定的影响 [J]. 经济

研究导刊，2010（3）：228.

［122］金柔雅，宁利娟，郭大燕．意见领袖在农村舆论构建中的作用［J］．安徽农业科学，2011，39（23）：14509－14510.

［123］杨六金，戴永亮，宋建波．解读云南莽人［J］．边疆文学，2009（4）：12－18.

［124］石佑启，戴小明．政治文明与依法行政之契合［J］．法学评论，2004（4）：13－18.

［125］马启智．我国的民族政策及其法制保障［J］．中国人大，2012（1）：41－46.

［126］薛成莉．提高党的科学化水平为新疆的繁荣稳定提供政治组织保证［J］．和田师范专科学校学报，2013，32（5）：19－21.

［127］启东明，丁玉才．边疆民族地区党的建设的基本特点和基本经验［J］．理论研究，1996（6）：1－5.

［128］王春华．用社会主义核心价值体系引领社会思潮应把握的几个重点问题［J］．东岳论丛，2010，31（12）：187－189.

［129］孟轲．社会主义核心价值观大众认可的基本动因及障碍［J］．河南师范大学学报（哲学社会科学版），2014，41（1）：52－56.

［130］顾晓英，李海燕．丰富和扩大执政党政治权威的认同资源［J］．理论月刊，2008（9）：52－55.

［131］张汉静，葛振国．社会主义核心价值体系的实现路径——基于价值认同的角度［J］．山西大学学报（哲学社会科学版），2008，31（6）：76－79.

［132］宋一．现代政党的利益整合机制与启示［J］．中共云南省委党校学报，2007，8（5）：108－110.

［133］何影．利益补偿：改革发展成果共享的必由之路［J］．求实，2012（9）：52－55.

［134］张锋．马克思主义引领中国当代社会思潮的路径和机制［J］．深圳大学学报，2010（5）：28－30.

［135］王彩霞，等．论核心价值体系和社会文化思潮［J］．东方论坛，2011（2）：43－46.

［136］王芮，等．马克思主义引领社会思潮的路径探析——基于葛兰西文化领导权理论角度［J］．人民论坛，2013（11）：15－18.

［137］时应峰．蚌埠市新农村建设中存在的问题与对策［J］．乡镇经济，2007（7）：34－37.

［138］程恩富．创新马克思思潮价值取向［J］．人民论坛，2014（4）：

25－27.

［139］李蕴达．现代农村之所需［J］．辽宁经济，2010（8）：34－36.

［140］张美君．90年来中国共产党意识形态宣传的基本经验［J］．广西社会科学，2011（6）：13－16.

［141］廖桂雄．践行大宣传工作理念的几点思考［J］．冶金企业文化，2014（5）：37－38.

［142］周海晏．移动互联时代的“大宣传”与社会治理［J］．华东理工大学学报（社会科学版），2014（2）：69－70.

［143］哈斯．把信仰建设作为党的建设的制高点［J］．实践，2012（8）：48－49.

［144］陈运普，陈江燕．新时期党对社会舆论引导的对策研究［J］．湖北社会科学，2012（7）：190－192.

［145］骆正林．转型期社会舆论的形成与传播特征［J］．现代传播（中国传媒大学学报），2011（11）：47－52.

［146］张乐天．重新解读农村教育［J］．教育发展研究，2003，23（11）：19－22.

［147］康菊花，张小楠．边疆多民族地区思想政治工作功能的思考［J］．学校党建与思想教育，2010（6）：30.

［148］叶缤．爱国主义是民族团结教育的核心内容［J］．新疆社会科学，2007（4）：71.

［149］肖宪．从民族团结走向民族融合——对云南建设“民族团结进步示范区”的几点思考［J］．思想战线，2012（4）：45.

［150］李凤玉．多元文化背景下的青少年思想道德发展理路［J］．百色学院学报，2008，21（5）：62－65.

［151］沈世纬．用社会主义核心价值观引领社会思潮［J］．青年记者，2014（6）：44－47.

［152］姜艳生．用中国特色社会主义核心价值观引领多元化价值观［J］．前进，2008（5）：25－26.

［153］秦国伟，等．“中国梦”与中国特色社会主义的关系研究［J］．安徽行政学院学报，2014（8）：34－36.

［154］包庆德．生态哲学前沿研究［J］．哈尔滨工程大学学报，2014（1）：122.

［155］安颖．论少数民族生态文化与自然资源保护的关系［J］．学术交流，2011（2）：198－200.

［156］岳云强，祝杨军．论生态文明实现的思想教化路径［J］．前沿，2008（12）：158－160.

［157］李菁怡，周建．少数民族生态伦理价值与边疆民族地区生态文明建设［J］．大家，2010（2）：241－242.

［158］旷勇．关于提升社会主义核心价值体系引领当代社会思潮实效性的思考［J］．学校党建与思想教育，2011（11）：23－26.

［159］冯海波．把握社会思潮，构建社会思潮引领机制［J］．理论研究，2009（2）：14－17.

［160］邓卓明，税强．论引领社会思潮的五大路径［J］．马克思主义研究，2014（5）：98－105.

［161］汪力娟．户外媒介对哈尼族女性生育意愿的影响［R］．第六届少数民族信息传播与社会发展论坛，2014－10－18.

［162］叶小文．当前我国的宗教问题——关于宗教五性的再探讨（续）［J］．世界宗教文化，1997（06）：3－7.

［163］王晓东，沈维刚．论宗教与和谐社会［J］．河北法学，2007（6）：21－24.

［164］张峰．习近平中央统战工作会议重要讲话的8个创新性亮点［N/OL］．http：//news.xinhuanet.com/politics/2015－06/06/c_1115532817.htm.

附：关于“科学引领边疆少数民族地区社会思潮的机制和方法”的调查问卷

尊敬的朋友，您好！

这是我们国家资助的一项调查研究，想了解边疆民族地区的一些情况。不登记名字和住址，只用于科学研究，不会给您造成任何影响。请您按真实情况填写答案，或在您认可的选项上打钩！谢谢支持！

一、单项选择题

1. 如果您家附近放免费电影，您会：①尽量都去　②半数以上会去　③半数以下会去　④肯定不去。如果不去，原因是：①不喜欢看电影　②电影太老旧　③不喜欢看国产电影　④其他____________

2. 您是否喜欢看以中国革命、建设和改革为主题的电影（如《辛亥革命》《建党伟业》和《建国大业》等影片）？①喜欢　②不喜欢。如果不喜欢，原因是：①看不懂　②没兴趣　③胡编乱造，不能真实再现历史或事件　④反感某些历史事件或历史任务　⑤演员演技较差　⑥过于娱乐化、商业化，不严肃

3. 如果您家附近有免费培训，您会：①尽量都去　②半数以上会去　③半数以下会去　④肯定不去。如果不去，原因是：①没有用　②没兴趣　③有人会推销东西　④其他____________

4. 通知您去您家附近开会，您会：①尽量都去　②半数以上会去　③半数以下会去　④肯定不去。如果不去，原因是：①没有用　②没兴趣　③不喜欢参加政府安排的会议　④其他____________

5. 如果您家附近有文化体育等集体活动，您会：①尽量都去　②半数以上会去　③半数以下会去　④肯定不去。如果不去，原因是：①没兴趣　②看不懂　③不喜欢参加政府安排的活动　④其他____________

6. 和本民族的人交往，或者和其他民族的人交往，您会区别对待吗？①会　②不会。如果会区别对待，原因是：①和其他民族有矛盾　②和其他民族有

不同 ③要保持自己民族的传统和信仰 ④其他________

7. 您对有人到您家里来开展工作的态度是：①欢迎 ②不欢迎。如果不欢迎，原因是：①不喜欢有人到家里 ②不喜欢陌生人到家里 ③不喜欢政府工作人员到家里 ④现在骗子太多，担心不安全

8. 您会尽量支持家里的孩子上学吗？①会 ②不会。如果不支持，原因是：①没有够多的钱供读书 ②读书多没有用 ③毕业后找不到工作 ④读书多会忘本（会改变民族传统和信仰） ⑤其他________

9. 您觉得共产党员可以信教吗？①可以 ②不可以 ③不懂 ④不关心

10. 您知道社会主义核心价值观吗？①较熟悉 ②知道一些 ③不了解 ④没兴趣

11. 您认为政府公布的信息是：①非常及时可靠 ②基本及时可信 ③有些不及时、有点不可信 ④不关心

12. 您认为小道消息是：①基本不可靠 ②无风不起浪，小道消息通常都有来源 ③大多数是可信的 ④不关心

13. 您认为学校的思想政治教育：①很好，可以提高学生自身素养 ②可有可无，用处不大 ③应付考试和政策需要 ④没有任何好处

14. 最近三年，您家附近举办过多少次法律知识学习培训？①6 次以上 ②1 ~5 次 ③一次都没有

15. 最近三年，您家附近举办过多少次科学技术或生活知识学培训习？①6 次以上 ②1 ~5 次 ③一次都没有

16. 最近三年，您家附近举办过多少次文艺晚会或免费电影？①6 次以上 ②1 ~5 次 ③一次都没有

17. 最近三年，您去过图书馆、农家书屋或其他公共文化场所吗？①6 次以上 ②1 ~5 次 ③一次都没去过 ④附近没有这样的场所

18. 您对您身边的党员、干部的最主要评价是：①能发挥模范作用 ②能真心为老百姓办事 ③还不如普通老百姓好 ④不能为老百姓谋福利 ⑤很少接触 ⑥说不清楚 ⑦不关心

19. 您认为我们国家的思想政治教育最突出的问题是：①内容陈旧 ②形式死板 ③教师不用心 ④与社会大环境脱节 ⑤太假 ⑥说不清楚 ⑦不关心

20. 您认为我们国家的思想政治教育最应加强的是：①集体主义教育 ②爱国主义教育 ③人道主义教育 ④公民道德水平教育 ⑤个人修养教育 ⑥遵纪守法教育 ⑦不关心

二、表格问题

1. 您使用以下媒介的目的是（请在相应的选项中打钩，可多选）

目的 媒介	了解党的政策	了解国内外大事	了解本地的事情	了解实用信息	消遣娱乐	增加知识	和别人沟通交流	不清楚
报纸								
收音机								
电影								
电视								
手机								
电脑（上网）								

2. 您家中拥有下列哪些电子设备？有多少？（请在相应的表格中填写数字）

电视机（台）	有线电视接口	卫星电视接口	IP 电视接口	DVDVCD	固定电话	2G 手机	3G、4G 手机	电 脑	上网线路（条）

3. 您接触下列媒介的情况是（请在相应的选项中打钩）

频率 媒介	几乎每天（每周 6~7 天）	经常（每周 4~5 天）	有时（每周 2~3 天）	偶尔（每周 1 天以下）	一天 5 小时以上	一天 3~5 小时	一天 1~3 小时	一天 1 小时以下
报纸								
收音机								
电影								
电视								
手机								
电脑（上网）								

4. 哪些人给您的信息多？对您的思想影响大？（请在相应的选项中打钩）

人员＼信息和影响	信息很多	信息较多	信息较少	没得信息	影响很大	影响较大	影响很小	没有影响
家人								
邻居								
亲戚朋友								
小学老师								
中学老师								
大学老师								
其他老师								
同学								
同事								
共产党员								
身边的能人								
科技人员								
司法公安人员								
政府工作人员								
领导干部								
非政府工作人员								
宗教人士								
社会名人								
其他人（请写出）								

三、排序问题（请您在选项后填写数字排序）

1. 您获得信息的渠道有哪些？和人交谈________、有人宣传________、学校学习________、各种培训________、电视________、手机________、电脑网络________、收音机________、电影________、报纸________。

2. 您认为哪些思想文化存在严重危害？色情文化________、暴力文化________、邪教________、享乐主义________、拜金主义________、民族歧视________、宗教歧视________。

3. 您认为哪些社会思潮会对我国主流意识形态产生巨大冲击？新自由主义______、历史虚无主义______、民主社会主义和社会民主主义______、功利主义______、普世价值论______、宗教主义______、不清楚______。

4. 如果您和别人发生矛盾、纠纷，您会通过哪些方式解决？请党员或干部调解______、请长者说和______、请宗教负责人出面______、走法律途径______、其他方式______。

5. 您最喜欢看哪些电影或电视剧？国产______、港台______、欧美______、日韩______、其他国家和地区______。

6. 您通常看哪些电视节目？产业致富______、保健科技______、文化体育______、武打战争______、休闲娱乐、生活故事______、新闻______、其他______。

7. 您的手机有哪些用途？打电话______、发短信______、玩QQ ______、看微信______、看新闻______、上网查资料______、玩游戏______、其他______。

四、受访人基本情况

1. 您的性别是：①男　②女

2. 您的年龄是：______岁

3. 您的民族是：①汉族　②当地人口较多的少数民族　③当地人口较少的少数民族

4. 您的婚姻状况是：①未婚　②已婚　③离异、丧偶

5. 您的受教育程度是：①文盲、半文盲　②小学　③初中　④高中、中专　⑤大学　⑥硕士及以上

6. 您的政治面貌是：①共产党员　②共青团员　③民主党派　④群众

7. 您的宗教信仰是：①无　②佛教　③伊斯兰教　④基督教　⑤天主教　⑥其他______

8. 您的常住地是：①县城及以上城市市区　②县城及以上城市郊区　③非县城的乡镇所在地　④其他农村地区

9. 您的职业状况是：①零工　②农牧民　③工商服务等业主　④非公企业职工　⑤国有企业职工　⑥行政事业等公共财政供养单位　⑦学生　⑧其他______

10. 您的家庭人均纯收入每年大约是：①2300 元以下　②2300 ~ 14400 元　③14400 元以上

（访谈完毕，再次谢谢您！请您放心！我们一定安全使用这些资料！）

后 记

本书在国家社会科学基金项目“科学引领边疆少数民族地区社会思潮的机制和方法研究”（批准号：13XKS038/结项证书号：20161215）成果的基础上修改而成，是课题组集体智慧和汗水的结晶。为了统一概念使用，出版时确定书名为《科学引领边疆民族地区社会思潮的机制和方法研究》。各人分工情况如下（按贡献排序）：潘文良主持、统稿、执笔以下未注部分，并把研究报告修改为专著（成书）；吴韬执笔 3.4、5.1.3 及问卷统计；阮兴文执笔 2.1、3.2、5.2.2.4、5.4.1；许丽华执笔 3.1、4.3.1、5.2.2；何芳执笔 1.3.4、4.1；伍朝晖执笔 1.2、4.2、4.3.1、4.3.2.3；李彩霞执笔 3.4、4.3.2.2、5.1.2、5.4.2；颜桂英执笔 2.3、2.4、5.1.1；黄静执笔 5.3；董辉执笔 5.2.3 及收发问卷。

该课题于 2013 年 6 月立项后，课题组成员随即开会讨论确定具体调研方案、人员分工和经费分配等事宜，很快就按照申请书上的调研计划，①选取了云南省、新疆维吾尔自治区、内蒙古自治区的部分地区，分组开展实地调研；②西藏自治区、广西壮族自治区和东北地区（延边朝鲜族自治州），因为部分课题组成员曾经去调研过，就请朋友代为收集相关资料；③设计了《调查问卷》，以典型调查和偶遇调查相结合的方式，在云南省、西藏自治区、新疆维吾尔自治区、内蒙古自治区、广西壮族自治区和延边朝鲜族自治州选一些乡镇，找当地的在读大学生于寒假、暑假回家时，在家乡选赶集天以偶遇的方式发放《调查问卷》，2014 年 8 月底暑假结束前完成了《调查问卷》的发放及补充发放，共发放 1500 份，回收有效问卷 1230 份，并于 2014 年 11 月 6 日完成了数据统计分析等工作。通过观察、访谈、座谈、资料分析等综合研究方法，辅之以《调查问卷》数据统计分析，我们概括性地掌握了我国边疆民族地区社会思潮引领工作的相关情况，并在此基础上综合文献资料，完成了研究报告。2014 年 12 月 23 日，单位组织了预结项专家咨询会，专家提出的重要修改意见认为，需要进一步深入研究、调整报告框架、提高成文质量。为此，我们申请延期至 2015 年 6 月 30 日。最终于 2015 年 6 月 30 日完成补充调研和《研究报告》修改等全部工作，并提交结项申请。后于 2016 年 7 月 13 日获得良好结项，证书号：

20161215。2016年年底，课题主持人完成修改书稿等事宜。2017年5月，获得云南省哲学社会科学学术著作出版专项经费资助出版。

课题组的调研工作得到了众多党政部门和事业单位同志们的大力支持，尤其得到西藏自治区党校、新疆维吾尔自治区党校、新疆生产建设兵团党校、内蒙古自治区党校、吉林省委党校、广西壮族自治区党校、云南省各级党校的领导和同志们的热心帮助，同时研究报告得到了众多专家、学者的指点和斧正，特此致谢！

在研究报告修改成书的过程中，吸收了出版资助评审专家和各环节工作人员的宝贵修改意见，尤其是云南大学出版社编辑的意见。从课题立项到书稿出版的整个过程，也凝聚了云南省哲学社会科学规划办同志们的辛勤劳动，还有许许多多值得我们铭记在心的人和事，在此一并致以诚挚地感谢！